René Guénon

ARTICLES & COMPTES-RENDUS NON REPRIS

René Guénon
(1886-1951)

Articles &
comptes-rendus
non repris

Publié par
Omnia Veritas Ltd

www.omnia-veritas.com

À PROPOS DU POISSON 7

À PROPOS D'« ANIMISME » ET DE « CHAMANISME » 14

ABDEL WAHED YAHYA 20
    Quelques pages oubliées de René Guénon 20

F.-CH. BARLET ET LES SOCIÉTÉS INITIATIQUES 28

L'INITIATION DU F∴ BONAPARTE ∴ 33

LE CHRIST PRÊTRE ET ROI 41

CONSIDÉRATIONS SUR LE SYMBOLISME 48
    I - MYTHES ET SYMBOLES... 48
    II - SYMBOLISME ET PHILOSOPHIE.. 54

LES CONTREFACTEURS DE LA MAÇONNERIE 61

INITIATION ET CONTRE-INITIATION 65

COMPTE RENDU 71
    L'Âme et le dogme de la transmigration dans les livres sacrés de l'Inde ancienne, par le
    Dr Éric de Henseler (éd. de Boccard) 71

LE DALAÏ-LAMA 73

UN CÔTÉ PEU CONNU DE L'ŒUVRE DE DANTE 77

« DISCOURS CONTRE LES DISCOURS » 79

DU DOUBLE SENS DES SYMBOLES 86

LES DUALITÉS COSMIQUES 91

« LES INFLUENCES ERRANTES » 116
    [D'APRÈS UNE DACTYLOGRAPHIE] 116

L'ERREUR DU « PSYCHOLOGISME » 122

QUELQUES PRÉCISIONS À PROPOS DE LA H. B. OF L. 132

À PROPOS DE QUELQUES SYMBOLES HERMÉTICO-RELIGIEUX 136

LA CONSTITUTION DE L'ÊTRE HUMAIN ET SON ÉVOLUTION POSTHUME
SELON LE VÉDÂNTÂ 144

LA PRIÈRE ET L'INCANTATION 177

LA TERRE SAINTE ET LE CŒUR DU MONDE 185

LE CENTRE DU MONDE DANS LES DOCTRINES EXTRÊME-ORIENTALES	193
LE SYMBOLISME DE LA CROIX	202
LES ARBRES DU PARADIS	231
L'OMPHALOS, SYMBOLE DU CENTRE	238
RÉFLEXIONS À PROPOS DU « POUVOIR OCCULTE »	247
LA RELIGION ET LES RELIGIONS	260
LE SOUFISME	265
UNE CONTREFAÇON DU CATHOLICISME	272
Y A-T-IL ENCORE DES POSSIBILITÉS INITIATIQUES DANS LES FORMES TRADITIONNELLES OCCIDENTALES ?	280
DÉJÀ PARUS	287

À PROPOS DU POISSON[1]

En lisant l'importante étude que M. Charbonneau-Lassay a consacrée dernièrement au symbolisme du poison (décembre 1926), il nous est venu à la pensée diverses réflexions que nous ne croyons pas inutile de formuler ici, à titre de complément à la première partie de cette étude. Et, tout d'abord, pour ce qui est des origines préhistoriques de ce symbole, nous inclinons pour notre part à lui reconnaître une provenance nordique, voire même hyperboréenne ; M. Charbonneau signale sa présence en Allemagne du Nord et en Scandinavie, et nous pensons que, dans ces régions, il est vraisemblablement plus près de son point de départ que dans l'Asie centrale, où il fut sans doute apporté par le grand courant qui, issu directement de la Tradition primordiale, devait ensuite donner naissance aux doctrines de l'Inde et de la Perse. Il y a en effet, dans le *Vêda* et dans l'*Avesta*, divers textes qui affirment très explicitement l'origine hyperboréenne de la Tradition, et qui indiquent même les principales étapes de sa descente vers le Sud ; il semble que des souvenirs analogues, du côté occidental, aient été conservés dans les traditions celtique, qu'il est malheureusement difficile de reconstituer sûrement avec les données fragmentaires qui sont seules parvenues jusqu'à nous. D'autre part, il est à noter que, d'une façon générale, certains animaux aquatiques jouent surtout un rôle dans le symbolisme des peuples du Nord : nous en citerons seulement comme exemple le poulpe, particulièrement répandu chez les Scandinaves et chez les Celtes, et qui se retrouve aussi dans la Grèce archaïque, comme un des principaux motifs de l'ornementation mycénienne[2].

---

[1] *Regnabit*, février 1927.

[2] Il y a lieu de remarquer que les bras du poulpe sont généralement droits dans les figurations scandinaves, tandis qu'ils sont enroulés en spirale dans les ornements mycéniens ; dans ceux-ci, on voit aussi apparaître très fréquemment le *swastika* ou des figures qui en sont manifestement dérivées. Le symbole du poulpe se rapporte au signe zodiacal du Cancer, qui correspond au solstice d'été et au « fond des Eaux » ; il est facile de comprendre par là qu'il ait pu être souvent (mais non pas toujours) pris en mauvaise

Un autre fait qui, pour nous, vient à l'appui de ces considérations, c'est que, dans l'Inde, la manifestation sous la forme du poisson (*Matsya-avatăra*) est regardée comme la première de toutes les manifestations de *Vishnu*[3], celle qui se place au début même du cycle actuel, et qu'elle est ainsi en relation immédiate avec le point de départ de la Tradition primordiale. Il ne faut pas oublier que *Vishnu* est un aspect du Verbe, envisagé spécialement comme conservateur du monde ; ce rôle est bien proche de celui de « Sauveur », ou plutôt ce dernier en est comme un cas particulier ; et c'est véritablement comme « Sauveur » que *Vishnu* apparaît dans certaines de ses manifestations, correspondant à des phases critiques de l'histoire de notre monde, de sorte qu'on peut voir là comme des « préfigurations » du Christ, sans compter que la dernière manifestation, le *Kalkin-avatâra*, « Celui qui est monté sur le cheval blanc », et qui doit venir à la fin de ce cycle, est décrite dans les *Purânas* en des termes rigoureusement identiques à ceux qui se trouvent dans l'*Apocalypse*. Ce n'est pas le lieu d'insister sur ce rapprochement assez extraordinaire dans sa précision ; mais, pour en revenir au poisson, nous ferons remarquer que l'idée du « Sauveur » est également attachée de façon explicite à son symbolisme chrétien, puisque la dernière lettre de l'*Ichthus* grec s'interprète comme l'initiale de *Sôter* ; cela n'a rien d'étonnant, sans doute, dès lors qu'il s'agit du Christ, mais il est pourtant des emblèmes qui font plus directement allusion à quelque autre de ses attributs, et qui n'expriment pas formellement son rôle de Sauveur.

Sous la figure du poisson, *Vishnu*, à la fin du *Manvantara* (ère d'un *Manu*) qui précède le nôtre, apparaît à *Satyavrata*[4], qui va devenir, sous le nom de *Vaivaswata*[5], le *Manu* ou le Législateur du cycle actuel. Il lui annonce que le monde va être détruit par les eaux, et il lui ordonne de construire l'Arche dans laquelle devront être renfermés les germes du monde futur ; puis,

---

part, le solstice d'été étant la *Janua Inferni*.

[3] Nous ne disons pas « incarnations », comme on le fait souvent, car ce mot est inexact par excès de précision ; le sens propre du terme *avatâra* est « descente » du Principe divin dans le monde manifesté.

[4] Ce nom signifie littéralement « voué à la Vérité ».

[5] Issu de *Vivaswat*, l'un des douze *Adityas*, qui sont regardés comme autant de formes du Soleil, en correspondance avec les douze signes du Zodiaque

toujours sous cette même forme, il guide lui-même l'Arche sur les eaux pendant le cataclysme. Cette représentation de l'Arche conduite par le poisson divin est des plus remarquables : M. Charbonneau-Lassay cite dans son étude « l'ornement pontifical décoré de figures brodée qui enveloppait les restes d'un évêque lombard du ville ou IXe siècle, et sur lequel on voit une barque portée par le poisson, image du Christ soutenant son Église » ; or on sait que l'Arche a souvent été regardée comme une figure de l'Église ; c'est donc bien la même idée que nous trouvons ainsi exprimée à la fois dans le symbolisme hindou et dans le symbolisme chrétien.

Il y a encore, dans le *Matsya-avatâra*, un autre aspect qui doit retenir notre attention : après le cataclysme, c'est-à-dire au début du présent *Manvantara*, il apporte aux hommes le *Vêda*, qu'il faut entendre comme la Connaissance sacrée dans son intégralité, suivant la signification étymologique de ce mot (dérivé de la racine *vid*, « savoir » : c'est donc la Science par excellence) ; c'est là une allusion des plus nettes à la Révélation primitive. Il est dit que le *Vêda* subsiste perpétuellement, étant en soi-même antérieur à tous les mondes ; mais il est en quelque sorte caché ou enveloppé pendant les cataclysmes cosmiques qui séparent les différents cycles, et il doit ensuite être manifesté de nouveau. L'affirmation de la perpétuité du *Vêda* est d'ailleurs en relation directe avec la théorie cosmologique de la primordialité du son parmi les qualités sensibles (comme qualité propre de l'Éther, *Âkâsha*, qui est le premier des éléments) ; et cette théorie elle-même n'est pas autre chose, au fond, que celle de la création par le Verbe : le son primordial, c'est cette Parole divine par laquelle, suivant le récit du premier chapitre de la *Genèse*, toutes choses ont été faites. C'est pourquoi il est dit que les Sages des premiers âges ont « entendu » le *Vêda* : la Révélation, étant faite par le Verbe comme la création elle-même[6], est proprement une « audition » pour celui qui la reçoit, et le terme qui la désigne est celui de *Shruti*, qui signifie littéralement « ce qui est entendu »[7].

---

[6] Nous avons déjà indiqué ce rapport dans notre article sur *Le Verbe et le Symbole* (janvier 1926).

[7] *Shutri* s'oppose à *Smriti*, « ce dont on se souvient », qui désigne tout ce qui, dans la tradition, est le fruit non plus de la révélation ou de l'inspiration directe, mais de la

Pendant le cataclysme qui sépare ce *Manvantara* du précédent, le *Vêda* était renfermé à l'état d'enveloppement dans la conque (*shankha*), qui est un des principaux attributs de *Vishnu*. C'est que la conque est regardée comme contenant le son primordial et impérissable (*akshara*), c'est-à-dire le monosyllabe *Om*, qui est par excellence le nom du Verbe, en même temps qu'il est, par ses trois éléments (A U M), l'essence du triple *Vêda*[8]. D'ailleurs, ces trois éléments (*mâtrâs*), disposés graphiquement d'une certaine façon, forment le schéma même de la conque ; et, par une concordance assez singulière, il se trouve que ce schéma est également celui de l'oreille humaine, l'organe de l'audition, qui doit effectivement, pour être apte à la perception du son, avoir une disposition conforme à la nature de celui-ci. Tout ceci touche à quelques-uns des plus profonds mystères de la cosmologie ; mais qui donc, dans l'état d'esprit qui constitue la mentalité moderne, peut encore comprendre les vérités qui relèvent de cette science traditionnelle ?

Comme *Vishnu* dans l'Inde, et aussi sous la forme du poisson, *l'Oannès* chaldéen, en qui certains n'ont pas hésité à reconnaître déjà une figure du Christ[9], enseigne également aux hommes la doctrine primordiale : frappant exemple de l'unité qui existe entre les traditions en apparence les plus différentes, et qui demeurerait inexplicable si l'on n'admettait leur rattachement à une source commune. Il nous semble d'ailleurs que le symbolisme *d'Oannès ou de Dagon* n'est pas seulement celui du poisson en

---

réflexion s'exerçant sur celle-ci et la prenant comme son principe, pour en tirer des applications adaptées aux circonstances contingentes de temps et de lieu. Les rapports de la *Shruti* et de la *Smriti* sont comparés à ceux du soleil et de la lune, c'est-à-dire de la lumière directe et de la lumière réfléchie.

[8] Nous avons déjà signalé la présence de ce même idéogramme *Aum* dans l'ancien symbolisme chrétien, à la fin de notre article sur *L'idée du Centre dans les traditions antiques*, mai 126 p. 486 ; cf. aussi l'étude de M. Charbonneau-Lassay sur *Le Symbolisme de la Rose*, mars 1926, p. 303. — En sanscrit, la voyelle *o* est formée par la réunion de *a* et *u* ; c'est pourquoi le monosyllabe sacré doit se transcrire par Om, ce qui correspond d'ailleurs à sa prononciation réelle, bien que ce soit la forme *Aum* qui représente exactement sa décomposition en ses trois éléments constitutifs.

[9] Voir à ce sujet les travaux du Hiéron de Paray-le-Monial. — Il est intéressant de noter que la tête de poisson, qui formait la coiffure des prêtres d'Oannès, est aussi, dans l'Église chrétienne, la mitre des évêques.

général, mais doit être rapproché plus spécialement de celui du dauphin ; celui-ci, chez les Grecs, était lié au culte d'Apollon[10] et avait donné son nom à *Delphes* ; et, ce qui est bien significatif, on disait que ce culte venait des Hyperboréens. Ce qui nous donne à penser qu'il convient d'envisager un tel rapprochement (que nous ne trouvons pas nettement indiqué, par contre, dans le cas de la manifestation de *Vishnu*), *c'est* surtout l'étroite connexion qui existe entre le symbole du dauphin et celui de la « Femme de mer » (l'Aphrodite (*Anadyomène des* Grecs)[11] ; précisément, celle-ci se présente, sous des noms divers, comme la parèdre *d'Oannès* ou de ses équivalents, c'est-à-dire comme figurant un aspect complémentaire du même principe[12]. C'est la « Dame du Lotus » (*Istar*, comme *Esther* en hébreu, signifie « lotus », et aussi quelquefois « lis », deux fleurs qui, dans le symbolisme, se remplacent souvent l'une l'autre)[13], comme la *Kouan-Yn* extrême-orientale, qui est également, sous une de ses formes, la « Déesse du fond des mers » ; il y aurait beaucoup à dire sur tout cela, mais ce n'est pas là ce que, pour cette fois, nous nous sommes proposé[14]. Ce que nous avons voulu montrer, c'est que le

---

[10] C'est ce qui explique le rattachement du symbole du dauphin à l'idée de la lumière, signalé par M. Charbonneau-Lassay dans son dernier article (janvier 1927, p. 149).

[11] Il ne faut pas confondre cette « Femme de mer » avec la sirène, bien qu'elle soit quelquefois représentée sous une forme similaire.

[12] La *Dea Syra* est proprement la « Déesse solaire » ; le nom de *Syria*, qui n'a pas toujours désigné exclusivement le pays qui le porte encore aujourd'hui, est le même que *Sriryâ*, nom sanscrit du Soleil ; et c'est dans le même sens qu'il faut entendre la tradition suivant laquelle Adam, dans le Paradis terrestre, parlait la langue « syriaque ».

[13] Le lis et le lotus, ayant respectivement six et huit pétales, correspondent aux deux formes de la roue à six et huit rayons, ainsi que nous l'avons déjà indiqué (*L'idée du Centre dans les traditions antiques*, mai 1926, p. 480). — En hébreu, les deux noms *Esther* et *Sushanah* ont la même signification, et, de plus, ils sont numériquement équivalents ; leur nombre commun est 661, et, en plaçant devant chacun d'eux la lettre *hé*, signe de l'article défini, dont la valeur est 5, on obtient 666, ce dont certains n'ont pas manqué de tirer des déductions quelque peu fantaisistes ; pour notre part, nous ne donnons cette indication qu'à titre de simple curiosité.

[14] Nous ferons cependant remarquer encore que la figure de l'*Ra* babylonien, moitié chèvre et moitié poisson, telle que l'a reproduite 114. Charbonneau-Lassay, est identique à celle du Capricorne zodiacal, dont elle a peut-être même été le prototype ; or il est important de se rappeler à cet égard, que ce signe du Capricorne correspond, dans le cycle annuel, au solstice d'hiver et à la *Janua Cœli*. Le *Makara*, qui, dans le Zodiaque hindou, tient la

symbole du poisson était tout particulièrement prédestiné à figurer le Christ, comme représentant deux fonctions qui lui appartiennent essentiellement (et cela sans préjudice de son rapport avec l'idée de la fécondité et du « principe de vie », qui fournit encore une raison supplémentaire de cette figuration), puisque, sous ce symbole, le Verbe apparaît à la fois, dans les traditions antiques, comme Révélateur et comme Sauveur.

P.-S. — Certains s'étonneront peut-être, soit à propos des considérations que nous venons d'exposer, soit à propos de celles que nous avons déjà données dans d'autres articles ou que nous donnerons encore par la suite, de la place prépondérante (quoique nullement exclusive, bien entendu) que nous faisons, parmi les différentes traditions antiques, à celle de l'Inde ; et cet étonnement, en somme, serait assez compréhensible, étant donnée l'ignorance complète où l'on est généralement, dans le monde occidental, de la véritable signification des doctrines dont il s'agit. Nous pourrions nous borner à faire remarquer que, ayant eu l'occasion d'étudier plus particulièrement les doctrines hindoues, nous pouvons légitimement les prendre comme terme de comparaison ; mais nous croyons préférable de déclarer nettement qu'il y a à cela d'autres raisons plus profondes et d'une portée tout à fait générale. À ceux qui seraient tentés d'en douter, nous conseillerons vivement de lire le très intéressant livre du R. P. William Wallace, S. J., intitulé *De l'Évangélisme au Catholicisme par la route des*

---

place du Capricorne, n'est pas sans présenter une certaine similitude avec la dauphin ; l'opposition symbolique qui existe parfois entre celui-ci et le poulpe doit donc se ramener à celle des deux signes solsticiaux du Capricorne et du Cancer (ce dernier, dans l'Inde, est représenté par le crabe, ce qui explique aussi que ces deux mêmes animaux se soient trouvés associés dans certains cas, par exemple sous le trépied de Delphes et sous les pieds des coursiers du char solaire, comme indiquant les deux points extrêmes atteints par le soleil dans sa marche annuelle (voir janvier 1927, pp. 149-150) ; enfin, le rôle du dauphin comme conducteur des âmes bienheureuses (*ibid.*, p. 147) se rapporte évidemment à la *Janua Cœli*. Il importe de ne pas commettre ici de confusion avec un autre signe zodiacal, celui des Poissons, dont le symbolisme est différent et doit être rapporté exclusivement à celui du poisson commun, envisagé notamment comme emblème de fécondité (et surtout au sens spirituel). — On pourra remarquer, en outre, qu'*Ea* tient devant lui, comme le scarabée égyptien, une boule qui représente l'« Œuf du Monde ».

Indes[15], qui constitue à cet égard un témoignage de grande valeur. C'est une autobiographie de l'auteur, qui, étant allé dans l'Inde comme missionnaire anglican, fut converti au Catholicisme par l'étude directe qu'il fit des doctrines hindoues ; et, dans les aperçus qu'il en donne, il fait preuve 'd'une compréhension de ces doctrines qui, sans être absolument complète sur tous les points, va incomparablement plus loin que tout ce que nous avons trouvé dans d'autres ouvrages occidentaux, y compris ceux des « spécialistes ». Or le R. P. Wallace déclare formellement, entre autres choses, que « le *Sanâtana Dharma* des sages hindous (ce qu'on pourrait rendre assez exactement par *Lex perennis* : c'est le fond immuable de la doctrine) procède exactement du même principe que la religion chrétienne », que « Pur et l'autre visent le même but et offrent les mêmes moyens essentiels de l'atteindre » (p. 218 de la traduction française), que « Jésus-Christ apparaît aussi évidemment le Consommateur du *Sanâtana Dharma* des Hindous, ce sacrifice aux pieds du Suprême, que le Consommateur de la religion typique et prophétique des juifs et de la Loi de Moise » (p. 217), et que la doctrine hindoue est « le naturel pédagogue menant au Christ » (p. 142). Cela ne justifie-t-il pas amplement l'importance que nous attribuons ici à cette tradition, dont l'harmonie profonde avec le Christianisme ne saurait échapper à quiconque l'étudie, comme l'a fait le R. P. Wallace, sans idées préconçues ? Nous nous estimerons heureux si nous parvenons à faire sentir quelque peu cette harmonie sur les points que nous avons l'occasion de traiter, et à faire comprendre en même temps que la raison doit en être cherchée dans le lien très direct qui unit la doctrine hindoue à la grande Tradition primordiale.

R. G.

---

[15] Traduction française *du R. P.* Humblet, *S. J.* ; librairie Albert Dewit, Bruxelles, 1921.

À PROPOS D'« ANIMISME » ET DE « CHAMANISME »[16]

L'idée qu'il existe des choses purement « matérielles » n'est qu'une conception toute moderne, et dont il serait d'ailleurs assez difficile de bien préciser le sens, car la notion même de « matière », telle qu'on l'entend actuellement, est fort loin d'être claire, et, comme nous l'avons fait remarquer en diverses occasions, on ne trouve dans les doctrines traditionnelles rien qui y corresponde véritablement. Mais, au fond, on peut comprendre de quoi il s'agit sans s'embarrasser de toutes les complications qu'y ajoutent les théories spéciales des physiciens : c'est tout simplement, en effet, l'idée qu'il y a des êtres et des choses qui ne sont que corporels, et dont l'existence et la constitution n'impliquent aucun élément d'un ordre autre que celui-là. Il est dès lors facile de se rendre compte que cette idée est liée directement au point de vue profane, tel qu'il s'affirme dans les sciences modernes : celle-ci se caractérisent essentiellement par l'absence de tout rattachement à des principes d'ordre supérieur ; de la même façon, les choses qu'elles prennent pour objet de leur étude sont elles-mêmes conçues comme dépourvues d'un tel rattachement, et c'est là, pourrait-on dire, une condition pour que la science soit adéquate à son objet, puisque s'il en fût autrement, elle devrait par là même reconnaître que la vraie nature de cet objet lui échappe. Peut-être ne faut-il pas chercher ailleurs la raison pour laquelle les « scientistes » se sont tant acharnés à discréditer toute conception autre que celle-là, en la présentant comme une « superstition » due à l'imagination des « primitifs », lesquels, pour eux, ne peuvent être autres chose que des sauvages ou des hommes de mentalité enfantine, comme les veulent les théories « évolutionnistes » ; et, que ce soit de leur part incompréhension ou parti pris, ils réussissent en fait à en donner une idée suffisamment caricaturale pour qu'une telle appréciation paraisse entièrement justifiée à tous ceux qui le croient sur parole, c'est-à-dire à la grande majorité de nos

---

[16] *Études Traditionnelles*, juillet 1937.

contemporains. Nous voulons ici faire allusion, en particulier, aux théories des ethnologues sur ce qu'ils sont convenus d'appeler l'« animisme » : un tel terme pourrait d'ailleurs, à la rigueur, avoir un sens acceptable, mais, bien entendu, à la condition de le comprendre tout autrement qu'ils ne le font et de n'y voir que ce qu'il peut signifier étymologiquement, et c'est ce point que nous allons essayer d'expliquer aussi clairement que possible.

Le monde corporel, en réalité, ne doit pas être considéré comme un tout se suffisant à lui-même, ni comme quelque chose d'isolé dans l'ensemble de la manifestation universelle ; au contraire, ainsi que nous l'avons exposé amplement ailleurs, il procède tout entier de l'ordre subtil, dans lequel il a, peut-on dire, son principe immédiat, et par l'intermédiaire duquel il se rattache, de proche en proche, à la manifestation informelle, puis au non-manifesté ; s'il en était autrement, son existence ne pourrait être qu'une illusion pure et simple, une sorte de fantasmagorie derrière laquelle il n'y aurait rien. Dans ces conditions, il ne peut y avoir dans ce monde corporel, aucune chose dont l'existence ne repose en définitive sur des éléments d'ordre subtil, et, au-delà de ceux-ci, sur un principe qui peut être dit « spirituel », et sans lequel nulle manifestation n'est possible, à quelque degré que ce soit. Si nous nous en tenons à la considération des éléments subtils, qui doivent être ainsi présents en toutes choses de ce monde, nous pouvons dire qu'ils y correspondent à ce qui constitue l'ordre « psychique » dans l'être humain ; on peut donc, par une extension toute naturelle et qui n'implique aucun « anthropomorphisme », mais seulement une analogie parfaitement légitime, les appeler aussi « psychiques » dans tous les cas, ou encore « animiques », car ces deux mots, si l'on se reporte à leur sens premier, suivant leur dérivation respectivement grecque et latine, sont exactement synonymes au fond. Il résulte de là que, quelles que soient les apparences, il ne saurait exister réellement d'objets « inanimés » ; c'est d'ailleurs pourquoi la « vie » est une des conditions auxquelles est soumise toute existence corporelle sans exception ; et c'est aussi pourquoi personne n'a jamais pu arriver à définir d'une façon satisfaisante la distinction du « vivant » et du « non-vivant », cette question, comme tant d'autres dans la philosophie et la science modernes, n'étant insoluble que parce qu'elle n'a aucune raison de se poser vraiment, puisque le « non-vivant » n'a pas de place dans le domaine envisagé, et qu'en somme tout se réduit à cet égard à de simples différences de degrés.

On peut donc, si l'on veut, appeler « animisme » une telle façon d'envisager les choses, en n'entendant par ce mot rien de plus ni d'autre que l'affirmation qu'il y a dans celles-ci des éléments « animiques » ; et il est d'ailleurs évident que cette « conception » est « primitive », mais tout simplement parce qu'elle est vraie, ce qui est à peu près exactement le contraire de ce que les « évolutionnistes » veulent dire quand ils la qualifient ainsi. En même temps, et pour la même raison, cette conception est nécessairement commune à toutes les doctrines traditionnelles ; nous pourrions donc dire encore qu'elle est « normale », tandis que l'idée opposée, celle des choses « inanimées », représente une véritable anomalie, comme il en est du reste pour toutes les idées spécifiquement modernes. Mais il doit être bien entendu qu'il ne s'agit aucunement, en tout cela, d'une « personnification » des forces naturelles, non plus que de leur « adoration », comme le prétendent ceux pour qui l'« animisme » constitue ce qu'ils croient pouvoir appeler la « religion primitive » ; en réalité, ce sont des considérations qui relèvent uniquement du domaine de la cosmologie, et qui peuvent trouver leur application dans diverses sciences traditionnelles. Il va de soi aussi que, quand il est question d'éléments « psychiques » inhérents aux choses, ou de forces du même ordre s'exprimant et se manifestant à travers celles-ci, tout cela n'a absolument rien de « spirituel » ; la confusion de ces deux domaines est, elle encore, purement moderne, et elle n'est sans doute pas étrangère à l'idée de faire une « religion » de ce qui est science au sens le plus exact du mot ; en dépit de leur prétention aux « idées claires », nos contemporains mélangent de bien singulière façon les choses les plus hétérogènes et les plus essentiellement distinctes !

Maintenant, il importe de remarquer que les ethnologues ont l'habitude de considérer somme « primitives » des formes qui, au contraire, sont dégénérées à un degré ou à un autre ; pourtant, bien souvent, elles ne sont pas réellement d'un niveau aussi bas que leurs interprétations le font supposer ; mais, quoi qu'il en soit, ceci explique que l'« animisme », qui ne constitue en somme qu'un point particulier d'une doctrine, ait pu être pris pour caractériser celle-ci tout entière. En effet, dans les cas de dégénérescence, c'est naturellement la partie supérieure de la doctrine, c'est-à-dire son côté métaphysique et « spirituel », qui disparaît toujours plus ou moins complètement ; par suite, ce qui n'était originairement que secondaire, et notamment le côté cosmologique et « psychique », auquel appartiennent l'« animisme », et ses applications, prend une importance prépondérante ; le reste, même s'il subsiste encore dans une certaine mesure, peut facilement échapper à l'observateur du dehors, d'autant plus que celui-ci, ignorant la signification profonde des rites et des symboles, est incapable d'y reconnaître ce qui relève d'un ordre supérieur, et croit pouvoir tout expliquer indistinctement en termes de « magie », voire même parfois de « sorcellerie » pure et simple.

On peut trouver un exemple très net de ce que nous venons d'indiquer dans un cas comme celui du « chamanisme », qui est généralement regardé comme une des formes typiques de l'« animisme » : cette dénomination, dont la dérivation est d'ailleurs assez incertaine, désigne proprement l'ensemble des doctrines et des pratiques traditionnelles de certains peuples mongols de la Sibérie ; mais certains l'étendent à ce qui, ailleurs, présente des caractères plus ou moins similaires. Pour beaucoup, « chamanisme » est presque synonyme de sorcellerie, ce qui est certainement inexact, car il y a là bien autre chose ; ce mot a subi ainsi une déviation inverse de celle de « fétichisme », qui, lui, a bien étymologiquement le sens de sorcellerie, mais qui a été appliqué à des choses dans lesquelles il n'y a pas que cela non plus. Signalons, à ce propos, que la distinction que certains ont voulu établir entre « chamanisme » et « fétichisme », considérés comme deux variétés de l'« animisme », n'est peut-être pas aussi nette ni aussi importante qu'ils le pensent : que ce soient des êtres humains, comme dans le premier, ou des objets quelconques, comme dans le second, qui servent principalement à de « supports » ou de « condensateurs », si l'on peut dire, à certaines influences, c'est là une simple différence de modalités « technique », qui, en somme, n'a rien d'absolument essentiel[17].

---

[17] Nous emprunterons, dans ce qui suit, un certain nombre d'indications concernant le « chamanisme » à un exposé intitulé *Shamanism of the Native of Siberia*, par I.M.

Si l'on considère le « chamanisme » proprement dit, on y constate l'existence d'une cosmologie très développée, et qui pourrait donner lieu à des rapprochements avec celles d'autres traditions sur de nombreux points, à commencer par la division des « trois mondes » qui semble en constituer la base même. D'autre part, on y rencontre également des rites comparables à quelques-uns de ceux qui appartiennent à des traditions de l'ordre le plus élevé : certains, par exemple, rappellent d'une façon frappante des rites védiques, et qui sont même parmi ceux qui procèdent le plus manifestement de la tradition primordiale, comme ceux où les symboles de l'arbre et du cygne jouent le rôle principal. Il n'est donc pas douteux qu'il y ait là quelque chose qui, à ses origines tout au moins, constituait une forme traditionnelle régulière et normale ; il s'y est d'ailleurs conservé, jusqu'à l'époque actuelle, une certaine « transmission » des pouvoirs nécessaires à l'exercice des fonctions du « chamane » ; mais, quand on voit que celui-ci consacre surtout son activité aux sciences traditionnelles les plus inférieures, telles que la magie et la divination, on peut soupçonner par là qu'il y a eu une dégénérescence très réelle, et même se demander si parfois elle n'irait pas jusqu'à une véritable déviation, à laquelle les choses de cet ordre, lorsqu'elles prennent un développement aussi excessif, ne peuvent que trop facilement lieu.

Il y a, à cet égard, des indices assez inquiétants ; l'un d'eux est le lien établi entre le « chamane » et un animal, lien concernant exclusivement un individu, et qui, par conséquent, n'est aucunement assimilable au lien collectif qui constitue ce qu'on appelle à tort ou à raison le « totémisme ». Nous devons dire d'ailleurs que ce dont il s'agit ici pourrait, en soi-même, être susceptible d'une interprétation tout à fait légitime et n'ayant rien à voir avec la sorcellerie ; mais ce qui lui donne un caractère plus suspect, c'est que, chez certains peuples, sinon chez tous, l'animal est alors considéré en quelque sorte comme une forme du « chamane » lui-même ; et, d'une semblable identification à la « lycanthropie », telle qu'elle existe surtout chez des peuples de race noire, il n'y a peut-être pas extrêmement loin.

Mais il y a encore autre chose : les « chamanes », parmi les influences

---

Casanowicz (extrait du *Smithsonian Report for 1924*), dont nous devons la communication à l'obligeance de M. Ananda K. Coomaraswamy.

psychiques auxquelles ils ont affaire, en distinguent tout naturellement de deux sortes, les unes bénéfiques et les autres maléfiques, et, comme il n'y a évidemment rien à redouter des premières, c'est des secondes qu'ils s'occupent presque exclusivement ; tel paraît être du moins le cas le plus fréquent, car il se peut que le « chamanisme » comprenne des formes assez variées et entre lesquelles il y aurait des différences à faire sous ce rapport. Il ne s'agit d'ailleurs nullement d'un « culte » rendu à ces influences maléfiques, et qui serait une sorte de « satanisme » conscient, comme on l'a parfois supposé à tort ; il s'agit seulement de les empêcher de nuire, de neutraliser ou de détourner leur action. La même remarque pourrait s'appliquer aussi à d'autres prétendus « adorateurs du diable » qui existent en diverses régions ; d'une façon générale, il n'est guère vraisemblable que le « satanisme » réel puisse être le fait de tout un peuple. Cependant, il n'en est pas moins vrai que le contact pour ainsi dire constant avec ces forces psychiques inférieures est des plus dangereux, d'abord pour le « chamane » lui-même, cela va de soi, et aussi à autre point de vue dont l'intérêt est beaucoup moins étroitement « localisé ». En effet, il peut arriver que certains, opérant de façon plus consciente et avec des connaissances plus étendues, ce qui ne veut pas dire d'ordre plus élevé, utilisent ces mêmes forces pour de tout autres fins, à l'insu des « chamanes » ou de ceux qui agissent comme eux, et qui ne jouent plus en cela que le rôle de simples instruments pour l'accumulation des forces en question en des points déterminés. Nous savons qu'il y a ainsi, par le monde, un certain nombre de « réservoirs » d'influences ténébreuses dont la répartition n'a assurément rien de fortuit, et qui ne servent que trop bien aux desseins de la « contre-initiation ».

Abdel Wahed Yahya

Quelques pages oubliées de René Guénon[18]

René Guénon donna régulièrement dans les *Études Traditionnelles* des comptes rendus du *Speculative Mason*. Cette revue maçonnique avait une rubrique *Notes and Queries* (Notes et Questions) qui offrait aux lecteurs la possibilité de poser des questions relatives à la Franc-Maçonnerie. Quand la Rédaction n'était pas en état de donner une réponse satisfaisante, les autres lecteurs étaient invités à donner la solution.

Or, il apparaît que la Rédaction a reçu de René Guénon la réponse à diverses questions, parfois d'ordre technique, en rapport avec le symbolisme universel ou avec celui de l'Islam en particulier. Ces réponses étaient succinctes et signées A.W.Y., initiales de son nom arabe Abdel Wahed Yahya. Ces textes n'ont jamais été traduits en français, et ne se trouvent pas non plus dans les deux volumes posthumes d'*Études sur la Franc-Maçonnerie et le Compagnonnage* (Éditions traditionnelles). Ils sont cependant assez intéressants pour être traduits et publiés dans les *Études Traditionnelles*.

C'est dans les années 1934 à 1940 du *Speculative Mason* que nous avons trouvé les notes traduites ci-après.

Le Volume XXVII, avril 1935, page 77, semble contenir la première intervention de R. Guénon, puisque la rédaction y insère la demande suivante :

« L'éditeur aimerait remercier Abdel Wahed Yahya pour les réponses qu'il nous a adressées pour cette rubrique et lui demande de bien vouloir indiquer son adresse afin qu'on puisse lui envoyer un exemplaire complémentaire de

---

[18] *Les Études Traditionnelles*, N° 427 septembre-octobre 1971.

ce journal ».

Nous donnerons intégralement, tout d'abord la question posée, ensuite la solution proposée par « A.W.Y. »

H.R.A. - *Est-ce le double triangle ou l'étoile à cinq branches (five-pointed star) qu'il est correct d'appeler « Bouclier de David » ? J'ai entendu appliquer ce nom aux deux symboles sans distinction, mais lequel est alors le « Sceau de Salomon » ?*

A.W.Y. - « Le double triangle est appelé par les Kabbalistes indifféremment « Sceau de Salomon » et « Bouclier de David », et de même « Bouclier de Mikaël » (Mikael-Malaki, « Mon Ange », c'est-à-dire « L'Ange en qui se trouve Mon Nom ») ; également en arabe il est désigné comme « Khâtem Seyidnâ Suleymân » et « Dir'a Seyidnâ Dawûd ». Aucune de ces désignations ne peut être appliquée de façon correcte à l'étoile à cinq branches, le pentalpha ou pentagramme des pythagoriciens, lequel est l'étoile flamboyante maçonnique. Cette dernière, dans sa signification générale, est un symbole « microcosmique », alors que le double triangle est un symbole « macrocosmique ». Il existe un autre symbole arabe, nommé « Ugdat Seyidnâ Suleymân » ou « Nœud de Salomon », dont la signification est très proche de celle du sceau de Salomon, en rapport avec l'adage hermétique : « Ce qui est en haut est comme ce qui est en bas. »

Dans le même numéro, page 78 :

Étudiant. - *Les Colonnes d'Hénoch sont-elles en relation avec les Colonnes du Porche ? Dans ma Loge personne ne semble savoir quelque chose au sujet des Colonnes d'Hénoch.*

A.W.Y. - Il est dit que les Colonnes d'Hénoch ou de Seyidnâ Idris, comme il est appelé dans la tradition islamique, ont été construites par lui en deux matériaux différents, l'un pouvant résister à l'eau et l'autre au feu ; sur chacune était gravé l'essentiel de toutes les sciences. Il est dit qu'elles furent placées respectivement en Syrie et en Éthiopie, et que celle qui avait résisté aux eaux du Déluge existe encore en Syrie. En fait, la Syrie est ici rapportée au Nord, en connexion avec l'eau, et l'Éthiopie au Sud, en connexion avec le feu ; cela justifie donc pleinement la relation établie entre ces Colonnes d'Hénoch et celles du Porche. D'autre part, partout où on trouve deux colonnes, elles auront en commun une signification générale « binaire » que ces colonnes soient de Salomon, d'Hénoch, d'Hercule, etc. On peut également remarquer que la Syrie et l'Éthiopie, dans la tradition précitée, ne s'identifient pas nécessairement avec les pays actuellement connus sous ces noms, car elles ont elles-mêmes un sens symbolique et caché ; en tout cas, les Colonnes d'Hénoch représentent deux centres spirituels et initiatiques auxquels était confié le dépôt de la connaissance primordiale, en vue de la préserver au cours des époques successives. »

Dans le même volume XXVII, le numéro de juillet 1935 contient deux réponses importantes de A. W. Y., pp. 118-119.

V.C. - *Pourquoi d'abord le pied gauche* (l-t foot) ?

A.W.Y. - « Cette prééminence du pied gauche n'est pas uniformément reconnue par tous les rites maçonniques : là où elle existe, on se réfère généralement au fait que le côté gauche est le côté du cœur explication admise également, et peut-être à plus juste titre, pour la position du bras gauche sur le bras droit dans le grade écossais de R.C. Bien que le symbolisme du cœur soit en effet très important, et cela dans toutes les traditions (mais à vrai dire tout à fait différent de ce qu'en pensent les gens modernes), il y a peut-être quelque chose de spécifique en ce qui concerne au moins le pied gauche : il est évident que ceci est en rapport étroit avec les circumambulations exécutées de gauche à droite, et ainsi la question est ramenée à un problème d'un ordre beaucoup plus général. Il y a bien des différences à cet égard, selon les diverses traditions : en Inde et au Tibet, les circumambulations se font aussi de gauche à droite (c'est-à-dire en ayant le centre à sa droite, et de cela vient la désignation *pradakshina*) ; dans la tradition islamique, c'est l'inverse ; et l'on peut dire que ceci est en relation directe avec le sens de l'écriture dans les langues sacrées (le sanskrit et l'arabe) dans lesquelles les deux traditions trouvent respectivement leur expression. Le mouvement de la droite vers la gauche est encore connu dans la Maçonnerie opérative : il est « polaire », alors que l'inverse est « solaire ». Quant à prééminence de la droite ou de la gauche, il y a eu parfois et dans la même tradition, des changements pour des périodes déterminées, en relation avec certaines lois des cycles cosmiques ; de tels changements se trouvent surtout dans la Chine ancienne, mais en les examinant de plus près, on verra que le côté d'honneur, qu'on le considère « polarisent » comme la droite ou « solairement » comme la gauche, y a toujours été l'Orient. Des changements du même genre se sont effectués également dans le passage de la Maçonnerie Opérative à la Maçonnerie Spéculative. De tout cela il ressort que cette question est extrêmement compliquée, liée comme elle est à l'origine même des Traditions. »

J.B.V. - *On m'a dit qu'il y avait en Égypte, il y a peu de temps, des Guildes de Maçons Opératifs. Est-ce qu'elles existent encore ? Peut-être que A.W.Y. pourrait m'en informer ?*

A.W.Y. - « Il n'y a aucun doute qu'il y avait, voici quelques siècles, non seulement en Égypte, mais encore en d'autres parties du monde musulman, des Guildes de Maçons Opératifs ou d'autres ouvriers ; ces Maçons orientaux utilisaient même des marques similaires à celles de leurs collègues occidentaux du Moyen Age, et qui étaient appelées en arabe *Khatt el-Bannaïn* (c'est-à-dire « écriture des bâtisseurs » ; mais tout cela appartient à un passé déjà assez lointain. D'autre part, dans les *turuq* islamiques ou confréries ésotériques (qui sont également « opératives » en fait, mais évidemment dans un autre sens plus profond que le sens purement « professionnel »), certains éléments ont été conservés qui ressemblent étrangement au Compagnonnage occidental, par exemple : le port du ruban ; le port du bâton qui a exactement la même forme ; et en ce qui concerne le symbolisme de ces bâtons, il y aurait beaucoup à dire en rapport avec les sciences secrètes qui sont spécialement attribuées à Seyidnâ Suleymân (car chacun des grands Prophètes possède ses sciences à lui, caractérisées par le ciel sur lequel il préside). Il y a aussi d'autres points d'intérêt plus spécialement maçonnique : par exemple, dans quelques-unes des *turuq*, le *dhikr* ne peut être accompli rituellement s'il n'y a pas la présence d'au moins sept frères ; dans l'investiture d'un *naqîb* il y a quelque chose qui ferait penser au *cable-tow*, etc. D'ailleurs, il y a une interprétation symbolique des lettres arabes qui forment le nom d'Allah et qui est purement maçonnique, provenant probablement des Guildes en question : L'*alif* est la règle ; les deux *lâm* le compas et l'équerre ; le *ha* le triangle (ou le cercle selon une autre explication, la différence entre les deux correspondant à celle entre *Square* et *Arch Masonry*), le nom entier était donc un symbole de l'Esprit de la Construction Universelle. Ces quelques faits ne sont que de simples références à un sujet qui nous est connu par expérience directe et par tradition orale. »

Dans le numéro d'octobre 1935, les *Notes and Queries* commencent par l'indication de quelques erreurs d'impression, surtout dans l'orthographe des noms arabes. Nous en avons tenu compte dans notre traduction. - La page 156 reproduit la réponse suivante :

Étudiant. - *Je suis particulièrement intéressé par une phrase de la réponse de A.W.Y. à la demande sur le Sceau de Salomon. Il dit : Le « Uqdat Seyidnâ Suleymân » ou Nœud de Salomon, dont la signification se rapproche de celle du Sceau de Salomon, etc. Quelle est la forme de cet Uqdat Seyidnâ Suleymân ?*

A.W.Y. - Voici la figuration du « Nœud de Salomon ».

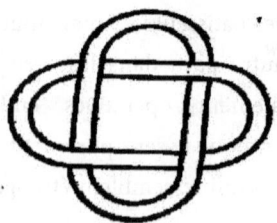

Il en existe, bien entendu, plusieurs variantes plus ou moins compliquées, mais celle-ci présente symboliquement l'essentiel.

La phrase : « tout à fait différent de ce que pensent les gens modernes » veut dire que le vrai symbolisme du cœur, dans toutes les traditions, se rapporte à l'intellect pur (en tant que distinct de la raison) et *jamais* au sentiment ou à l'émotion. Il faudra toujours en tenir compte lorsqu'il est question, non seulement du cœur de l'homme, mais également du « Cœur du

Monde ».

Le volume XVIII, janvier 1936, ne contient qu'une seule réponse de A. W. Y. :

Étudiant - *Les trois montagnes sacrées des maçons opératifs sont le Sinaï, le Tabor et le Moriah. Prenant cette dernière comme centre, le Tabor est situé vers le Nord et le Sinaï au Sud. Pourquoi a-t-on choisi spécialement ces trois montagnes ? Le Tabor, dans l'ancien testament, n'est pas particulièrement sacré. J'aimerais aussi être renseigné sur la signification de ces trois montagnes.*

A.W.Y. - Le Sinaï, le Moriah et le Tabor sont trois hauts-lieux de « vision », bien que, en ce qui concerne le Sinaï « audition » serait une désignation plus correcte que « vision » (et la forme de beaucoup des pierres qu'on y trouve ressemble de façon étrange à l'oreille humaine) ; mais quand il s'agit de révélation, « vision » et « audition » sont presque équivalentes. Ainsi, dans la tradition hindoue, il est dit que les *Rishis* (littéralement « voyants », comme en hébreu *rouh*, le terme ancien pour *nabi* ou prophète) ont « entendu » les Védas. De notre propre point de vue islamique, ces trois montagnes sont liées respectivement aux trois grandes époques prophétiques de Seyidnâ Mûsa (Moïse), de Seyidnâ Dawûd et Seyidnâ Suleymân (David et Salomon) et de Seyidnâ Aïssa (Jésus), et, par la suite, aux trois grands livres de la révélation divine : *Et-Tawrâh* (le Pentateuque), *Ez-Zabûr* (les Psaumes) et *El-Injîl* (l'Évangile). Concernant le Sinaï, il est intéressant de noter que cette région était, très anciennement, le siège de mystères en relation avec l'art des métallurgistes, c'est-à-dire les mystères « Cabiriques ». Ces métallurgistes étaient des « Kénites », dont le nom se lit parfois « Caïnites », et cela, en tout cas, est en rapport très étroit avec la signification de « Tubalcaïn », bien connu en maçonnerie. »

Le volume XXIX contient également une seule réponse de A.W.Y., publiée dans le numéro de janvier 1937, page 29 :

Q. - *J'aimerais savoir quelque chose au sujet de la « Maison de la sagesse » du Caire. Maqrizi décrit des initiations, des grades, etc., et quelques auteurs* *occidentaux pensent qu'il y a dans cela beaucoup de Maçonnerie, peut-être même l'origine de la Franc-Maçonnerie occidentale. Von Hammer cite Maqrizi, mais puisque je ne peux pas lire l'arabe, je n'ai aucun moyen de savoir si on peut se fier à Von Hammer en cette matière. À l'occasion de deux séjours en Égypte, j'ai essayé, sans y avoir réussi, de découvrir s'il existe actuellement en Égypte un enseignement ésotérique, maçonnique ou autre. Je serais très reconnaissant à A.W.Y., s'il pouvait me fournir une réponse à cette question très sérieuse et très sincère.*

A.W.Y. - La « Maison de la sagesse » (*Dar El-Hekmah*) était à l'époque des Fatimites, un centre ismaélien ; mais, bien qu'elle ait été appelée de façon erronée « grande loge » par quelques auteurs occidentaux, elle n'a rien à voir avec la Maçonnerie, ni avec son origine (il serait plus exact de dire *une de ses origines*, car la Maçonnerie, en réalité, a plus d'une origine). Il est vrai que les Ismaéliens avaient, et ont encore, des initiations et des grades, comme en ont tant d'autres, par exemple les *Duruz* (Druses) de Syrie, qui emploient même certains signes très similaires à ceux de la Maçonnerie ; mais de telles ressemblances sont trouvées un peu partout, et, s'il y a une origine commune, il faudrait la chercher très loin.... D'autre part, les Ismaéliens, les Druses, les Nosaïris, etc., ne sont que des « sectes » (*firâq*), dans lesquelles il y a toujours une certaine confusion entre l'exotérique et l'ésotérique ; dans leurs initiations, il y a un certain côté « obscur » dû à leur déviation de la tradition authentique ; ce sont les altérations, non la « source » de l'initiation. De telles sectes n'ont aucun rapport avec les vraies *turuq*, qui sont au nombre de 72 (ceci pourrait être un nombre symbolique, mais, d'après une liste établie par feu Seyid Tawfiq El-Bakri, il paraît que c'est également le nombre exact). Cet enseignement ésotérique, à côté de la doctrine supérieure, inclut nombre de sciences inconnues à l'Occident, au moins à l'époque actuelle (car le cas semble avoir été différent pendant le Moyen Age) et quelques-unes d'entre elles ne peuvent être comprises que par l'intermédiaire de la langue arabe, à laquelle elles sont intimement liées (comme certaines parties de la Kabbale le sont à la langue hébraïque). Du côté copte (donc chrétien) on dit que quelques moines conservent encore une sorte de connaissance ésotérique, mais il est extrêmement difficile pour les Musulmans d'obtenir des précisions à ce sujet. »

Cette note est la dernière contribution de A.W.Y. au « Speculative Mason » jusqu'à janvier 1940 ; époque que couvre le premier volume des « Études sur la Franc-Maçonnerie et le Compagnonnage ». Les années d'après-guerre du « Speculative Mason » n'étant pas à notre disposition pour le moment nous ne pouvons rien en dire encore.

Anton KERSSEMAKERS.

F.-CH. BARLET
ET LES SOCIÉTÉS INITIATIQUES[19]

Avant de prendre part aux débuts du mouvement que l'on peut appeler proprement occultiste, F.-Ch. Barlet avait été l'un des fondateurs de la branche française de la Société Théosophiques. Peu de temps après, il entra en relations avec l'organisation désignée par les initiales *H.B. of L.*, c'est-à-dire *Hermetic Brotherhood of Luxor*[20], qui se proposait pour but principal « l'établissement de centres extérieurs dans l'Occident pour la résurrection des rites des initiations anciennes ». Cette organisation faisait remonter son origine à 4320 ans avant l'année 1881 de l'ère chrétienne ; c'est là une date évidemment symbolique, qui fait allusion à certaines périodes cycliques[21]. Elle prétendait se rattacher à une tradition proprement occidentale, car, d'après ses enseignements, « les Initiés Hermétiques n'ont rien emprunté à l'Inde ; la similitude qui apparaît entre une quantité de noms, de doctrines, de rites des Hindous et des Égyptiens, loin de montrer que l'Égypte ait tiré ses doctrines de l'Inde, fait seulement voir clairement que les traits principaux de leurs enseignements respectifs étaient dérivés d'une même souche, et cette source originelle n'était ni l'Inde ni l'Égypte, mais *L'Ile perdue de l'Occident* ». Quant à la forme prise récemment par l'association, voici ce qui en était dit : « En 1870, un adepte de l'ancien Ordre, toujours existant, de la *H. B. of L.* originelle, avec la permission de ses frères initiés, résolut de choisir en Grande-Bretagne un néophyte qui pût répondre à ses vues. Après avoir accompli sur le continent

---

[19] Fac-similé de l'article de René Guénon paru dans le « Voile d'Isis » numéro 64, avril 1925.

[20] Il y eut aussi une *Hermetic Brotherhood of Light*, ou *Fraternité Hermétique de* Lumière, qui semble avoir été une branche dissidente et rivale. D'ailleurs, on peut remarquer que le nom de *Luxor* signifie également « Lumière », et même doublement, car il se décompose en deux mots (*Lux-Or*) qui ont ce même sens en latin et en hébreu respectivement.

[21] Ces périodes sont celles dont il est question dans le *Traité des Causes secondes* de Trithème, dont l'explication faisait partie des enseignements de la *H.B. of L.*

européen une importante mission privée, il aborda en Grande-Bretagne en 1873 et réussit à trouver un néophyte qu'il instruisit graduellement, après avoir suffisamment prouvé et fait vérifier l'authenticité de ses lettres de créance... Le néophyte obtient ensuite la permission d'établir un cercle extérieur de la H.B. of L., pour faire parvenir tous ceux qui s'en montreraient dignes à la forme d'initiation pour laquelle ils seraient qualifiés ».

Au moment d'adhérer à la H. B. of L., Barlet eut une hésitation : cette adhésion était-elle compatible avec le fait d'appartenir à la Société Théosophique ? Il posa cette question à son initiateur, un clergyman anglais, qui s'empressa de le rassurer en lui déclarant que « lui-même et son Maître (Peter Davidson) étaient membres du Conseil de la Société Théosophique ». Pourtant, une hostilité à peine déguisée existait bien réellement entre les deux organisations, et cela depuis 1878, époque où Mme Blavatsky et le colonel Olcott avaient été exclus de la H. B. of. L., à laquelle ils avaient été affiliés en 1875 par l'entremise de l'égyptologue George H. Felt. Sans doute est-ce pour dissimuler cette aventure peu flatteuse pour les deux fondateurs que l'on prétendit, dans le *Theosophist*, que la création du cercle extérieur de la H. B. of. L. ne remontait qu'à 1884 ; mais, chose singulière, le même *Theosophist* avait publié en 1885 la reproduction d'une annonce de l'*Occult Magazine* de Glasgow, organe de la H. B. of L., dans laquelle il était fait appel aux personnes qui désiraient « être admises comme membres d'une Fraternité Occulte, qui ne se vante pas de son savoir, mais qui instruit librement et sans réserve tous ceux qu'elle trouve dignes de recevoir ses enseignements » : allusion indirecte, mais fort claire, aux procédés tout contraires que l'on reprochait à la Société Théosophique. L'hostilité de celle-ci devait se manifester nettement, un peu plus tard, à propos d'un projet de fondation d'une sorte de colonie agricole, en Amérique par des membres de la H. B. of. L. ; Mme Blavatsky trouva là une occasion favorable pour se venger de l'exclusion dont elle avait été l'objet, et elle manœuvra de telle sorte qu'elle parvint à faire interdire au secrétaire général de l'Ordre, T. H. Burgoyne, l'accès du territoire des États-Unis. Seul, Peter Davidson, qui portait le titre de « Grand-Maître provincial du Nord », alla s'établir avec sa famille à Loudsville, en Géorgie, où il est mort il y a quelques années[22].

En juillet 1887, Peter Davidson écrivait à Barlet une lettre dans laquelle, après avoir qualifié le « Bouddhisme ésotérique » de « tentative faite pour pervertir l'esprit occidental », il disait : « Les véritables et réels Adeptes n'enseignent pas ces doctrines de *karma* et de *réincarnation* mises en avant par les auteurs du *Bouddhisme Ésotérique* et autres ouvrages théosophiques.... Ni dans les susdits ouvrages, ni dans les pages du *Theosophist*, on ne trouve, que je sache, une vue juste et de sens ésotérique sur ces importantes questions. L'un des principaux objets de la *H. B. of L.* est de révéler à ceux des frères qui s'en sont montrés dignes le mystère complet de ces graves sujets.... Il faut aussi observer que la Société Théosophique n'est pas et n'a jamais été, depuis que Mme Blavatsky et le colonel Olcott sont arrivés dans l'Inde, sous la direction ou l'inspiration de la Fraternité *authentique et réelle* de l'Himâlaya, mais sous celle d'un Ordre très inférieur appartenant au culte bouddhique[23]. Je vous parle là d'une chose que *je sais* et que je tiens d'une autorité indiscutable ; mais, si vous avez quelque doute sur mes assertions, M. Alexander de Corfou a plusieurs lettres de Mme Blavatsky, dans quelques-unes desquelles elle *confesse* clairement ce que je vous dis ». Un an plus tard, Peter Davidson écrivait, dans une autre lettre, cette phrase quelque peu énigmatique : « Les vrais Adeptes et les Mahâtmas véritables sont comme les deux pôles d'un aimant, bien que plusieurs Mahâtmâs soient assurément membres de notre Ordre ; mais ils n'apparaissent comme Mahâtmâs que pour des motifs très importants ». À ce moment même, c'est-à-dire vers le milieu de l'année 1888, Barlet quittait la Société Théosophique, à la suite de dissensions qui étaient survenues au sein de la branche parisienne *Isis*, et dont on, peut retrouver les échos dans le *Lotus* de l'époque.

C'est aussi à peu près à cette date que Papus commença à organiser le

---

[22] Alors que la *H. B. of L.* était déjà rentrée en sommeil Peter Davidson fonda une nouvelle organisation appelée *Ordre de la Croix et du Serpent*. Un autre des chefs extérieurs de la *H. B. of L.*, de son côté, se mit à la tête d'un mouvement d'un caractère tout différent, auquel Barlet fut également mêlé, mais dont nous n'avons pas à nous occuper ici.

[23] Il s'agit de l'organisation qui avait pour chef le Rév. H Sumangala, principal du *Vidyodaya Parivena* de Colombo.

Martinisme ; Barlet fut un des premiers auxquels il fit appel pour constituer son Suprême Conseil. Il était entendu tout d'abord que le Martinisme ne devait avoir pour but que de préparer ses membres à entrer dans un Ordre pouvant conférer une initiation véritable à ceux qui se montreraient aptes à la recevoir ; et l'Ordre que l'en avait en vue à cet effet n'était autre que la *H. B. of L.*, dont Barlet était devenu le représentant pour la France. C'est pourquoi, en 1891, Papus écrivait : « Des sociétés vraiment occultes existent pourtant qui possèdent encore la tradition intégrale ; j'en appelle à l'un des plus savants parmi les adeptes occidentaux, à mon maître en pratique, Peter Davidson »[24]. Cependant, ce projet n'aboutit pas, et l'on dut se contenter, comme centre supérieur au Martinisme, de l'Ordre Kabbalistique de la Rose-Croix, qui avait été fondé par Stanislas de Guaita. Barlet était également membre du Suprême Conseil de cet Ordre, et, quand Guaita mourut en 1896, il fut désigné pour lui succéder comme Grand-Maître ; mais, s'il en eut le titre, il n'en exerça jamais les fonctions d'une façon effective. En effet, l'Ordre n'eut plus de réunions régulières après la disparition de son fondateur, et plus tard, quand Papus songea un moment à le faire revivre, Barlet, qui ne fréquentait plus alors aucun groupement occultiste, déclara qu'il s'en désintéressait entièrement ; il pensait, et sans doute avec raison, que de telles tentatives, ne reposant sur aucune base solide, ne pouvaient aboutir qu'à de nouveaux échecs.

Nous ne parlerons pas de quelques organisations plus ou moins éphémères, auxquelles Barlet adhéra peut-être un peu trop facilement ; sa grande sincérité son caractère essentiellement honnête et confiant l'empêchèrent, en ces circonstances, de voir que certaines gens ne cherchaient qu'à se servir de son nom comme d'une garantie de « respectabilité ». A la fin, ces expériences malencontreuses l'avaient tout de même rendu plus circonspect et l'avaient amené à mettre fortement en doute l'utilité de toutes lés associations qui, sous des prétentions initiatiques, ne cachent à peu près aucun savoir réel, et qui ne sont guère qu'un prétexte à se parer de titres plus ou moins pompeux ; il avait compris la vanité de toutes ces formes extérieures dont les organisations véritablement initiatiques sont entièrement dégagées.

---

[24] *Traité méthodique se Science occulte, p. 1039.*

Quelques mois avant sa mort, nous parlant d'une nouvelle société soi-disant rosicrucienne, importée d'Amérique, et dans laquelle on le sollicitait d'entrer, il nous disait qu'il n'en ferait rien, parce qu'il était absolument convaincu, comme nous l'étions nous-mêmes, que les vrais Rose-Croix n'ont jamais fondé de sociétés. Nous nous arrêterons sur cette conclusion, à laquelle il était arrivé au terme de tant de recherches, et qui devrait bien faire réfléchir très sérieusement un bon nombre de nos contemporains, s'ils veulent, comme le disaient les enseignements de la *H. B. of L.*, « apprendre à connaître l'énorme différence qui existe entre la vérité intacte et la vérité apparente », entre l'initiation réelle et ses innombrables contrefaçons.

L'INITIATION DU F∴ BONAPARTE ∴[25]

(d'après une dactylographie)

Article signé Clarin de Rive mais rédigé (au moins en partie) par le Sphinx[26], comme il le dit lui-même dans son article *Le Régime Écossais Rectifié*

Les principaux documents maçonniques représentant Bonaparte en F∴M∴ sont assez rares. Ils proviennent, en partie, du F∴ Kiener, et consistent dans un tableau allégorique sous forme de carte-lettre publié par les soins du G∴O∴ de France et citant :

BERCEAU HISTORIQUE DES MYSTÈRES DE LA FRANC-MAÇONNERIE ou des Souverains ou Chefs d'États affiliés à la Maçonnerie (Nous avons jadis étudié soigneusement ce tableau dans *La France Antimaçonnique*). Bonaparte est transporté par un aigle et enlevé au ciel des FF∴ Il est en coutume de général, botté, éperonné, tenant l'aigle par le cou. Cet aigle soutient dans ses serres une équerre, une règle et une clef qui nous paraît réellement *suspecte*.

Le F∴ Kiener, précipité, nous a laissé deux petits tableaux qui ornent le

---

[25] « *Souviens-toi de ne jamais changer le chapeau de la Liberté pour une couronne.* » C'est par ces prophétiques phrases que le Récipiendaire illuminé accueillait, d'après le texte même du cliché de l'époque, le F∴ Bonaparte, lors de la Cérémonie de son initiation. N'écoutant que son ambition coupable et désordonnée, Bonaparte changeait, en effet, *le chapeau de la Liberté pour une couronne impériale* et finissait, après une épopée mondiale et sanguinaire, à Sainte-Hélène, prisonnier de ces mêmes Anglais qu'il avait trompés lors du siège de Toulon, n'étant encore qu'officier de la Garde Nationale Corse.

[26] *Le Symbolisme*, 31 janvier 1913.

musée de *la France Antimaçonnique*.

L'un d'eux intitulé les CINQ ONCLES, reproduit dans une sorte de croix de la Légion d'honneur.

Cette croix est portée, symboliquement, dans les serres d'un aigle avec cette légende : RÉPUBLIQUE FRANÇAISE 1792. Au centre, le F∴ Kiener a ménagé, dans ces deux *croix*, une étoile flamboyante à cinq branches, agrémentée de la lettre capitale et rituélique G, entourée par les quatre initiales traditionnelles J∴B∴M∴B∴.

1 - *Napoléon Bonaparte (1er Consul et Empereur)*, Protecteur de l'Ordre des F∴M∴, né le 15 août 1769.
2 - *Joseph-Napoléon Bonaparte (Ex-Roi d'Espagne)*, Grand-Maître de l'Ordre des F∴M∴, né le 7 janvier 1768.
3 - *Louis-Napoléon Bonaparte (Ex-Roi d'Hollande)*, né le 1er septembre 1784.
4 - *Jérôme-Napoléon Bonaparte (Ex-Roi de Westphalie)*, né le 15 décembre 1784.
5 - *Lucien-Napoléon Bonaparte (Président du Conseil des Cinq-Cents)*, né en 1775.

Joseph Kiener, R∴C∴, Éditeur, Place Maubert, 41.

Le second tableau reproduit aussi dans une Croix de la Légion d'honneur et sous le titre les CINQ NEVEUX ; il est également soutenu par un aigle, avec la devise : RÉPUBLIQUE FRANÇAISE 1848.

1 - *François-Charles Joseph* (fils de Napoléon). Né le 20 mars 1811.
2 - *Napoléon Bonaparte* (fils de Jérôme). Né le 9 septembre 1822.
3 - *Charles-Louis Napoléon Bonaparte* (fils de Louis). Né le 20 avril 1808.
4 - *Lucien Murat* (fils de Joachin Murat). Né en 1803.
5 - *Pierre Bonaparte* (fils de Lucien). Né le 11 octobre 1815.

Les vitrines des Collections des reliques napoléoniennes rassemblées par le Prince Victor Napoléon et la Princesse Clémentine, à Bruxelles, renferment des cordons et un tablier de maîtres et un autre tablier portant les initiales S∴·B∴. Nous trouvons vraiment étrange que ces princes aient réuni dans ces vitrines des oripeaux franc-maçonniques qu'on ne se vante pas de conserver dans sa famille.

Bonaparte croyant consolider son trône impérial, se rendit au camp de Boulogne, pour distribuer à l'armée la Croix de la Légion d'honneur. Au centre du camp fut placé *le siège antique du Roi Dagobert*, qui servit de trône à l'Empereur. Les décorations qui devaient être distribuées aux Légionnaires avaient été placées *dans le casque de Duguesclin* (au milieu des accessoires recueillis au Musée du Grand-Orient, on voit un *casque de Rose-Croix*, casque servant, pendant les tenues de R∴·C∴·, de casque de bienfaisance, de proposition, etc.).

Nous avons jadis reproduit (25ème année, N° 6, p. 65), un article de *L'Acacia* intitulé : *La visite de Bonaparte à l'O∴· de Nancy*, qui ne laissait aucun doute sur la qualité maçonnique de Napoléon 1er.

Une nouvelle preuve nous est fournie par les documents que M. Benjamin Fabre vient de publier dans son très intéressant ouvrage sur *Franciscus, Eques a Capite Galeato*. Voici ce qu'il dit à ce sujet (p. 250)[27] : « Il est sûr que

---

[27] *Un Initié des Sociétés Secrètes Supérieures* (1753-1814).
« *Franciscus, Eques a capite galeato* »
Un livre d'une grande importance au point de vue antimaçonnique a paru la semaine dernière à la librairie de la *renaissance Française*. Il est écrit par un nouveau venu, M. Benjamin Fabre, et ce nouveau venu débute par un coup de maître. Il nous livre en effet une admirable collection de documents authentiques émanant de l'un des hauts initiés qui préparèrent la Révolution et qui travaillèrent ensuite invisiblement sous le premier Empire, alors que le maître d la France croyait la vie maçonnique concentrée tout entière dans les Loges où il avait fait entrer ses officiers. Il s'imaginait tenir ainsi la Maçonnerie. En réalité, il n'en tenait que le vêtement. De ce vêtement, il faisait son jouet sans se douter que, malgré toute sa puissance, lui-même était le jouet de ce dont la Maçonnerie n'est que l'enveloppement.
M. Benjamin Fabre ne nous donne que le prénom et le surnom maçonnique du héros de son livre. *Franciscus*, françois ; *Eques a capite galeato*, le Chevalier à la tête casquée. Quant

au nom de famille, il ne veut pas le prononcer ; et c'est par un sentiment très louable. Il existe encore, en effet, des descendants d'*Eques a capite galeato*. C'est l'un de ces descendants qui a remis à M. Benjamin Fabre les documents qu'il lui a donné mission de livrer au public pour réparer autant qu'il est possible le mal que son aïeul a contribué à faire. C'est là un très noble exemple qu'il serait à souhaiter de voir suivi. M. Copin-Albancelli, qui a écrit la préface du livre de M. Benjamin Fabre, dit à ce sujet : « Il existe certainement dans plus d'une famille des archives qui permettraient de jeter enfin pleine lumière sur la Franc-Maçonnerie, de montrer les liens qui l'unissant aux autres sociétés secrètes et de faire comprendre par toute l'élite de la nation l'espèce particulière de dangers auxquels les peuples modernes sont exposés. Les familles nobles ont été les premières à se laisser prendre au piège maçonnique. Il appartient à leurs représentants actuels de réparer cette faute, souvent inconsciente, en fournissant aux générations d'aujourd'hui les renseignements qui peuvent les aider à échapper aux conséquences crées. Les services qu'ils rendraient ainsi seraient certainement précieux. On ne saurait douter en effet que les Puissances occultes ne prennent toutes les mesures possibles pour faire disparaître des archives publiques tout ce que les chercheurs y trouveraient de documents vraiment révélateurs sur le mécanisme des sociétés secrètes. C'est pourquoi nous devons être d'autant plus reconnaissants aux hommes de grand cœur et de haute intelligence qui veulent bien ouvrir aux spécialistes le trésor de leurs archives familiales.

« Mais il aurait pu arriver que le descendant de la très noble et vieille famille à laquelle appartenait *Eques a capite galeato* remît les documents en sa possession à un homme insuffisamment instruit des choses de la Maçonnerie ». Il en a été tout autrement. M. Benjamin Fabre s'est formé à l'école de Barruel et de Crétineau-Joly. Il a admirablement compris la théorie de M. Copin-Albancelli sur les sociétés superposées, théorie qui est combattue par certains antimaçons, on ne sait trop pourquoi. Les sociétés superposées existent en effet. Il est impossible de le nier puisque c'est un fait. Les antimaçons dont nous parlons affirment que ce fait est sans importance. Mais alors, comment expliquer qu'il soit si persistant ? Les adversaires de la théorie des sociétés superposées ne répondent pas à cette question, et pour cause.

M. Benjamin Fabre, lui ne s'y est pas trompé. Aussi, à la lumière de l'idée directrice que lui a fournie la thèse de M. Copin-Albancelli, il a su tirer un merveilleux parti des précieuses archives qui lui furent confiées. À cause de cela, son livre représente un double intérêt. Il se recommande par l'origine et l'importance des documents qu'il verse à l'arsenal de guerre antimaçonnique et peut contribuer puissamment à aider les Français à échapper aux pièges qui leur sont journellement tendus. « L'ouvrage de M. Benjamin Fabre, écrit M. Copin-Albancelli en terminant sa préface, fortement pensé et supérieurement conduit, doit prendre place à côté de ceux de Barruel et de Crétineau-Joly. C'est le plus bel éloge qu'on en puisse faire. »

Nous avons tenu à indiquer dès aujourd'hui ce livre à nos lecteurs. Nous y reviendrons tout à loisir. Le Liseur.

Bonaparte était Maçon. *Pyron*, un vrai chef de la Maçonnerie, l'affirme ou plutôt le rappelle, en passant. Il ne prétend annoncer rien de bien nouveau, rien surtout qui puisse surprendre *L'Eques a Capite Galeato* son correspondant. L'Empereur avait été autrefois admis dans un Régime Écossais. En quel lieu et quand ? Bonaparte aurait été initié à Malte, après la prise de cette île. L'historien *Clavel* a recueilli cette tradition. Et donc les Frères du Régime Écossais étaient les Frères de sa Majesté l'empereur. »

Voici le passage de la lettre du F∴ *Pyron* à laquelle il est fait allusion ici, et qui se trouve reproduite un peu plus loin (pp. 256-257) : « Le Grand-Orient chercha à sortir de sa léthargie, nomma un Grand-Maître, des Grands-Officiers d'honneur ; nous en fîmes autant. Il prit des nôtres ; nous prîmes des siens. Et nos batteries étaient en présence, lorsque *Sa Majesté l'Empereur et Roy, membre de notre Rit, désira la réunion de ces deux Rits en un seul corps maçonnique.* »

Ce projet d'unification des divers Rits, sous les auspices du Grand-Orient, devait être repris plus tard par le F∴ Napoléon III, lorsqu'il voulut imposer le maréchal Magnan comme Grand-Maître à la Maçonnerie française toute entière, ce qui provoqua la protestation bien connue du F∴ Viennet, Grand Commandeur du Suprême Conseil Écossais.

Mais revenons à l'initiation de Napoléon 1er. Le F∴ Clavel, dans son *Histoire pittoresque de la Franc-Maçonnerie* (p.242), dit que « l'Empereur avait été reçu à Malte Maçon, lors du séjour qu'il fit dans cette île en se rendant en Égypte. » Il raconte ensuite (pp. 244-245) l'histoire de la visite que Napoléon fit *incognito* à la Loge du faubourg St. Marcel. Cette histoire a été déjà rappelée par la *France Antimaçonnique* à propos de l'article précédemment cité.

La date de l'initiation de Napoléon, ou plutôt de Général Bonaparte, est précisée par le F∴ J.T. Lawrence, *Past Assistant Grand Chaplain* de la Grande Loge d'Angleterre qui, dans un ouvrage intitulé *By-Ways of Freemasonry* (p. 171) cite, parmi les souverains ayant appartenu à la Maçonnerie, « Napoléon

Bonaparte, initié à Malte en juin 1798. »

Cependant, d'après l'article de *L'Acacia*, la visite à l'Or∴ de Nancy « fut faite le 3 décembre 1797 » ; cette contradiction apparente s'explique si l'on admet que Bonaparte, qui alors « n'était que Maître », reçut à Malte, l'année suivante, les hauts grades d'un *Régime Écossais*. Les FF∴ Clavel et Lawrence paraissent donc avoir fait une confusion, et cette question reste à résoudre : où Bonaparte avait-il reçu les grades symboliques ? Peut-être est-ce dans une Loge militaire, mais nous n'avons rien trouvé qui permette de l'affirmer.

Quoi qu'il en soit, signalons encore un autre document qui se trouve dans le *Miroir de la Vérité, dédié à tous les Maçons*, publié en 1800 par le F∴ Abraham[28]. Ce volume se termine par deux pièces de vers du F∴ Boisson-Quency[29].

---

[28] Ce F∴ Abraham s'intitule « M∴A∴T∴G∴ (*Maître à tous grades*), membre du G∴O∴ de France, 1er Fondateur et Vénérable de la R∴ L∴ des *Élèves de la Nature* » ; mais le F∴ Clavel (op. cité p. 242) le traite « d'homme taré et l'âme de la dissidence écossaise » ; d'après M. Benjamin Fabre (op. cité p. 249) « ce Juif se livrait au *trafic* des hauts grades maçonniques ». Voici ce qu'on trouve à ce sujet dans Thory (*Acta Latomorum*, tome 1er, p. 249) :
« *Suprême Conseil du 33º degré*. - 2 décembre 1811. - le Conseil fulmine contre quelques établissements irrégulièrement formés, et déclare nuls et abusifs tous les brefs, prétendus écossais, délivrés par le nommé Antoine Hirmin *Abraham*, comme membre de la Loge des *Élèves de Minerve*, à Paris (voir 1803, p. 214, article Écosse). À cet endroit, nous lisons ce qui suit : « Grande Loge de Saint-Jean. - On fait lecture, dans la Grande Loge, d'une lettre de Louis Clavel, Grand-Maître Provincial de l'Ordre de *Saint-Jean d'Édimbourg* auprès de la *Grande Loge de Rouen*, demandant à être autorisé à constituer une Loge écossaise à Marseille. À cette requête était jointe la copie d'un écrit attribué à la *Grande Loge d'Écosse*, par lequel cette dernière paraissait donner, à une loge de Paris, nommée les *Élèves de Minerve*, le droit de délivrer des constitutions. La Grande Loge déclare qu'elle n'a jamais concédé de pareils pouvoirs (Lawrie, *The History of Freemasonry*, p. 292). » Il y a probablement identité entre cette Loge des *Élèves de Minerve* et celle des *Élèves de la Nature*.

[29] Le F∴ Boisson-Quency, « Adjudant-Commandant, Membre de plusieurs Académies et Sociétés littéraires, était « Vice Orateur de la R∴ L∴ des *Élèves de la Nature*.

La première (pp. 372-379) porte le titre suivant : « *Veni, Vidi, Vici* : ODE AU T∴C∴ ET T∴R∴F∴ BONAPARTE, PREMIER CONSUL, *sur le passage du Mont Saint-Bernard et la bataille de Marengo.* »

La seconde (pp. 380-386) est un « *poème sur les exploits militaires, les vertus sociales et maçonniques* (sic) *du T∴C∴ et T∴R∴F∴ Moreau, Général en chef, membre de la R∴L∴ de la Parfaite Union, à l'O∴ de Rennes.* »

Le rapprochement de ces deux noms est assez singulier, lorsqu'on pense au rôle que devait jouer, à peine quatre ans plus tard, ce même F∴ Moreau dans le complot formé contre le F∴ Bonaparte par le chef royaliste George Cadoudal[30].

Maintenant, quel est le *Régime Écossais* (de hauts grades) auquel Bonaparte fut affilié, vraisemblablement, durant son séjour à Malte ? Le F∴ Hiram (CH.M. Limousin), dans son *Résumé de l'Histoire de la Franc-Maçonnerie* (p.359) dit que Napoléon semble avoir été le chargé d'affaires de la *Stricte Observance* ; mais *La France Antimaçonnique* a reproduit (25° année, N° 40, pp. 434-437), un article de *L'Acacia*, relatif à la L∴ Le Centre des Amis (G∴O∴D∴F∴) et dans lequel le F∴ E. de Ribeaucourt s'élève contre cette affirmation et semble donner à entendre que le Rite auquel appartenait Bonaparte n'était autre que le *Régime Écossais Rectifié*.

Les *Directoires* de ce Régime étaient depuis longtemps en relations étroites avec le Grand-Orient de France, comme le montrent ces indications données par Thory dans ses *Acta Latomorum* :

« 13 avril 1776. -traité d'union entre les commissaires respectifs du Grand-Orient et des Directoires Écossais établis (en 1774) selon le régime de

---

[30] Exilé à la suite de ce complot, le Général Moreau se rendit d'abord en Amérique ; revenu en Europe, il fut tué à Dresde, en 1813, en combattant contre sa patrie dans les rangs des Russes. On voit ce qu'il faut penser des « vertus sociales » que célébrait le F∴ Boisson-Quency.

la Maçonnerie Réformée de Dresde (datant de 1755), à Lyon, Bordeaux et Strasbourg. »

« 31 mai. - Ce traité est adopté et sanctionné dans une assemblée extraordinaire. » (Tome 1er, p. 119)

« 6 mars 1781. - Le Directoire Écossais de Septimanie, séant à Montpellier, ayant formé, le 22 janvier précédent, une demande d'aggrégation (sic) au G∴O∴ conforme au traité fait avec les Directoires Écossais en 1776, on arrête que ce même concordat sera commun aux Directoires impétrants. » (Ibid. p. 147)

Napoléon, en favorisant le Grand-Orient, n'aurait donc fait que suivre la politique adoptée par le *Régime Écossais Rectifié* ; mais il se peut qu'il ait été aussi affilié, par la suite, au *Rite Écossais Ancien et Accepté*, apporté d'Amérique en France par le F∴ de Grasse-Tilly, en 1804, car c'est sans doute de celui-ci que le F∴ Pyron, 33°, secrétaire de la Grande Loge Générale Écossaise, parle dans sa lettre. L'attitude de Napoléon était assurément contraire aux intérêts de ce dernier Rite, aussi bien qu'à ceux du *Rite Écossais Philosophique* (dont la Mère-Loge avait été fondée en 1776), mais ne serait-ce pas précisément parce que ces organisations faisaient concurrence au *Régime Écossais Rectifié* ? En envisageant la question sous cet aspect, on parviendrait peut-être à éclaircir un peu ce curieux point d'histoire.

LE CHRIST PRÊTRE ET ROI[31]

Parmi les nombreux symboles qui ont été appliqués au Christ, et dont beaucoup se rattachent aux traditions les plus anciennes, il en est qui représentent surtout l'autorité spirituelle sous tous ses aspects, mais il en est aussi qui, dans leur usage habituel, font plus ou moins allusion au pouvoir temporel. C'est ainsi que, par exemple, on trouve fréquemment placé dans la main du Christ le « Globe du Monde », insigne de l'empire, c'est-à-dire de Royauté universelle. C'est que dans la personne du Christ, les deux fonctions sacerdotale et royale, auxquelles sont attachés respectivement l'autorité spirituelle et le pouvoir temporel, sont véritablement inséparables une de l'autre ; toutes deux lui appartiennent éminemment et par excellence, comme au principe commun dont elles procèdent l'une et l'autre dans toutes leurs manifestations.

Sans doute, il peut sembler que, d'une façon générale, la fonction sacerdotale du Christ ait été plus particulièrement mise en évidence ; cela se comprend, car le spirituel est supérieur au temporel, et le même rapport hiérarchique doit être observé entre les fonctions qui leur correspondent respectivement. La royauté n'est vraiment de « droit divin » qu'autant qu'elle reconnaît sa subordination à l'égard de l'autorité spirituelle, qui seule peut lui conférer l'investiture et la consécration lui donnant sa pleine et entière légitimité. Cependant, à un certain point de vue, on peut aussi envisager les deux fonctions sacerdotale et royale comme étant, en quelque sorte, complémentaires l'une de l'autre, et alors, bien que la seconde, à vrai dire, ait son principe immédiat dans la première, il y a pourtant entre elles, lorsqu'on les envisage ainsi comme séparées, une sorte de parallélisme. En d'autres termes, dès lors que le prêtre, d'une façon habituelle, n'est pas roi en même temps, il faut que le roi et le prêtre tirent leurs pouvoirs d'une source commune ; la différence hiérarchique qui existe entre eux consiste en ce que le prêtre reçoit son pouvoir directement de cette source, tandis que le roi, en

---

[31] [Article paru en mai-juin 1927, dans la revue *Le Christ-Roi*, à Paray-le-Monial.].

raison du caractère plus extérieur et proprement terrestre de sa fonction, ne peut en recevoir le sien que par l'intermédiaire du prêtre. Celui-ci, en effet, joue véritablement le rôle du « médiateur » entre le Ciel et la Terre ; et ce n'est pas sans motif que la plénitude du sacerdoce a reçu le nom symbolique de « pontificat », car, ainsi que le dit saint Bernard, « le Pontife, comme l'indique l'étymologie de son nom, est une sorte de pont entre Dieu et l'homme »[32]. Si donc on veut remonter à l'origine première des pouvoirs du prêtre et du roi, ce n'est que dans le monde céleste qu'on peut la trouver ; cette source primordiale d'où procède toute autorité légitime, ce Principe en lequel résident à la fois le Sacerdoce et la Royauté suprêmes, ce ne peut être que le Verbe divin.

Donc, le Christ manifestation du Verbe en ce monde, doit être réellement prêtre et roi tout ensemble ; mais, chose qui peut sembler étrange à première vue, sa filiation humaine paraît le désigner tout d'abord pour la fonction royale et non pour la fonction sacerdotale. Il est appelé le « Lion de la tribu de Juda » ; le lion, animal solaire et royal, emblème de cette tribu et plus spécialement de la famille de David qui est la sienne, devient ainsi son emblème personnel. Si le sacerdoce a la prééminence sur la royauté, comment se fait-il que le Christ soit issu de cette tribu royale de Juda et de cette famille de David, et non de la tribu sacerdotale de Lévi et de la famille d'Aaron ? Il y a là un mystère dont saint Paul nous donne l'explication en ces termes : » Si le sacerdoce de Lévi, sous lequel le peuple a reçu la loi avait pu rendre les hommes justes et parfaits, qu'aurait-il été besoin qu'il se levât un autre prêtre qui fut appelé prêtre selon l'ordre de Melchissedec, et non pas selon l'ordre d'Aaron ? Or, le sacerdoce étant changé, il faut nécessairement que la loi soit aussi changée. En effet, celui dont ces choses sont prédites est d'une autre tribu, dont nul n'a jamais servi à l'autel, puisqu'il est certain que notre Seigneur est sorti de Juda, qui est une tribu à laquelle Moïse n'a jamais attribué le sacerdoce. Et ceci paraît encore plus clairement en ce qu'il se lève un autre prêtre selon l'ordre de Melchissedec, qui n'est point établi par la loi d'une ordonnance et d'une succession charnelle, mais par la puissance de sa vie immortelle, ainsi que l'Écriture le déclare par ces mots : « Tu es prêtre

---

[32] *Tractacus de Moribus et Officio episcoporum*, III, 9.

éternellement selon l'ordre de Melchissedec »[33].

Ainsi le Christ est prêtre, mais de droit purement spirituel ; il l'est suivant l'ordre de Melchissedec, et non selon l'ordre d'Aaron, ni par le fait de la « succession charnelle » ; en vertu de celle-ci, c'est la royauté qui lui appartient, et cela est bien conforme à la nature des choses. Mais, d'ailleurs, le sacerdoce selon l'ordre de Melchissedec implique aussi en lui-même la royauté ; c'est ici, précisément, que l'un et l'autre ne peuvent être séparés, puisque Melchissedec est, lui aussi, prêtre et roi à la fois, et qu'ainsi il est réellement la figure du Principe en lequel les deux pouvoirs sont unis, comme le sacrifice qu'il offre avec le pain et le vin est la figure même de l'Eucharistie. C'est en raison de cette double préfiguration que s'applique au Christ la parole des Psaumes : « *Tu es sacerdos in æternum secundum ordinem Melchissedec* »[34].

Rappelons le texte du passage biblique où est relaté la rencontre de Melchissedec avec Abraham : « Et Melchissedec, roi de Salem, fit apporter du pain et du vin, et il était prêtre du Dieu Très-Haut. Et il bénit Abram[35], disant : Béni soit Abram du Dieu Très-Haut, possesseur des Cieux et de la Terre ; et béni soit le Dieu Très-Haut, qui a livré tes ennemis entre tes mains. Et Abram lui donna la dîme de tout ce qu'il avait pris »[36]. Et voici en quels termes saint Paul commente ce texte : « Ce Melchissedec, roi de Salem, prêtre du Dieu Très-Haut, qui alla au-devant d'Abraham lorsqu'il revenait de la défaite des rois, qui le bénit, et à qui Abraham donna la dîme de tout le butin ; qui est d'abord, selon la signification de son nom, roi de Justice[37], ensuite roi de Salem ; c'est-à-dire roi de la Paix ; qui est sans père, sans mère, sans généalogie, qui n'a ni commencement ni fin de sa vie, mais qui est fait ainsi semblable au Fils de Dieu ; ce Melchissedec demeure prêtre à perpétuité »[38].

---

[33] *Épître aux Hébreux*, VII, 11-17.
[34] *Psaume* CIX, 4.
[35] C'est plus tard seulement que le nom d'*Abram* fut changé en *Abraham* (*Genèse*, XVII).
[36] *Genèse*, XIV, 18-20.
[37] C'est en effet ce que signifie littéralement *Melki-Tsedeq* en hébreu.
[38] *Épître aux Hébreux*, VII, 1-3.

Or Melchissedec est représenté comme supérieur à Abraham puisqu'il le bénit, et, « sans contredit, c'est l'inférieur qui est béni par le supérieur »[39] ; et de son côté, Abraham reconnaît cette supériorité, puisqu'il lui donne la dîme, ce qui est la marque de sa dépendance. Il en résulte que le sacerdoce selon l'ordre de Melchissedec est supérieur au sacerdoce selon l'ordre d'Aaron, puisque c'est d'Abraham qu'est issue la tribu de Lévi et par conséquent la famille d'Aaron.

C'est ce qu'affirme encore saint Paul : « Ici (dans le sacerdoce lévitique), ce sont les hommes mortels qui perçoivent les dîmes ; mais là c'est un homme dont il est attesté qu'il est vivant. Et Lévi lui-même qui perçoit la dîme (sur le peuple d'Israël), l'a payée, pour ainsi dire de la personne d'Abraham, puisqu'il était encore dans Abraham son aïeul lorsque Melchissedec vint au-devant de ce patriarche »[40]. Et cette supériorité correspond à celle de la Nouvelle Alliance sur l'Ancienne Loi :

« Autant qu'il est constant que ce sacerdoce n'a pas été établi sans serment car, au lieu que les autres prêtres ont été établis sans serment, celui-ci l'a été avec serment, Dieu lui ayant dit : Le Seigneur a juré, et son serment demeurera immuable, que tu seras prêtre éternellement selon l'ordre de Melchissedec, autant il est vrai que l'alliance dont Jésus est le médiateur et le garant est plus parfaite que la première »[41].

Nous avons tenu à rappeler ici ces textes essentiels, sans prétendre d'ailleurs développer toutes les significations qui y sont contenues, ce qui entraînerait bien loin, car il y a là des vérités d'un ordre très profond et qui ne se laissent pas pénétrer immédiatement, ainsi que saint Paul a soin de nous en avertir lui-même : « Nous avons à ce sujet beaucoup de choses à dire, et des choses difficiles à expliquer, parce que vous êtes devenus lents à comprendre. »[42]. Que dirait-il aujourd'hui, où les choses de ce genre sont devenues entièrement étrangères à l'immense majorité des hommes, dont

---

[39] *Ibid.*, VII, 7.
[40] *Ibid.*, VII, 8-10.
[41] *Ibid.*, VII, 20-22.
[42] *Épître aux Hébreux*, V, 11.

l'esprit s'est tourné exclusivement vers les seules réalités du monde matériel, ignorant de parti pris tout ce qui dépasse ce domaine étroitement limité ?

Ce que nous avons voulu montrer surtout, c'est que l'ordre de Melchissedec est à la fois sacerdotal et royal et par conséquent, l'application au Christ des paroles de l'Écriture qui s'y rapportent constitue l'affirmation expresse de ce double caractère. C'est aussi que l'union des deux pouvoirs en une même personne, représente un principe supérieur à l'un et à l'autre des ordres où s'exercent respectivement ces deux mêmes pouvoirs considérés séparément ; et c'est pourquoi Melchissedec est vraiment par tout ce qui est dit de lui « fait semblable au Fils de Dieu »[43]. Mais le Christ, étant lui-même le Fils de Dieu, n'est pas seulement la représentation de ce deux pouvoirs ; il est ce principe même dans toute sa réalité transcendante, « par la puissance de sa vie immortelle » ; toute autorité a sa source en lui parce qu'il est le « Verbe Éternel » par qui toutes choses ont été faites, comme le déclare saint Jean au début de son Évangile, et que « rien de ce qui a été fait n'a été fait sans lui ».

À ces points de vue fondamentaux, nous ajouterons seulement quelques observations complémentaires ; et, tout d'abord, il importe de remarquer que la Justice et la Paix, qui sont, comme on l'a vu, les attributs de Melchissedec, suivant la signification de son nom même et du titre qui lui est donné, sont aussi des attributs qui conviennent éminemment au Christ, qui est appelé notamment « Soleil de Justice » et « Prince de la Paix ». Il faut dire aussi que ces idées de la Justice et de la Paix ont, dans le Christianisme comme dans les traditions anciennes et spécialement dans la tradition judaïque, où elles sont fréquemment associées, un sens différent de leur sens profane et qui nécessiterait une étude approfondie[44].

---

[43] L'union des deux pouvoirs pourrait même, en raison de leurs rapports respectifs avec les deux ordres divin et humain, être regardée en un certain sens comme préfigurant l'union des deux natures divine et humaine dans la personne du Christ.

[44] Cette différence est affirmée nettement par certains textes évangéliques, par exemple celui-ci : « Je vous laisse la paix, je vous donne ma paix ; je ne vous la donne pas comme le monde la donne » (Saint Jean, XIV, 27).

Une autre remarque, qui peut paraître singulière à ceux qui ne connaissent pas le génie de la langue hébraïque, mais qui n'est pas moins importante, est celle-ci : Melchissedec est prêtre du Dieu Très-Haut, *El Elion* ; *El Elion* est l'équivalent d'*Emmanuel*, ces deux noms ayant exactement le même nombre[45]. Cette équivalence indique qu'il s'agit de deux désignations du même principe divin, envisagé seulement sous deux rapports différents : dans le monde céleste il est *El Elion* ; quant à *Emmanuel* (« Dieu avec nous » ou « Dieu en nous »). Il en résulte la conséquence que voici : le sacerdoce de Melchissedec est le sacerdoce d'*EL Elion* ; le sacerdoce chrétien, qui est une participation du sacerdoce même du Christ, est celui d'*Emmanuel* ; si donc *El Elion* et *Emmanuel* ne sont qu'un seul et même principe, ces deux sacerdoces aussi n'en sont qu'un et le sacerdoce chrétien, qui d'ailleurs comporte essentiellement l'offrande eucharistique sous les espèces du pain et du vin, est véritablement « selon l'ordre de Melchissedec ».

Enfin Melchissedec n'est pas le seul personnage qui, dans l'Écriture, apparaisse avec le double caractère de prêtre et de roi ; dans le Nouveau Testament, en effet, nous retrouvons aussi l'union de ces deux fonctions dans les Rois-Mages, ce qui peut donner à penser qu'il y a un lien très direct entre ceux-ci et Melchissedec, ou, en d'autres termes, qu'il s'agit dans les deux cas de représentants d'une seule et même autorité. Or les Rois Mages, par l'hommage qu'ils rendent au Christ et par les présents qu'ils lui offrent, reconnaissent expressément en lui la source de cette autorité dans tous les domaines où elle s'exerce : le premier lui offre l'or et le salue comme roi ; le second lui offre l'encens et le salue comme prêtre ; enfin le troisième lui offre la myrrhe ou le baume d'incorruptibilité[46] et le salue comme prophète ou

---

[45] En hébreu, chaque lettre de l'alphabet a une valeur numérique ; et la valeur numérique d'un nom est la somme de celles des lettres dont il est formé ; ainsi le nombre des deux noms *El Elion* et *Emmanuel* est 197.

[46] Les arbres à gommes ou résines incorruptibles jouent un rôle important dans le symbolisme, avec le sens de résurrection et d'immortalité ; en particulier, ils ont été pris parfois, à ce titre, comme emblème du Christ. Il est vrai qu'on a donné aussi à la myrrhe une autre signification, se rapportant exclusivement à l'humanité du Christ ; mais nous pensons qu'il s'agit là d'une interprétation toute moderne, dont la valeur au point de vue traditionnel est assez contestable.

maître spirituel par excellence, ce qui correspond directement au principe commun des deux pouvoirs, sacerdotal et royal. L'hommage est ainsi rendu au Christ, dès sa naissance humaine, dans les « trois mondes » dont parlent toutes les doctrines orientales : le monde terrestre, le monde intermédiaire et le monde céleste ; et ceux qui le lui rendent ne sont pas autres que les dépositaires authentiques de la Tradition primordiale, les gardiens du dépôt de la Révélation faite à l'humanité dès le Paradis terrestre. Telle est du moins la conclusion qui, pour nous, se dégage très nettement de la comparaison des témoignages concordants que l'on rencontre, à cet égard, chez tous les peuples ; et d'ailleurs sous les formes diverses dont elle se revêt au cours des temps, sous les voiles plus ou moins épais qui la dissimulèrent parfois aux regards de ceux qui s'en tiennent aux apparences extérieures, cette grande Tradition primordiale fut toujours en réalité l'unique vraie Religion de l'humanité toute entière. La démarche des représentants de cette Tradition, telle que l'Évangile nous la rapporte, ne devrait-elle pas, si l'on comprenait bien de quoi il s'agit, être regardée comme une des plus belles preuves de la divinité du Christ, en même temps que comme la reconnaissance décisive du Sacerdoce et de la Royauté suprêmes qui lui appartiennent véritablement « selon l'ordre de Melchissedec » ?

CONSIDÉRATIONS SUR LE SYMBOLISME[47]

Nous avons déjà exposé ici quelques considérations générales sur le symbolisme, notamment dans notre article sur *Le Verbe et le Symbole* (janvier 1926), où nous nous sommes surtout attaché à montrer la raison d'être fondamentale de ce mode d'expression si méconnu à notre époque. Cette méconnaissance mime, cette ignorance générale des modernes à l'égard des questions qui s'y rapportent, exige qu'on y revienne avec insistance pour les envisager sous tous leurs aspects ; les vérités les plus élémentaires, dans cet occire d'idées, semblent avoir été à peu près entièrement perdues de vue, de sorte qu'il est toujours opportun de les rappeler chaque fois que l'occasion s'en présente. C'est ce que nous nous proposons de faire aujourd'hui, et sain doute aussi par la suite, dans la mesure où les circonstances nous te permettront, et ne serait-ce qu'en rectifiant les opinions erronées qu'il nous arrive de rencontrer çà et là sur ce sujet ; nous en avons, en ces derniers temps, trouvé particulièrement deux qui nous semblent mériter d'être relevées comme susceptibles de donner lieu à quelques précisions intéressantes, et c'est leur examen qui fera l'objet du présent article et de celui qui suivra.

I - MYTHES ET SYMBOLES

Une revue consacrée plus spécialement à l'étude du symbolisme maçonnique a publié un article sur l'« interprétation des mythes », dans lequel il se trouve d'ailleurs certaines vues assez justes, parmi d'autres qui sont beaucoup plus contestables ou même tout à fait faussées par les préjugés ordinaires de l'esprit moderne ; mais nous n'entendons nous occuper ici que d'un seul des points qui y sont traités. L'auteur de cet article établit, entre « mythes » et « symboles », une distinction qui ne nous paraît pas fondée :

---

[47] *Regnabit*, décember 1926 et janvier 1927.

pour lui, tandis que le mythe est un récit présentant un autre sens que celui que les mots qui le composent expriment directement, le symbole serait essentiellement une représentation figurative de certaines idées par un schéma géométrique ou par un dessin quelconque ; le symbole serait donc proprement un mode graphique d'expression, et le mythe un mode verbal. Il y a là, en ce qui concerne la signification donnée au symbole, une restriction que nous croyons inacceptable : en effet, toute image qui est prise pour représenter une idée, pour l'exprimer ou la suggérer d'une façon quelconque, peut être regardée comme un signe ou, ce qui revient au même, un symbole de cette idée ; peu importe qu'il s'agisse d'une image visuelle eu de toute autre sorte d'image, car cela n'introduit ici aucune différence essentielle et né change absolument rien au principe même du symbolisme. Celui-ci, dans tous les cas, se base toujours sûr un rapport d'analogie ou de correspondance entre l'idée qu'il s'agit d'exprimer et l'image, graphique, verbale ou autre, par laquelle on l'exprime ; et c'est pourquoi nous avons dit, dans l'article auquel nous faisions allusion au début, que les mots eux-mêmes ne sont et ne peuvent être autre chose que des symboles. On pourrait même, au lieu de parler d'une idée et d'une imagé comme nous venons de le faire, parler plus généralement encore de deux réalités quelconques, d'ordres différents, entre lesquelles il existe une correspondance ayant, son fondement à la fois dans la nature de l'une et de l'autre : dans ces conditions, une réalité d'un certain ordre peut être représentée par une réalité d'un autre ordre, et celle-ci est alors un symbole de celle-là.

Le symbolisme, ainsi entendu (et, son principe étant établi de la façon que nous venons de rappeler, il n'est guère possible de l'entendre autrement), est évidemment susceptible d'une multitude de modalités diverses ; le mythe n'en est qu'un simple cas particulier, constituant une de ces modalités ; on pourrait dire que le symbole est le genre, et que le mythe en est une des espèces. En d'autres termes, on peut envisager un récit symbolique, aussi bien et au même titre qu'un dessin symbolique, ou que beaucoup d'autres choses encore qui ont le même caractère et qui jouent le même rôle ; les mythes sont des récits symboliques, comme les paraboles évangéliques le sont également ; il ne nous semble pas qu'il y ait là matière à la moindre difficulté, dès lors qu'on a bien compris la notion générale du symbolisme.

Mais il y a encore lieu de faire, à ce propos, d'autres remarques qui ne sont pas sans importance : nous voulons parler de la signification originelle du mot « mythe » lui-même. On regarde communément ce mot comme synonyme de « fable », en entendant simplement par là une fiction quelconque, le plus souvent revêtue d'un caractère plus ou moins poétique. Il semble bien que les Grecs, à la langue desquels ce terme est emprunté, aient eux-mêmes leur part de responsabilité dans ce qui est, à vrai dire, une altération profonde et une déviation du sens primitif ; chez eux, en effet, la fantaisie individuelle commença assez tôt à se donner libre cours dans toutes les formes de l'art, qui, au lieu de demeurer proprement hiératique et symbolique comme chez les Égyptiens et les peuples de l'Orient, prit bientôt par là une tout autre direction, visant beaucoup moins à instruire qu'à plaire, et aboutissant à des productions dont la plupart sont à peu près dépourvues de toute signification réelle ; c'est ce que nous pouvons appeler l'art profane. Cette fantaisie esthétique s'exerça en particulier sur les mythes : les poètes, en les développant et les modifiant au gré de leur imagination, en les entourant d'ornements superflus et vains, les obscurcirent et les dénaturèrent, si bien qu'il devint souvent fort difficile d'en retrouver le sens et d'en dégager les éléments essentiels, et qu'on pourrait dire que finalement le mythe ne fut plus, au moins pour le plus grand nombre, qu'un symbole incompris, ce qu'il est resté pour les modernes. Mais ce n'est là que l'abus ; ce qu'il faut considérer, c'est que le mythe, avant toute déformation, était proprement et essentiellement un récit symbolique, comme nous l'avons dit plus haut ; et, à ce point de vue déjà, « mythe » n'est pas entièrement synonyme de « fable », car ce dernier mot (en latin *fabula*, de *fari*, parler) ne désigne étymologiquement qu'un récit quelconque, sans en spécifier aucunement l'intention ou le caractère ; ici aussi, d'ailleurs, le sens de « fiction » n'est venu s'y attacher qu'ultérieurement. Il y a plus : ces deux termes de « mythe » et de « fable », qu'on en est arrivé à prendre pour équivalents, sont dérivés de racines qui ont, en réalité, une signification tout opposée, car, tandis que la racine de « fable » désigne la parole, celle de « mythe », si étrange que cela puisse sembler à première vue lorsqu'il s'agit d'un récit, désigne au contraire le silence.

En effet, le mot grec *muthos*, « mythe », vient de la racine *mu*, et cette racine (qui se retrouve dans le latin *mutus*, muet) représente la bouche fermée, et par suite le silence. C'est là le sens du verbe *muein*, fermer la bouche, se taire (et, par une extension analogique, il en arrive à signifier aussi fermer les yeux, au propre et au figuré) ; l'examen de quelques-uns des dérivés de ce verbe est particulièrement instructif[48]. Mais, dira-t-on, comment se fait-il qu'un mot ayant cette origine ait pu servir à désigner un récit d'un certain genre ? C'est que cette idée de « silence » doit être rapportée ici aux choses qui, en raison de leur nature même, sort inexprimables, tout au moins directement et par le. langage ordinaire ; une des fonctions générales du symbolise est effectivement de suggérer l'inexprimable, de le faire pressentir, ou mieux « assentir », par les transpositions qu'il permet d'effectuer d'un ordre à un autre, de l'inférieur au supérieur, de ce qui est le plus immédiatement saisissable à ce qui ne l'est que beaucoup plus difficilement ; et telle est précisément la destination première des mythes. C'est ainsi, par exemple, que Platon a recours à l'emploi des mythes lorsqu'il veut exposer des conceptions qui dépassent la portée de ses procédés dialectiques habituels ; et ces mythes, bien loin de n'être que les ornements littéraires plus ou moins négligeables qu'y voient trop souvent ses commentateurs modernes, répondent au contraire à ce qu'il y a de plus profond dans sa pensée, et qu'il ne peut, à cause de cette profondeur même, exprimer que symboliquement. Dans le mythe, ce qu'or. dit est donc autre que ce qu'on veut dire[49], mais le suggère par cette correspondance analogique qui est l'essence même de tout symbolisme ; ainsi, pourrait-on dire, on garde le silence tout en parlant, et c'est de là que le mythe a reçu sa désignation. Du

---

[48] De *mud* (à l'infinitif *muein*) sont dérivés immédiatement deux autres verbes qui n'en diffèrent que très peu par leur forme, *muaô* et *mueô* ; le premier a les mêmes acceptions que mué, et il faut y joindre un autre dérivé, *mullô*, qui signifie encore fermer les lèvres, et aussi murmurer sans ouvrir la bouche (le latin *murmur* n'est d'ailleurs que la racine mu prolongée par la lettre *r* et répétée, de façon à représenter un bruit sourd et continu produit avec la bouche fermée). Quant à *mueô*, il signifie initier (aux mystères, dont le nom est tiré aussi de la même racine comme on le verra tout à l'heure, et précisément par l'intermédiaire de *mueô* et *mustês*), et, par suite, à la fois instruire et consacrer ; de cette dernière acception est provenue, dans le langage ecclésiastique, celle de conférer l'ordination.

[49] C'est aussi ce que signifie étymologiquement le mot « allégorie », de *allo agoreuein*, littéralement « dire autre chose ».

reste, c'est là ce que signifient aussi ces paroles du Christ : « Pour ceux qui sont du dehors, je leur parle en paraboles, de sorte qu'en voyant ils ne voient point ; et qu'en entendant ils n'entendent point » (St Matthieu, XIII, 13 ; St Marc, IV, 11-12 ; St Luc, VIII, 10). Il s'agit ici de ceux qui ne saisissent que ce qui est dit littéralement, qui sont incapables d'aller au-delà pour atteindre l'inexprimable, et à qui, par conséquent, « il n'a pas été donné de connaître le mystère du Royaume des Cieux ».

C'est à dessein que nous rappelons cette dernière phrase du texte évangélique, car c'est précisément sur la parenté des mots « mythe » et « mystère », issus tous deux de la même racine, qu'il nous reste maintenant à appeler l'attention. Le mot grec *mustêrion*, « mystère », se rattache directement, lui aussi, à l'idée de « silence » ; et ceci, d'ailleurs, peut s'interpréter en plusieurs sens différents, mais liés l'un à l'autre, et dont chacun a sa raison d'être à un certain point de vue. Au sens le plus immédiat, nous dirions volontiers le plus grossier ou du moins le plus extérieur, le mystère est ce dont on re doit pas parler, ce sur quoi il convient de garder le silence, ou ce qu'il est interdit de faire connaître au dehors ; c'est ainsi qu'on l'entend le plus communément, notamment lorsqu'il s'agit des mystères antique. Pourtant, nous perrons que cette interdiction de révéler un certain enseignement doit, tout en faisant la part des considérations d'opportunité qui ont pu assurément y jouer un rôle, être considérée comme ayant aussi en quelque sorte une valeur symbolique ; la « discipline du secret » qui était de rigueur, il ne faut pas l'oublier, tout aussi bien dans la primitive Église que dans ces anciens mystères, ne nous apparaît pas uniquement comme une précaution contre l'hostilité due à l'incompréhension du monde profane, et nous y voyons d'autres rairons d'un ordre beaucoup plus profond[50]. Ces raisons vont nous être indiquées par les autres sens contenus dans le mot « mystère » : suivant le second sens, qui est déjà moins extérieur, ce mot

---

[50] Ce n'est pas par une simple coïncidence qu'il y a une étroite similitude entre les mots a sacré s (*sacratum*) et « secret » (*secretum*) : il s'agit, dans l'un et l'autre cas, de ce qui est mis à part (*secernere*, mettre à part, d'où le participe *secretum*), réservé, séparé du domaine profane. De même, le lieu consacré est appelé *templum*, dont la racine *tem* (qui se retrouve dans le grec *temnô*, couper, retrancher, séparer, d'où *temenos*, enceinte sacrée) exprime exactement la même idée.

désigne ce qu'on doit recevoir en silence, ce sur quoi il ne convient pas de discuter ; à ce point de vue, tous les dogmes de la religion peuvent être appelés mystères, parce que ce sont des vérités qui, par leur nature même, sont au-dessus de toute discussion. Or on peut dire que répandre inconsidérément parmi les profanes les mystères ainsi entendus, ce serait inévitablement les livrer à la discussion, avec tous les inconvénients qui peuvent en résulter et que résume parfaitement le mot « profanation », qui doit ici être pris dans son acception à la fois la plus littérale et la plus complète ; et c'est bien là le sens de ce précepte de l'Évangile : « Ne donnez pas les choses saintes aux chiens, et ne jetez pas les perles devant les pourceaux de peur qu'ils ne les foulent aux pieds, et que, se retournant contre vous, ils ne vous déchirent », (St Matthieu, VIII, 6). Enfin, il est un troisième sens, le plus profond de tous, suivant lequel le mystère est proprement l'inexprimable, qu'on ne peut que contempler en silence ; et, comme l'inexprimable est en même temps et par là même l'incommunicable, l'interdiction de révéler l'enseignement sacré symbolise, à ce nouveau point de vue, l'impossibilité d'exprimer par des paroles le véritable mystère dont cet enseignement n'est pour ainsi dire que le vêtement, le manifestant et le voilant tout ensemble. L'enseignement concernant l'inexprimable ne peut évidemment que le suggérer à l'aide d'images appropriées, qui seront comme les supports de la contemplation ; d'après ce que nous avons expliqué plus haut, cela revient à dire qu'un tel enseignement prend nécessairement la forme symbolique. Tel fut toujours, et chez tous les peuples, le caractère de l'initiation aux mystères, par quelque nom qu'on l'ait d'ailleurs désignée ; on peut donc dire que les symboles (et en particulier les mythes lorsque cet enseignement se traduisit en paroles) constituent véritablement le langage de cette initiation.

Il ne nous reste plus, pour compléter cette étude, qu'à rappeler encore un dernier terme étroitement apparenté à ceux dont nous venons d'établir le rapprochement : c'est le mot « mystique », qui, étymologiquement, s'applique à tout ce qui concerne les mystères[51]. Nous n'avons pas à examiner ici les nuances plus ou moins spéciales qui sont venues, par la suite, restreindre

---

[51] *Mustikos* est l'adjectif de *mustês*, initié ; il équivaut donc originairement à « initiatique » et désigne tout ce qui se rapporte à l'initiation, à son enseignement et à son objet même.

quelque peu le sens de ce mot ; nous nous bornons à l'envisager dans son acception première, et, puisque la signification la plus essentielle et la plus centrale du mystère, c'est l'inexprimable, ne pourrait-on dire que ce qu'on appelle proprement les états mystiques, ce sont les états dans lesquels l'homme atteint directement cet inexprimable ? C'est précisément ce que déclare saint Paul, parlant d'après sa propre expérience « Je connais un homme en Christ qui, il y a quatorze ans, fut ravi jusqu'au troisième ciel (si ce fut dans son corps, je ne sais ; si ce fut hors de son corps, je ne sais : Dieu le sait). Et je sais que cet homme (si ce fut dans son corps ou sans son corps, je ne sais, Dieu le sait) fut enlevé dans le paradis, et qu'il a entendu des choses ineffables, qu'il n'est pas possible d'exprimer dans une langue humaine » (*IIe Épître aux Corinthiens*, XII, 2-3). Dans ces conditions, celui qui voudra traduire quelque chose de la connaissance qu'il aura acquise dans de tels états, dans la mesure où cela est possible, et tout en sachant combien toute expression sera imparfaite et inadéquate, devra inévitablement recourir à la forme symbolique ; et les véritables mystiques, lorsqu'ils ont écrit, n'ont jamais fait autre chose ; cela ne devrait-il pas donner à réfléchir à certains adversaires du symbolisme ?

II - SYMBOLISME ET PHILOSOPHIE.

Nous avons rencontré, non plus cette fois dans une revue maçonnique, mais dans une revue catholique[52], une assertion qui peut sembler fort étrange : « Le symbolisme, y disait-on, ressortit non à la philosophie, mais à la littérature. » À vrai dire, nous ne sommes nullement disposé à protester, pour notre part, contre la première partie de cette assertion, et nous dirons pourquoi tout à l'heure ; mais ce que nous avons trouvé étonnant et même inquiétant, c'est sa seconde partie. Les paraboles évangéliques, les visions des prophètes, l'*Apocalypse*, bien d'autres choses encore parmi celles que contient l'Écriture sainte, tout cela, qui est du symbolisme le plus incontestable, ne serait donc que de la « littérature » ? Et nous nous sommes souvenu que

---

[52] On nous excusera de ne pas donner d'une façon plus précise l'indication des revues et des articles auxquels nous faisons allusion ; la raison en est que nous tenons à éviter soigneusement, dans ces études d'un caractère purement doctrinal, tout ce qui pourrait fournir le moindre prétexte à une polémique quelconque.

précisément la « critique » universitaire et moderniste applique volontiers ce mot aux Livres sacrés, avec l'intention d'en nier implicitement par là le caractère inspiré, en les ramenant aux proportions d'une chose purement humaine. Cette intention, cependant, il est bien certain qu'elle n'est pas dans la phrase que nous venons de citer ; mais qu'il est donc dangereux d'écrire sans peser suffisamment les termes qu'on emploie ! Nous ne voyons qu'une seule explication plausible : c'est que l'auteur ignore tout du véritable symbolisme, et que ce terme n'a peut-être guère évoqué en lui que le souvenir d'une certaine école poétique qui, il y a une trentaine d'années, s'intitulait en effet « symboliste » on ne sait trop pourquoi ; assurément, ce prétendu symbolisme, n'était bien que de la littérature ; mais prendre pour la vraie signification d'un mot ce qui n'en est qu'un emploi abusif, voilà une fâcheuse confusion de la part d'un philosophe. Pourtant, dans le cas présent, nous n'en sommes qu'à moitié surpris, justement parce qu'il s'agit d'un philosophe, d'un « spécialiste » qui s'enferme dans la philosophie et ne veut rien connaître en dehors de celle-ci ; c'est bien pour cela que tout ce qui touche au symbolisme lui échappe inévitablement.

C'est là le point sur lequel nous voulons insister : nous disons, nous aussi, que le symbolisme ne relève pas de la philosophie ; mais les raisons n'en sont pas tout à fait celles que peut donner notre philosophe. Celui-ci déclare que, s'il en est ainsi, c'est parce que le symbolisme est « une forme de la pensée »[53] ; nous ajouterons : et parce que la philosophie en est une autre, radicalement différente, opposée même à certains égards. Nous irons même plus loin : cette forme de pensée que représente la philosophie ne correspond qu'à un point de vue très spécial et n'est valable que dans un domaine assez restreint ; le symbolisme a une tout autre portée ; si ce sont bien deux formes de la pensée, ce serait une grave erreur que de vouloir les mettre sur le même plan. Que les philosophes aient d'autres prétentions, cela ne prouve rien ; pour mettre les choses à leur juste place, il faut avant tout les envisager avec impartialité, ce qu'ils ne peuvent faire en l'occurrence. Sans doute, nous n'entendons pas interdire aux philosophes de s'occuper du symbolisme s'il leur en prend

---

[53] Il parait, toujours d'après le même auteur, que la philosophie « n'étudie pas les formes de la pensée, qu'elle a n'en étudie que les actes » ; ce sont là des subtilités dont l'intérêt nous échappe.

fantaisie, comme il leur arrive de s'occuper des choses les plus diverses ; ils peuvent essayer par exemple de constituer une « psychologie du symbolisme », et certains ne s'en sont pas privés ; cela pourra toujours les amener à poser des questions intéressantes, même s'ils doivent les laisser sans solution ; mais nous sommes persuadé que, en tant que philosophes, ils n'arriveront jamais à pénétrer le sens profond du moindre symbole, parce qu'il y a là quelque chose qui est entièrement en dehors de leur façon de penser et qui dépasse leur compétence.

Nous ne pouvons songer à traiter ici la question avec tous les développements qu'elle comporterait ; mais nous donnerons du moins quelques indications qui, croyons-nous, justifieront suffisamment ce que nous venons de dire. Et, tout d'abord, ceux qui s'étonneraient de nous voir n'attribuer à la philosophie qu'une importance secondaire, une position subalterne en quelque sorte, n'auront qu'à réfléchir à ceci, que nous avons déjà exposé dans un de nos précédents articles (*Le Verbe et le Symbole*, janvier 1926) : au fond, toute expression, quelle qu'elle soit, a un caractère symbolique, au sens le plus général de ce terme ; les philosophes ne peuvent faire autrement que de se servir de mots, et ces mots, en eux-mêmes, ne sont rien d'autre que des symboles ; c'est donc bien, d'une certaine façon, la philosophie qui rentre dans le domaine du symbolisme, qui est par conséquent subordonnée, à celui-ci, et non pas l'inverse.

Cependant, il y a, sous un certain rapport, une opposition entre philosophie et symbolisme, si l'on entend ce dernier dans une acception un peu plus restreinte, celle qu'on lui donne le plus habituellement. Cette opposition, nous l'avons indiquée aussi dans le même article : la philosophie (que nous n'avons pas alors désignée spécialement) est, comme tout ce qui s'exprime dans les formes ordinaires du langage, essentiellement analytique, tandis que le symbolisme proprement dit est essentiellement synthétique. La philosophie représente le type même de la pensée discursive, et c'est ce qui lui impose des limitations dont elle ne saurait s'affranchir ; au contraire, le symbolisme est, pourrait-on dire, le support de la pensée intuitive, et, par là, il ouvre des possibilités véritablement illimitées. Que l'on comprenne bien, d'ailleurs, que, quand nous parlons ici de pensée intuitive, ce dont il s'agit n'a rien de commun avec l'intuition purement sensible qui est la seule que connaissent la plupart de nos contemporains ; ce que nous avons en vue, c'est l'intuition intellectuelle, qui est au-dessus de la raison, tandis que l'intuition sensible est au-dessous de celle-ci.

La philosophie, par son caractère discursif, est chose exclusivement rationnelle, car ce caractère est celui qui appartient en propre à la raison elle-même ; le domaine de la philosophie et ses possibilités ne peuvent donc s'étendre au-delà de ce que la raison est capable d'atteindre ; et encore ne représente-t-elle qu'un certain usage de cette faculté, car il y a, dans l'ordre de la connaissance rationnelle, bien des choses qui ne sont pas du ressort de la philosophie. Nous ne contestons d'ailleurs nullement la valeur de la raison dans son domaine ; mais cette valeur ne peut être que relative, comme ce domaine l'est également ; et, du reste, le mot *ratio* lui-même n'a-t-il pas primitivement le sens de « rapport » ? Nous ne contestons pas davantage la légitimité de la dialectique, encore que les philosophes en abusent trop souvent ; mais cette dialectique ne doit être qu'un moyen, non une fin en elle-même, et, en outre, il se peut que ce moyen ne soit pas applicable à tout indistinctement ; pour se rendre compte de cela, il faut sortir des bornes de la dialectique, et c'est ce que ne peut faire le philosophe comme tel.

En admettant même que la philosophie aille aussi loin que cela lui est théoriquement possible, nous voulons dire jusqu'aux extrêmes limites du domaine de la raison, ce sera encore bien peu en vérité, car, suivant l'expression évangélique, « une seule chose est nécessaire », et c'est précisément cette chose qui lui demeurera toujours interdite, parce qu'elle est au-dessus de toute connaissance rationnelle. Que peuvent les méthodes discursives du philosophe en face de l'inexprimable, qui est, comme nous l'expliquions dans notre dernier article, le « mystère » au sens le plus vrai et le plus profond de ce mot ? Le symbolisme, au contraire, a. pour fonction essentielle de faire « assentir » cet inexprimable, de fournir le support qui permettra à l'intuition intellectuelle de l'atteindre effectivement ; qui donc, ayant compris cela, oserait encore hier l'immense supériorité du symbolisme et conteste : que sa portée dépasse incomparablement celle de toute philosophie ? Si excellente et si parfaite en son genre que puisse être une philosophie (et ce n'est certes pas aux philosophies modernes que nous pensons en disant cela), ce n'est pourtant « que de la paille » ; c'est saint Thomas d'Aquin lui-même qui l'a dit, et nous pouvons l'en croire.

Ii y a encore autre chose : en considérant le symbolisme comme « forme de pensée », nous ne l'envisageons que sous le rapport humain, le seul sous lequel une comparaison avec la philosophie soit possible ; nous devons sans doute l'envisager ainsi, mais cela est loin d'être suffisant. Ici, nous sommes obligé, pour rie pas trop nous répéter, de renvoyer de nouveau à notre article sur *Le Verbe et le Symbole* : nous y avons expliqué, en effet, comment il y a dans le symbolisme ce qu'on pourrait appeler un côté divin, par là même que non seulement il est en parfaite conformité avec les lois de la nature, expression de la Volonté divine, mais que surtout il se fonde essentiellement sur la correspondance de l'ordre naturel avec l'ordre surnaturel, correspondance en vertu de laquelle la nature tout entière ne reçoit sa vraie signification que si on la regarde comme un support pour nous élever à la connaissance des vérités divines, ce qui est précisément la fonction propre du symbolisme. Cette convenance profonde avec le plan divin fait du symbolisme quelque chose de « non-humain », suivant le terme hindou que nous citions alors, quelque chose dont l'origine remonte plus haut et plus loin que l'humanité, puisque cette origine est dans l'œuvre même du Verbe : elle est tout d'abord dans la création elle-même, et elle est ensuite dans la Révélation primordiale, dans la grande Tradition dont toutes les autres ne sont que des formes dérivées, et qui fut toujours en réalité, comme nous l'avons déjà dit aussi (juin 1926, p. 46), l'unique vraie Religion de l'humanité tout entière[54].

En face de ces titres du symbolisme, qui en font la valeur transcendante, quels sont ceux que la philosophie peut bien avoir à revendiquer ? L'origine du symbolisme se confond avec l'origine des temps, si elle n'est même, en un sens, au-delà des temps ; et, qu'on le remarque bien, il n'est aucun symbole

---

[54] Nous devons dire nettement à ce propos, pour ne laisser place à aucune équivoque, que nous nous refusons absolument à donner le nom de « tradition » à toutes les choses purement humaines et « profanes » auxquelles on l'applique souvent d'une façon abusive, et, en particulier, à une doctrine philosophique quelle qu'elle soit.

véritablement traditionnel auquel on puisse assigner un inventeur humain, dont on puisse dire qu'il a été imaginé par tel ou tel individu ; cela ne devrait-il pas donner à réfléchir ? Toute philosophie, au contraire, ne remonte qu'à une époque déterminée et, en somme, toujours récente, même s'il s'agit de l'antiquité classique qui n'est qu'une antiquité fort relative (ce qui prouve d'ailleurs que, même humainement, ce mode de pensée n'a rien d'essentiel)[55] ; elle est l'œuvre d'un homme dont le nom nous est connu aussi bien que la date à laquelle il a vécu, et c'est ce nom même qui sert d'ordinaire à la désigner, ce qui montre bien qu'il n'y a là rien que d'humain et d'individuel. C'est pourquoi nous disions tout à l'heure qu'on ne peut songer à établir une comparaison entre la philosophie et le symbolisme qu'à la condition d'envisager celui-ci exclusivement du côté humain, puisque, pour tout le reste, on ne saurait trouver dans l'ordre philosophique ni équivalence ni correspondance quelconque.

La philosophie est donc, si l'on veut, la « sagesse humaine », mais elle n'est que cela, et c'est pourquoi nous disons qu'elle est bien peu de chose ; et elle n'est que cela parce qu'elle est une spéculation toute rationnelle, et que la raison est une faculté purement humaine, celle même par laquelle se définit essentiellement la nature humaine comme telle. « Sagesse humaine », autant dire « sagesse mondaine », au sens où le « monde » est entendu dans l'Évangile[56] ; nous pourrions encore, dans le même sens, dire tout aussi bien « sagesse profane » ; toutes ces expressions sont synonymes au fond, et elles indiquent clairement que ce dont il s'agit n'est point la véritable sagesse, que ce n'en est tout au plus qu'une ombre. D'ailleurs, insistons-y encore, c'est une philosophie aussi parfaite que possible qui est cette ombre et ne peut prétendre à rien de plus ; mais, en fait, la plupart des philosophies ne sont pas même cela, elles ne sont que des hypothèses plus ou moins fantaisistes, de simples opinions individuelles sans autorité et sans portée réelle.

---

[55] Il y aurait lieu de se demander pourquoi la philosophie a pris naissance au VIe siècle avant notre ère, époque qui présente des caractères fort singuliers.

[56] En sanscrit, le mot *laukika*, « mondain » (dérivé de *loka*, « monde », est pris souvent avec la même acception que dans le langage évangélique, et cette concordance nous paraît très digne de remarque.

Nous pouvons ; pour conclure, résumer en quelques mots le fond de notre pensée : la philosophie n'est que du « savoir profane », tandis que le symbolisme, entendu dans son vrai sens, fait essentiellement partie de la « science sacrée ». Il en est malheureusement, surtout à notre époque, qui sont incapables de faire comme il convient la distinction entre ces deux ordres de connaissance ; mais ce n'est pas à ceux-là que nous nous adressons, car, déclarons-le très nettement à cette occasion, c'est uniquement de « science sacrée » que nous entendons nous occuper ici.

P : S. - Un ami de *Regnabit* nous a communiqué deux notes, parues l'une dans l'*Illustration* du 20 mars, l'autre dans la *Nature* du 26 juin 1926, et concernant un mystérieux symbole gravé sur la paroi d'une falaise abrupte qui borde le massif des Andes péruviennes. Ce signe, dont on sait seulement qu'il existait à l'arrivée des conquérants espagnols, est appelé par les indigènes *el candelario de las tres cruces*, c'est-à-dire « le candélabre aux trois croix », dénomination qui donne une idée assez exacte de sa forme générale. Ses lignes sont constituées par des tranchées profondément creusées dans la paroi ; sa hauteur paraît être de 200 à 250 mètres, et, par temps clair, il est visible à l'œil nu d'une distance de 21 kilomètres : L'auteur des deux notes en question, M. V. Forbin, ne propose aucune interprétation de ce symbole ; d'après les photographies, malheureusement peu nettes, qui accompagnent son texte, nous pensons qu'il doit s'agir d'une représentation de l'« Arbre de Vie », et c'est à ce titre que nous croyons intéressant de le signaler ici, comme complément à notre article sur *Les Arbres du Paradis* (mars 1926). Dans cet article, en effet, nous avons parlé de l'arbre triple dont la tige centrale figure proprement l'« Arbre de Vie », tandis que les deux autres représentent la double nature de l'« Arbre de la Science du bien et du mal » ; nous en avons ici un exemple iconographique d'autant plus remarquable que la forme donnée aux trois tiges évoque l'ensemble, symboliquement équivalent comme nous l'expliquions alors, qui est constitué par la croix du Christ et celles des deux larrons. On sait d'ailleurs que, dans les sculptures des anciens temples de l'Amérique centrale, l'« Arbre de Vie » est souvent représenté sous la forme d'une croix, ce qui confirme assez fortement notre interprétation.

LES CONTREFACTEURS DE LA MAÇONNERIE[57]

(366.300)

Nous avons reçu la lettre suivante :

« T∴C∴F∴ »,

« O∴de Paris, 22 février 1909 (E∴V∴)

« Il est toujours déplorable de voir éclater des querelles entre les diverses fractions de la Maç∴ ; ces incidents, malheureusement si fréquents, produisent le plus fâcheux effet, surtout lorsqu'ils sont rendus publics, car ils peuvent faire croire au monde prof∴ que la fraternité maçonnique n'est qu'un vain mot. En général, pour éviter de prolonger de pareilles disputes, le mieux est de ne pas répondre à certaines calomnies inspirées par de mesquines rivalités, et de ne tenir aucun compte d'insinuations malveillantes qui n'ont le plus souvent d'autre but que la satisfaction de rancunes personnelles. Cependant, lorsque nous croyons publier, en l'accompagnant de commentaires désobligeants, un document au bas duquel figurent nos noms, nous sommes forcés, malgré notre horreur de toute polémique, de répondre à des attaques qui nous visent trop directement.

« Tout d'abord, nous sommes extrêmement surpris de nous voir traiter par vous de « pseudo-maçons » ; nous avons au contraire la prétention d'être de bons et légitimes maçons, tout aussi réguliers, si ce n'est plus, que les membres de n'importe quelle autre puissance maçonnique. Le G∴O∴ et Souv∴ Sanct∴ de l'Empire d'Allemagne existe bien réellement,

---

[57] *L'Acacia*, mars 1909.

contrairement à ce que vous donnez à entendre, et il confère les grades au Rite Écossais A∴ et A∴ et au Rite A∴ et P∴ de Memphis ; ce dernier Rite est reconnu par toutes les puissances, même par le G∴ O∴ de France. Il ne faut pas confondre le Rite de Memphis avec le Rite irrégulier de Misraïm, né de la rébellion des FF∴ Bédarride et Lechangeur ; cette branche dissidente de Memphis ne doit plus compter actuellement en France qu'un seul et unique représentant, qui est d'ailleurs un de vos collaborateurs.

« D'autre part, si quelqu'un mérite le nom de « contrefacteur », est-ce celui qui observe fidèlement les principes de la Maç∴ universelle, ou bien n'est-ce pas plutôt celui qui, ayant rejeté ces mêmes principes, est partout considéré comme irrégulier ? Il est regrettable que les Maçons français, même ceux qui possèdent les plus hauts grades, semblent ignorer complètement les conditions de régularité d'une puissance maçonique.

« Les « Sociétés initiatique » ne sont point à côté de la Maç∴ comme vous paraissez le croire ; elles sont au contraire greffées sur la Maç∴ et il faut, en général, pour y être admis, posséder au moins des grades symb∴, quelquefois même des grades beaucoup plus élevés. D'ailleurs, les divers systèmes de hauts grades ne peuvent pas être considérés comme faisant essentiellement partie de la Maç∴ proprement dite, et ils sont eux-mêmes de véritables sociétés initiatiques distinctes. La Maç∴ est aussi une Société initiatique, comme vous le dites avec raison, mais à la condition qu'elle ne dégénère pas en un club politique ou en une simple association de secours mutuels.

« Parmi les Sociétés initiatiques se rattachant aux hauts grades, il faut citer tout particulièrement les Ordres d'Illuminisme. Les maçons français actuels affectent de les dédaigner ou même d'ignorer leur existence, oubliant que ce sont les Illuminés qui ont donné à la Maç∴ moderne la forme sous laquelle nous la connaissons. Ce mépris doit être plus apparent que réel, car nous pourrions citer beaucoup de ces maçons, et parmi eux plusieurs de vos collaborateurs, qui ont pris dans les Ordres d'Illuminisme la meilleure partie de leur science maçonnique.

« Un autre reproche qui nous cause le plus profond étonnement, c'est celui d'être les auxiliaires du cléricalisme, ou même des cléricaux déguisés ; nous ne nous en serions jamais doutés, nous qui ne comptons plus les excommunications lancés contre nous par la Saints Église Romaine, ce dont nous nous faisons gloire d'ailleurs. C'est contre nous que les cléricaux répandent chaque jour les pires calomnies, qu'ils rééditent sans ces les fantastiques récits propagés jadis par cette colossale fumisterie que fut « Le Diable au XIXe siècle », toutes choses qui nous sont du reste parfaitement indifférentes ; de telles attaques ne valent pas qu'on leur fasse l'honneur d'une réponse.

« Ceux qui font le jeu des cléricaux, ce sont ceux qui, par leurs procédés peu fraternels, s'efforcent de semer la discorde au sein de la Maç∴. Pourquoi se diviser et perdre ses forces à se disputer entre soi, alors que nous avons tous un ennemi commun à combattre ? Cet ennemi se réjouit de nos dissensions, et il en profite pour continuer avec une nouvelle vigueur la lutte acharnée et sans merci qui durera jusqu'à ce qu'il soit définitivement vaincu et anéanti.

« Ce que le cléricalisme et la réaction sous toutes ses formes redoutent par-dessus tout, ce sont les maçons qui se rattachent à la tradition de l'Illuminisme, et cela se comprend aisément lorsqu'on sait quel fut le rôle historique des Illumines. Ce sont eux qui travaillèrent sans relâche à l'affranchissement de l'Humanité, qui préparèrent la Révolution française, qui rédigèrent la « Déclaration des Droits de l'Homme » ; c'est à l'un des plus illustres d'entre eux, à L.-Cl. de Saint-Martin, qu'est due la grande Trilogie : « Liberté, Égalité, Fraternité », qui fut une devise maçonnique avant de devenir la devise républicaine. Partout et toujours, ils se sont montrés dignes de ce titre d'Illuminés, c'est-à-dire de véritables initiés, d'hommes qui ont reçu la V∴L∴, et ils ont été fidèles à leur mission, qui est de venger la mort d'Hiram par le châtiment de ses trois meurtriers, d'écraser l'hydre monstrueux dont les trois têtes s'appellent Tyrannie, Fanatisme et Superstition.

« Sur quoi pourriez-vous donc baser cette accusation si injustifiée de cléricalisme que vous portez contre nous ? Serait-ce sur ce que nous reconnaissons le G∴ A∴ de l'U∴ ? Mais, si vous êtes vraiment initié, c'est-à-dire si vous avez compris l'ésotérisme des grades, vous devez savoir ce qui est représenté par l'Étoile Flamboyante, et comprendre par là que tout véritable maçon, qu'il soit d'ailleurs spiritualiste ou matérialiste, déiste, panthéiste ou même athée, peut et doit, par cela seul qu'il est maçon, reconnaître le G∴ A∴ de l'U∴ ; la question de l'existence d'un Dieu quelconque n'a absolument rien à faire là-dedans. Tout maçon, en tant qu'individu, est libre d'avoir telles opinions philosophiques ou politiques qu'il lui plaît ; mais, en tant que maçon, il doit faire abstraction de ses Convictions personnelles et de tout ce qui est étranger aux principes fondamentaux de la Maç∴ universelle.

« Ce sont ces principes qui doivent servir de base à l'entente entre tous les maçons, pour rétablir la concorde et l'union qui n'auraient jamais dû cesser de régner parmi eux. On oublie trop souvent qu'au-dessus de toutes les divisions de Rites et d'OOb∴, il y a la Maç∴ universelle, de même qu'au-dessus de toutes les distinctions de races, de castes, de nationalités et de partis, il y a l'Humanité. Nous devons savoir découvrir l'unité derrière la diversité, et nous souvenir toujours que, malgré d'apparentes divergences, nous avons tous un but commun et un même idéal. C'est pourquoi, dans l'intérêt de la Maç∴, nous faisons appel, pour mettre fin à de funestes dissensions, à l'esprit de fraternité qui doit être le véritable esprit maçonnique, fidèles en cela à la devise de notre Rite :

« *Paix, Tolérance, Vérité* »

⌐∴V∴Γ∴Γ∴U∴L∴⌐∴□∴⌐∴⌐∴⌐∴V∴Γ∴U∴

J. Desjobert ∴, 30°-90°   R. Guénon ∴, 30°-90°

Victor Blanchard ∴, 30°-90°

INITIATION ET CONTRE-INITIATION[58]

Nous avons dit, en terminant notre précédent article, qu'il existe quelque chose qu'on peut appeler la « contre-initiation », c'est-à-dire quelque chose qui se présente comme une initiation et qui peut en donner l'illusion, mais qui va au rebours de l'initiation véritable. Pourtant, ajoutions-nous, cette désignation appelle quelques réserves ; en effet, si on la prenait au sens strict, elle pourrait faire croire à une sorte de symétrie, ou d'équivalence pour ainsi dire (quoique en sens inverse), qui, sans doute, est bien dans les prétentions de ceux qui se rattachent à ce dont il s'agit, mais qui n'existe pas et ne peut pas exister en réalité. C'est sur ce point qu'il convient d'insister spécialement, car beaucoup, se laissant tromper par les apparences, s'imaginent qu'il y a dans le monde deux organisations opposées se disputant la suprématie, conception erronée qui correspond à celle qui, en langage théologique, met Satan au même niveau que Dieu, et que, à tort ou à raison, on attribue communément aux Manichéens. Cette conception, remarquons-le tout de suite, revient à affirmer une dualité irréductible, ou, en d'autres termes, à nier l'Unité suprême qui est au-delà de toutes les oppositions et de tous les antagonismes ; qu'une telle négation soit le fait des adhérents mêmes de la « contre-initiation », il n'y a pas lieu de s'en étonner ; mais cela montre en même temps que la vérité métaphysique, même dans ses principes les plus élémentaires, leur est totalement étrangère, et par là leur prétention se détruit d'elle-même.

Il importe de remarquer, avant toutes choses, que, dans ses origines mêmes, la « contre-initiation » ne peut pas se présenter comme quelque chose d'indépendant et d'autonome : si elle s'était constituée spontanément, elle ne serait rien qu'une invention humaine, et ainsi ne se distinguerait pas de la « pseudo-initiation » pure et simple. Pour être plus que cela, comme elle l'est

---

[58] *Le Voile d'Isis*, février 1933.

en effet, il faut nécessairement que, d'une certaine façon, elle procède de la source unique à laquelle se rattache toute initiation, et, plus généralement, tout ce qui manifeste dans notre monde un élément « non-humain » ; et elle en procède par une dégénérescence allant jusqu'à ce « renversement » qui constitue ce à quoi l'on peut donner proprement le nom de « satanisme ». Il apparaît donc qu'il s'agit là, en fait, d'une initiation déviée et dénaturée, et qui, par là même, n'a plus droit à être qualifiée véritablement d'initiation, puisqu'elle ne conduit plus au but essentiel de celle-ci, et que même elle en éloigne l'être au lieu de l'en rapprocher. Ce n'est donc pas assez de parler ici d'une initiation tronquée et réduite à sa partie inférieure, comme il peut arriver aussi dans certains cas ; l'altération est beaucoup plus profonde ; mais il y a là, d'ailleurs, comme deux stades différents dans un même processus de dégénérescence. Le point de départ est toujours une révolte contre l'autorité légitime, et la prétention à une indépendance qui ne saurait exister, ainsi que nous avons eu l'occasion de l'expliquer ailleurs [59] ; de là résulte immédiatement la perte de tout contact effectif avec un centre spirituel véritable, donc l'impossibilité d'atteindre aux états supra-humains ; et, dans ce qui subsiste encore, la déviation ne peut ensuite qu'aller en s'aggravant, passant par des degrés divers, pour arriver, dans les cas extrêmes, jusqu'à ce « renversement » dont nous venons de parler.

Une première conséquence de ceci, c'est que la « contre-initiation », quelles que puissent être ses prétentions, n'est véritablement qu'une impasse, puisqu'elle est incapable de conduire l'être au-delà de l'état humain ; et, dans cet état même, du fait du « renversement » qui la caractérise, les modalités qu'elle développe sont celles de l'ordre le plus inférieur. Dans l'ésotérisme islamique, il est dit que celui qui se présente à une certaine « porte », sans y être parvenu par une voie normale et légitime, voit cette porte se fermer devant lui et est obligé de retourner en arrière, non pas cependant comme un simple profane, ce qui est désormais impossible, mais comme *sâher* (sorcier ou magicien) ; nous ne saurions donner une expression plus nette de ce dont il s'agit.

---

[59] Voir *Autorité spirituelle et pouvoir temporel* (disponible sur www.omnia-veritas.com).

Une autre conséquence connexe de celle-là, c'est que, le lien avec le centre étant rompu, l'« influence spirituelle » est perdue ; et ceci suffirait pour qu'on ne puisse plus parler réellement d'initiation, puisque celle-ci, comme nous l'avons expliqué précédemment, est essentiellement constituée par la transmission de cette influence. Il y a pourtant encore quelque chose qui se transmet, sans quoi on se trouverait ramené au cas de la « pseudo-initiation », dépourvue de toute efficacité ; mais ce n'est plus qu'une influence d'ordre inférieur, « psychique » et non plus « spirituelle », et qui, abandonnée ainsi à elle-même, sans contrôle d'un élément transcendant, prend en quelque sorte inévitablement un caractère « diabolique »[60]. Il est d'ailleurs facile de comprendre que cette influence psychique peut imiter l'influence spirituelle dans ses manifestations extérieures, au point que ceux qui s'arrêtent aux apparences s'y méprendront, puisqu'elle appartient à l'ordre de réalité dans lequel se produisent ces manifestations (et ne dit-on pas proverbialement, dans un sens comparable à celui-là, que « Satan est le singe de Dieu » ?) ; mais elle l'imite, pourrait-on dire, comme les éléments du même ordre évoqués par le nécromancien imitent l'être conscient auquel ils ont appartenu[61]. Ce fait, disons-le en passant, est de ceux qui montrent que des phénomènes identiques en eux-mêmes peuvent différer entièrement quant à leurs causes profondes ; et c'est là une des raisons pour lesquelles il convient, au point de vue initiatique, de n'accorder aucune importance aux phénomènes comme tels, car, quels qu'ils soient, ils ne sauraient rien prouver par rapport à la pure spiritualité.

Cela dit, nous pouvons préciser les limites dans lesquelles la « contre-initiation » est susceptible de s'opposer à l'initiation véritable : il est évident que ces limites sont celles de l'état humain avec ses multiples modalités ; autrement dit, l'opposition ne peut exister que dans le domaine des « petits mystères », tandis que celui des « grands mystères », qui se rapporte aux états supra-humains, est, par sa nature même, au-delà d'une telle opposition, donc

---

[60] Suivant la doctrine islamique, c'est par la *nefs* (l'âme) que le *Shaytân* a prise sur l'homme, tandis que la *rûh* (l'esprit), dont l'essence est pure lumière, est au-delà de ses atteintes ; c'est d'ailleurs pourquoi la « contre-initiation » ne saurait en aucun cas toucher au domaine métaphysique, qui lui est interdit par son caractère purement spirituel.

[61] Voir à ce propos notre ouvrage sur *L'Erreur spirite*.

entièrement fermé à tout ce qui n'est pas la vraie initiation selon l'orthodoxie traditionnelle[62]. Quant aux « petits mystères » eux-mêmes, il y aura, entre l'initiation et la « contre-initiation », cette différence fondamentale : dans l'une, ils ne seront qu'une préparation aux « grands mystères » ; dans l'autre, ils seront forcément pris pour une fin en eux-mêmes, l'accès aux « grands mystères » étant interdit. Il va de soi qu'il pourra y avoir bien d'autres différences d'un caractère plus spécial ; mais nous n'entrerons pas ici dans ces considérations, d'importance très secondaire au point de vue où nous nous plaçons, et qui exigeraient un examen détaillé de toute la variété des formes que peut revêtir la « contre-initiation ».

Naturellement, il peut se constituer des centres auxquels se rattacheront les organisations qui relèvent de la « contre-initiation » ; mais il s'agira alors de centres uniquement « psychiques », et non point de centres spirituels, bien qu'ils puissent, en raison de ce que nous indiquions plus haut quant à l'action des influences correspondantes, en prendre plus ou moins complètement les apparences extérieures. Il n'y aura d'ailleurs pas lieu de s'étonner si ces centres eux-mêmes, et non pas seulement certaines des organisations qui leur sont subordonnées, peuvent se trouver, dans bien des cas, en lutte les uns avec les autres, car le domaine où ils se situent est celui où toutes les oppositions se donnent libre cours, lorsqu'elles ne sont pas harmonisées et ramenées à l'unité par l'action directe d'un principe d'ordre supérieur. De là résulte souvent, en ce qui concerne les manifestations de ces centres ou de ce qui en émane, une impression de confusion et d'incohérence qui n'est pas illusoire ; ils ne s'accordent que négativement, pourrait-on dire, pour la lutte contre les véritables centres spirituels, dans la mesure où ceux-ci se tiennent à un niveau qui permet à une telle lutte de s'engager, c'est-à-dire, suivant ce que nous venons d'expliquer, pour ce qui est du domaine des « petits mystères » exclusivement. Tout ce qui se rapporte aux « grands mystères » est exempt d'une telle opposition, et à plus forte raison le centre spirituel suprême,

---

[62] On nous a reproché de n'avoir pas tenu compte de la distinction des « petits mystères » et de « grands mystères » lorsque nous avons parlé des conditions de l'initiation ; c'est que cette distinction n'avait pas à intervenir alors, puisque nous envisagions l'initiation en général, et que d'ailleurs il n'y a là que différents stades ou degrés d'une seule et même initiation.

source et principe de toute initiation, ne saurait-il être atteint ou affecté à aucun degré par une lutte quelconque (et c'est pourquoi il est dit « insaisissable » ou « inaccessible à la violence ») ; ceci nous amène à préciser encore un autre point qui est d'une importance toute particulière.

Les représentants de la « contre-initiation » ont l'illusion de s'opposer à l'autorité spirituelle suprême, à laquelle rien ne peut s'opposer en réalité, car il est bien évident qu'alors elle ne serait pas suprême : la suprématie n'admet aucune dualité, et une telle supposition est contradictoire en elle-même ; mais leur illusion vient de ce qu'ils ne peuvent en connaître la véritable nature. Nous pouvons aller plus loin : malgré eux et à leur insu, ils sont en réalité subordonnés à cette autorité, de la même façon que, comme nous le disions précédemment, tout est, fût-ce inconsciemment et involontairement, soumis à la Volonté divine, à laquelle rien ne saurait se soustraire. Ils sont donc utilisés, quoique contre leur gré, à la réalisation du plan divin dans le monde humain ; ils y jouent, comme tous les autres êtres, le rôle qui convient à leur propre nature, mais, au lieu d'être conscients de ce rôle comme le sont les véritables initiés, ils en sont dupes eux-mêmes, et d'une façon qui est pire pour eux que la simple ignorance des profanes, puisque, au lieu de les laisser en quelque sorte au même point, elle a pour résultat de les rejeter plus loin du centre principiel. Mais, si l'on envisage les choses, non plus par rapport à ces êtres eux-mêmes, mais par rapport à l'ensemble du monde, on doit dire que, aussi bien que tous les autres, ils sont nécessaires à la place qu'ils occupent, en tant qu'éléments de cet ensemble, et comme instruments « providentiels », dirait-on en langage théologique, de la marche du monde dans son cycle de manifestation ; ils sont donc, en dernier ressort, dominés par l'autorité qui manifeste la Volonté divine en donnant à ce monde sa Loi, et qui les fait servir malgré eux à ses fins, tous les désordres partiels devant nécessairement concourir à l'ordre total[63].

---

[63] Pour écarter toute équivoque sur ce que nous avons dit précédemment en ce qui concerne l'état des organisations initiatiques et pseudo-initiatiques dans l'Occident actuel, nous tenons à bien préciser que nous n'avons fait en cela qu'énoncer la constatation de faits où nous ne sommes pour rien, sans aucune autre intention ou préoccupation que celle de dire la vérité à cet égard, d'une façon aussi entièrement désintéressée que possible.

___

Chacun est libre d'en tirer telles conséquences qu'il lui conviendra ; quant à nous, nous ne sommes nullement chargé d'amener ou d'enlever des adhérents à quelque organisation que ce soit, nous n'engageons personne à demander l'initiation ici ou là, ni à s'en abstenir, et nous estimons même que cela ne saurait nous regarder en aucune façon.

COMPTE RENDU

*L'Âme et le dogme de la transmigration
dans les livres sacrés de l'Inde ancienne,
par le Dr Éric de Henseler (éd. de Boccard)*[64]

Le titre de cet ouvrage nous avait tout d'abord favorablement impressionné, parce qu'il contenait le mot de « transmigration » et non celui de « réincarnation », et aussi parce qu'il faisait supposer que les conceptions modernes avaient été entièrement laissées de côté. Malheureusement, nous n'avons pas tardé à nous apercevoir que la question était étudiée en réalité, non point « dans les Livres sacrés de l'Inde ancienne », mais tout simplement dans les interprétations qu'en ont données les orientalistes, ce qui est entièrement différent. De plus, peut-être à cause de l'insuffisance du mot « âme », qui peut désigner à peu près indifféremment tout ce qui n'est pas « corps », c'est-à-dire des choses aussi diverses que possible, l'auteur confond constamment la « transmigration » avec la « métempsychose », qui n'est que le passage de certains éléments psychiques inférieurs d'un être à un autre, et aussi avec la « réincarnation » imaginée par les Occidentaux modernes, et qui serait le retour à un même état. Il est curieux de noter que ce terme de « réincarnation », ne s'est introduit dans les traductions de textes orientaux que depuis qu'il a été répandu par le spiritisme et le théosophisme ; et nous pouvons affirmer, que, s'il se trouve dans ces textes certaines expressions qui, prises à la lettre, semblent se prêter à une telle interprétation, elles n'ont qu'une valeur purement symbolique, tout comme celles qui, dans l'exposé des théories cycliques, représentent un enchaînement causal par l'image d'une succession temporelle. Signalons encore, dans ce livre, l'abus de la « méthode historique » chère aux universitaires : on part de l'idée préconçue qu'il s'agit de quelque chose d'assimilable à de simples théories philosophiques, d'une doctrine qui a dû se former et se développer progressivement, et on envisage toutes les hypothèses

---

[64] Compte rendu dans *Le Voile d'Isis*, mai 1928.

possibles quant à son origine, sauf celle d'une « révélation » ou d'une « inspiration » supra-humaine ; ce n'est certes pas par hasard que la seule solution qu'on écarte ainsi de parti pris se trouve être précisément la seule qui soit conforme à l'orthodoxie traditionnelle. Au milieu de tout cela, il y a pourtant quelques vues justes, comme l'affirmation du caractère purement monothéiste de la doctrine hindoue, mais l'auteur a grand tort de croire que le rapport de la connaissance « suprême » et de la connaissance « non-suprême » peut être assimilé à celui de l'ésotérisme et de l'exotérisme, aussi bien que d'accepter pour le mot *Upanishad* [?] une interprétation qui ne repose que sur la seule autorité de Max Müller et qu'aucun Hindou n'a jamais admise ; si nous voulions entrer dans le détail, combien d'autres critiques de ce genre ne trouverions-nous pas à formuler !

LE DALAÏ-LAMA[65]

Depuis quelque temps, des informations de source anglaise, donc évidemment intéressées, nous représentent le Thibet comme envahi par une armée chinoise, et le Dalaï-Lama fuyant devant cette invasion et s'apprêtant à demander secours au gouvernement des Indes pour rétablir son autorité menacée. Il est très compréhensible que les Anglais prétendent rattacher le Thibet à l'Inde, dont il est pourtant séparé par des obstacles naturels difficilement franchissables, et qu'ils cherchent un prétexte pour pénétrer dans l'Asie centrale, où personne ne pense à réclamer leur intervention. La vérité est que le Thibet est une province chinoise, que depuis des siècles il dépend administrativement de la Chine, et que par conséquent celle-ci n'a pas à le conquérir. Quant au Dalaï-Lama, il n'est pas et n'a jamais été un souverain temporel, et sa puissance spirituelle est hors de l'atteinte des envahisseurs, quels qu'ils soient, qui pourraient s'introduire dans la région thibétaine. Les nouvelles alarmantes que l'on s'efforce de répandre actuellement sont donc dénuées de tout fondement ; en réalité, il y a eu simplement quelques déprédations commises par une bande de pillards, mais, comme le fait est assez fréquent dans cette contrée, personne ne songe même à s'en inquiéter.

Nous profiterons de cette occasion pour répondre à certaines questions qui nous ont été posées au sujet du Dalaï-Lama ; mais, pour qu'on ne puisse pas nous accuser d'émettre des affirmations douteuses et ne reposant sur aucune autorité, nous nous bornerons à reproduire les principaux passages d'une *Correspondance d'Extrême-Orient* publiée dans *La Voie* (n°s 8 et 9). Cette correspondance parut en 1904, au moment où une expédition anglaise, commandée par le colonel Younghusband, revenait de Lhassa avec un prétendu traité au bas duquel ne figurait aucune signature thibétaine. « Les Anglais rapportaient du Plateau thibétain un traité qui n'avait été signé que par leur chef seul, et qui n'était donc pour les Thibétains, ni un engagement,

---

[65] *La Gnose*, mars 1910.

ni une obligation. L'intrusion anglaise à Lhassa ne pouvait avoir aucune influence sur le gouvernement thibétain, et moins encore sur la partie de la religion thibétaine qu'il faut considérer comme l'ancêtre de tous les dogmes, et moins encore sur le vivant symbole de la Tradition. »

Voici quelques détails sur le palais du Dalaï-Lama, où aucun étranger n'a jamais pénétré : « Ce palais n'est pas dans la ville de Lhassa, mais sur le sommet d'une colline isolée au milieu de la plaine, et située à environ un quart d'heure au nord de la ville. Il est comme entouré et enfermé dans un grand nombre de temples bâtis comme des dinh (pagodes confuciennes), où habitent les Lamas qui sont du service du Dalaï-Lama ; les pèlerins ne franchissent jamais l'entrée de ces dinh. L'espace qui est au centre de ces temples rangés en cercle les uns à côté des autres, est une grande cour presque toujours déserte, au milieu de laquelle se trouvent quatre temples, de formes différentes, mais rangés régulièrement en carré, et au centre de ce carré est la demeure personnelle du Dalaï-Lama.

« Les quatre temples sont de grandes dimensions, mais pas très élevés, et sont bâtis à peu près sur le modèle des habitations des vices-rois ou des gouverneurs des grandes provinces de l'Empire Chinois ; ils sont occupés par les douze Lamas appelés Lamas-Namshans, qui forment le *conseil circulaire* du Dalaï-Lama. Les appartements intérieurs sont richement décorés, mais on n'y voit que les couleurs lamaïques, le jaune et le rouge ; ils sont partagés en plusieurs pièces dont les plus grandes sont les *salles de prières*. Mais, sauf de très rares exceptions, les douze Lamas-Namshans ne peuvent recevoir personne dans les appartements intérieurs ; leurs serviteurs mêmes demeurent dans les appartements *dits extérieurs*, parce que, de ces appartements, on ne peut apercevoir le palais central. Celui-ci occupe le milieu du second carré, et il est de tous côtés isolé des appartements des douze Lamas-Namshans ; il faut un appel spécial et personnel du Dalaï-Lama pour franchir ce dernier espace intérieur.

« Le palais du Dalaï-Lama ne se révèle aux yeux des habitants des appartements intérieurs que par un grand péristyle qui en fait tout le tour, comme dans tous les édifices du sud de l'Asie ; ce péristyle est soutenu par quatre rangs de colonnes, qui sont, du haut en bas, recouvertes d'or. Personne n'habite le rez-de-chaussée du palais, qui se compose seulement de vestibules, de salles de prières et d'escaliers gigantesques. Au-devant du quadruple péristyle, le palais s'élève sur trois étages ; le premier étage est couleur de pierre, le second est rouge, le troisième est jaune. Par-dessus le troisième étage, et en guise de toiture, s'élève une coupole tout à fait ronde et recouverte de lames d'or ; on voit ce dôme depuis Lhassa, et de très loin dans la vallée ; mais les temples intérieurs et extérieurs cachent la vue des étages. Seuls les douze Lamas-Namshans savent la distribution des étages du palais central, et ce qui s'y passe ; c'est à l'étage rouge, et au centre, que se tiennent les séances du conseil circulaire. L'ensemble de ces constructions est très grandiose et majestueux ; ceux qui ont l'autorisation d'y circuler sont tenus de garder le silence ». (Nguyèn V. Cang, *Le Palais du Dalaï-Lama*, n° 8, 15 novembre 1904).

Voici maintenant pour ce qui concerne le Dalaï-Lama lui-même : « Quant à la personne du Dalaï-Lama, que déjà l'on croyait voir (lors de l'intrusion anglaise) contrainte et polluée par des regards étrangers, il faut dire que cette crainte est naïve, et que, ni maintenant, ni plus tard, elle ne saurait être admise. *La personne du Dalaï-Lama ne se manifeste qu'à l'étage rouge du grand palais sacré, quand les douze Lamas-Namshans y sont réunis dans de certaines conditions, et sur l'ordre même de celui qui les régit. Il suffirait de la présence d'un autre homme, quel qu'il soit, pour que le Dalaï-Lama ne parût point* ; *et il y a plus qu'une impossibilité matérielle à profaner sa présence* ; *il ne peut être là où sont ses ennemis ou seulement des étrangers.* Le Pape de l'Orient, comme disent (fort improprement) les fidèles du Pape de l'Occident, n'est pas de ceux que l'on dépouille ou que l'on contraint, car il n'est sous le pouvoir ni sous le contrôle humain ; et il *est toujours le même*, aujourd'hui comme au jour assez lointain où il se révéla à ce Lama prophétique, que les Thibétains appellent Issa, et que les Chrétiens appellent Jésus ». (Nguyèn V. Cang, *Le Dalaï-Lama*, n° 9, 15 décembre 1904).

Ceci montre suffisamment que le Dalaï-Lama ne peut pas être en fuite, pas plus maintenant qu'au moment où ces lignes ont été écrites, et qu'il ne peut aucunement être question de le destituer ni de lui élire un successeur on voit également par là ce que valent les affirmations de certains voyageurs qui, ayant plus ou moins exploré le Thibet, prétendent avoir vu le Dalaï-Lama ; il n'y a pas lieu d'attribuer la moindre importance à de semblables récits. Nous n'ajouterons rien aux paroles que nous venons de citer, paroles qui émanent d'une source très autorisée ; on comprendra d'ailleurs que cette question n'est pas de celles qu'il convient de traiter publiquement sans réserve, mais nous avons pensé qu'il n'était ni inutile ni inopportun d'en dire ici quelques mots.

T Palingénius.

UN CÔTÉ PEU CONNU DE L'ŒUVRE DE DANTE[66]

On sait qu'il existe une médaille sur laquelle l'effigie de Dante est accompagnée des lettres F.S.K.F.T. On a essayé de donner de ces initiales des interprétations diverses, mais la plus vraisemblable est la suivante, qui se rapproche beaucoup de celle qu'a indiquée Aroux[67], si elle ne lui est même tout à fait identique : « *Fidei Sanctæ Kadoch, Frater Templarius* ». En effet, l'association « *della Fede Santa* » à laquelle appartenait le poète, était un Tiers-Ordre de filiation templière, et était assez analogue, à cette époque, à ce que fut plus tard la « Fraternité de la Rose-Croix ».

Au début de sa *Divina Commedia*, Dante raconte qu'il descendit aux enfers le *Vendredi-Saint* de l'an 1300, à l'âge de *Trente-trois* ans ; c'est l'*âge du Rose-Croix*, qui reprend aussi ses Travaux, symboliquement, le *vendredi à trois heures après-midi*, et qui, au cours de son initiation, doit traverser d'abord la « *Chambre infernale* ». Dante parcourut tous les cercles infernaux en vingt-quatre heures, et atteignit alors le centre de la Terre, qu'il traversa en contournant le corps de Lucifer.

N'y aurait-il pas quelque rapport entre ce corps de Lucifer, placé au centre de la Terre, c'est-à-dire au centre même de la pesanteur, « *symbolisant l'attrait inverse de la nature* »[68], et celui d'Hiram, placé de même au centre de la « *Chambre du Milieu* », et qu'il faut aussi franchir pour parvenir à la Maîtrise ? La connaissance de ce rapport mystérieux ne pourrait-elle pas aider à découvrir la véritable signification de la lettre G∴ ?

---

[66] *La France Antimaçonnique*, octobre 1913.
[67] Dans un ouvrage intitulé *Dante hérétique et albigeois*.
[68] SIMON et THÉOPHANE, *Les Enseignements secrets de la Gnose*, p. 42.

Nous rappellerons seulement d'autre part, sans y insister, la *Croix* que vit Dante dans la *Sphère de Mars*, ainsi que l'*Aigle* dans la *Sphère de Jupiter* et l'*Échelle mystique* dans celle de *Saturne*. Cette *Croix* ne doit-elle pas être rapprochée de celle qui sert encore d'emblème à plusieurs grades maçonniques, dont certaines légendes veulent rattacher l'origine aux Croisades ? Quant aux deux autres symboles, il est trop facile d'y reconnaître ceux du « Kadosch Templier » : on parvient au pied de l'Échelle mystique par la « Justice » (*Tsedakah*), et à son sommet par la « Foi » (*Emounah*).

Ceux qui se livreraient à des recherches approfondies sur ce côté trop peu connu de l'œuvre de Dante y feraient certainement de bien curieuses découvertes. Une étude de ce genre pourrait peut-être intéresser MM. Copin-Albancelli et Louis Dasté, qui se consacrent particulièrement à la reconstitution de l'histoire des *Sociétés secrètes* en général, et à la découverte des liens qui les unissent à travers le temps et l'espace ?

LE SPHINX.

« DISCOURS CONTRE LES DISCOURS »

Les texte qu'on lira ici est celui du discours que René Guénon, professeur de philosophie, prononça fin juin 1917 (donc en pleine guerre mondiale) à la distribution de prix au collège de Saint-Germain-en-Laye, où il avait enseigné pendant l'année scolaire 1916-1917, et qui fut publié dans le « Bulletin municipal » de la localité. Il en a été fait mention dans une note placée à la fin de la lettre de René Guénon à Mlle Noëlle Maurice-Denis (devenue plus tard Mme Boulet), présentée par M. Gabriel Asfar dans le n° de sept.-oct. 1971 des Études Traditionnelles, p. 208.

Monsieur le Président, Mesdames, Messieurs, Chers Élèves,

En prenant la parole aujourd'hui devant vous pour me confirmer à l'usage, je me sens, je l'avoue, un peu gêné lorsque ma pensée se reporte aux circonstances tragiques dans lesquelles nous vivons depuis bientôt trois ans, et qui devraient, semble-t-il, bannir de nos esprits toute préoccupation étrangère. Aussi j'éprouve un véritable scrupule, et comme un besoin de m'excuser et de me justifier, même, et peut-être surtout, à mes propres yeux. L'heure, en effet, est-elle bien aux discours ? et est-il bien logique d'accepter la tâche d'en prononcer un, lorsqu'on est convaincu, comme je le suis, de la parfaite inutilité de tous ces déploiements d'éloquence plus ou moins sonore, dont certaines solennités sont l'habituelle occasion ? Mais il est des usages auxquels, n'ayant pas le pouvoir de les changer, on est forcé de se soumettre ; et, si du moins ce discours pouvait avoir pour résultat, assez paradoxal en apparence, de vous persuader de la vanité de cette éloquence à laquelle je viens de faire allusion, je crois que nous n'aurions pas tout à fait perdu notre temps.

On a dit, sans doute en plaisantant, que le langage avait été donné à l'homme pour déguiser sa pensée ; mais ceci renferme pourtant une vérité plus profonde qu'on ne serait tenté de le supposer au premier abord, à la condition, toutefois, d'ajouter que ce déguisement peut être inconscient et involontaire. En effet le rôle essentiel du langage est d'exprimer la pensée, c'est-à-dire de la revêtir d'une forme extérieure et sensible, au moyen de laquelle nous puissions la communiquer à nos semblables, dans la mesure, du moins où elle est communicable ; et c'est sur cette restriction que j'appelle plus particulièrement votre attention. Peut-on dire que l'expression soit jamais adéquate à la pensée, et toute traduction n'est-elle pas, par sa nature même, forcément infidèle ? « Traduttore, traditore », dit un proverbe italien bien connu, qui, pour ressembler à un peu à un jeu de mots dans son extrême concision, n'en est pas moins juste, et à tel point qu'il est extrêmement difficile et rare de trouver, dans deux langues différentes, et même assez voisines l'une de l'autre, des termes qui se correspondent exactement, de telle sorte que plus une traduction veut être littérale, plus elle s'éloigne, bien souvent, de l'esprit du texte. Et s'il en est ainsi lorsqu'il s'agit simplement de passer d'une langue à une autre, c'est-à-dire d'une certaine forme sensible à une autre forme de même nature, de changer en quelque sorte le vêtement de la pensée, combien ne doit-il pas être plus difficile encore de faire entrer dans les formes étroites et rigides du langage cette pensée elle-même, qui est essentiellement indépendante de tout signe extérieur et radicalement hétérogène à son expression ? Pour comprendre combien la pensée pure doit être par là amoindrie, réduite et comme schématisée, il ne faut qu'un instant de réflexion, à moins qu'on ne partage les illusions de certains philosophes qui, aveuglés par l'esprit de système, ont cru que toute la pensée pouvait et devait s'enfermer dans une sorte de formule conçue suivant le type mathématique. Ce qui est vrai, au contraire, c'est que ce qu'expriment les mots ou les signes n'est jamais le tout de la pensée, que celle-ci contient toujours en elle-même une part d'inexprimable, donc d'incommunicable, et que cette part est d'autant plus grande que la pensée est d'un ordre plus élevé, parce qu'elle est alors plus éloignée de toute figuration sensible. Ce que nous pouvons livrer à nos semblables, ce n'est donc pas notre pensée elle-même, ce n'en est qu'un reflet plus ou moins indirect et lointain, un symbole plus ou moins obscur et voilé ; et c'est pourquoi le langage, vêtement de la pensée, en est forcément aussi, et par là même, le déguisement.

Mais, que le langage soit un déguisement de la pensée, cela suppose encore, évidemment, qu'il y a une pensée cachée derrière les mots ; en est-il toujours ainsi pour tous les hommes ? On peut être tenté d'en douter, et de se demander si, pour certains, les mots eux-mêmes n'arrivent pas à prendre presque entièrement la place d'une pensée absente. N'en est-il pas beaucoup trop qui, incapables de penser vraiment et profondément, parviennent pourtant à s'en donner l'illusion à eux-mêmes, et quelquefois à la donner aux autres, en enchaînant avec plus ou moins d'habileté et d'art des mots qui ne sont guère que des formes vides, des sons qui, pour présenter peut-être un assemblage harmonieux, n'en sont pas moins dépourvus de signification réelle ? Certes, le langage rend à la pensée de grands et précieux services, non seulement en nous fournissant un moyen de la transmettre autant qu'elle en est susceptible, mais aussi en nous aidant à la préciser et en nous permettant de nous la mieux définir à nous-mêmes, de la rendre plus complètement et plus clairement consciente ; mais, à côté de ces avantages incontestables, il y a de graves inconvénients auxquels donne lieu le langage, où, si l'on préfère, l'abus du langage, et dont le moindre n'est pas ce verbalisme que je vous dénonçais tout à l'heure, verbalisme dont ce qu'on est convenu d'appeler l'éloquence n'est trop souvent que la déplorable manifestation.

On se tromperait étrangement, en effet, si l'on s'imaginait que le succès des orateurs les plus réputés est dû, dans la plupart des cas, à la vérité, à la justesse ou à l'élévation des idées qu'ils expriment. Il n'est pas nécessaire d'avoir des idées pour être éloquent, et peut-être même serait-ce plutôt un obstacle, surtout lorsqu'on veut s'adresser à la foule ; car, il faut bien le reconnaître, la grande masse des hommes a des impressions bien plus que des idées, et c'est pourquoi elle se laisse si facilement subjuguer et entraîner par des mots qui, d'ordinaire, sont d'autant plus sonores qu'ils sont plus vides de sens, et par là d'autant plus aptes à tenir lieu de pensée à ceux qui n'en ont pas. Aussi le pouvoir de l'orateur, et plus spécialement de l'orateur populaire, est-il, presque exclusivement, un pouvoir d'ordre physique : les gestes, les attitudes, les jeux de la physionomie, les intonations de la voix, l'harmonie des phrases, voilà quels en sont les principaux éléments. L'orateur a, sous ce rapport, plus d'un point de ressemblance avec l'acteur : ce qui importe, c'est beaucoup moins ce qu'il dit que la façon dont il le dit ; c'est aux facultés sensibles de son auditoire qu'il s'adresse, souvent aussi à ses sentiments ou à ses passions, parfois à son imagination, mais bien rarement a son intelligence. Te ce rôle prépondérant des moyens physiques dans l'art, j'allais dire dans le jeu de l'orateur, nous explique pourquoi les discours de ceux qui ont exercé la plus grande influence sur les foules nous apparaissent, à la lecture, d'une étonnante insignifiance, d'une désespérante banalité. C'est aussi pourquoi il est fort rare qu'un même homme unisse en lui les dons si divers de l'écrivain et de l'orateur : l'écrivain, qui n'a pas à sa disposition les mêmes moyens extérieurs, a besoin de qualités d'un tout autre ordre, moins brillantes peut-être, mais aussi moins superficielles et plus solides au fond ; et d'ailleurs l'œuvre de l'orateur n'a sa raison d'être que dans une circonstance déterminée et passagère, tandis que celle de l'écrivain doit avoir normalement une portée plus durable. Du moins, il devrait en être ainsi, mais bien entendu, il y a en fait bien des écrivains dont les phrases ne contiennent pas plus de pensée que celles des orateurs dont je viens de parler, et bien de la littérature qui n'est en somme que de la mauvaise éloquence, et qui, fixée sur le papier, n'a même pas les charmes artificiels que pourrait lui prêter une diction agréable ou savante ; et naturellement, en m'attaquant à l'éloquence verbale, j'entends y faire rentrer aussi, et au même titre, toute cette vaine littérature.

Maintenant, quelles sont les causes qui donnent naissance à ce verbalisme creux et stérile ? Elles sont sans doute assez complexes, et je ne voudrais pas m'engager ici dans une étude trop approfondie de cette question. Il se peut que, parmi ces causes il y en ait qui soient inhérentes à la nature humaine en général, ou plus particulièrement au tempérament de certains peuples ou de certains ; mais c'est aussi, en partie, une affaire d'éducation. Comme les Athéniens autrefois, les Français ont assez généralement la réputation d'avoir un goût exagéré pour l'éloquence, d'aucuns disent pour le bavardage ; et dans cette critique, que nous adressent mêmes nos meilleurs amis, il y a quelque chose de vrai. Je devrais dire plutôt : il y avait quelque chose de vrai, car aujourd'hui, fort heureusement pour nous, il semble que les choses aient un peu changé ; mais j'y reviendrai tout à l'heure. Je viens de vous dire que l'on comparait volontiers, sous ce rapport, les Français aux Athéniens ; faut-il admettre, pour l'expliquer, que notre tempérament national se rapproche étrangement de celui des anciens Grecs ? Je ne le crois pas ; je croirai plutôt qu'une telle similitude qui ne se fonde sur aucune communauté de race, se justifie seulement par l'influence exagérée et trop exclusive que la civilisation hellénique a exercée sur la nôtre, c'est-à-dire qu'elle est surtout le produit artificiel d'une certaine éducation. Assurément, il ne faut ni méconnaître ni mépriser ce qu'ont fait les Grecs dans divers domaines ; mais il ne faut pas non plus, dans l'excès d'une admiration qui touche parfois au fanatisme, croire qu'il n'existe rien qui vaille en dehors de ce qu'ils ont fait, ni se refuser à voir, à côté de leurs mérites qui sont très réels, leurs défauts qui ne le sont pas moins, et dont une des plus marqués est précisément la fâcheuse tendance au verbalisme. Ce défaut est nettement sensible jusque chez les plus grands d'entre eux ; et chez Platon lui-même, le type le plus représentatif peut-être de la mentalité hellénique, la dialectique trop subtile, pour qui l'examine en toute impartialité et en évitant de s'en laisser imposer par la beauté de la forme, apparaît souvent comme n'étant au fond qu'un amusement assez vain, qui repose beaucoup plus sur les mots que sur les idées, et qui ne saurait conduire à aucune conclusion vraiment profonde. J'ai parlé de la beauté de la forme ; c'est que les Grecs, il ne faut pas l'oublier, étaient avant tout des artistes, qu'ils l'étaient en tout ce qu'ils faisaient et qu'ils poussaient à l'extrême le culte de la forme au détriment de la profondeur et de l'étendue de la pensée ; on pourrait même dire, sans aucune exagération, qu'ils ne concevaient rien au-delà de la forme et de ses limitations, à tel point que, pour eux fini et parfait étaient des termes synonymes. Sans doute, l'art, en lui-même, n'est ni à négliger ni à dédaigner ; mais il faut savoir mettre chaque chose à sa place, et ne pas permettre à ce culte de la forme, légitime quand il ne dépasse pas certaines bornes, d'envahir le domaine de la pensée pure, ni d'autre part, de réagir outre mesure sur le domaine de l'action. Et pourtant, n'est-ce pas là ce qu'on a fait trop longtemps, sous l'influence et à l'imitation de la civilisation grecque, ou gréco-latine ? et beaucoup d'entre nous, ceux du moins dont la culture fut à peu près exclusivement littéraire, n'ont-ils pas encore à regretter d'avoir reçu une éducation toute verbale, qui trouvait sa plus complète expression dans le « discours latin », exercice aujourd'hui tombé dans l'oubli ? On peut déplorer la tendance qui pousse certains à abandonner complètement l'étude de l'antiquité ; mais la connaissance réelle et exacte de cette antiquité est tout autre chose que cette rhétorique puérile, qui ne consistait guère qu'en un assemblage de formules copiées servilement ou apprises de mémoire, et appliquées indistinctement à tous les sujets : au lieu que l'idée fût indépendante du mot, comme elle doit l'être naturellement, c'était le mot qui, au contraire, devenait indépendant de l'idée et usurpait sa place.

Cependant, les Français n'ont jamais, autant que les Grecs, abusé de l'éloquence, et elle n'est jamais parvenue à absorber la totalité de leur existence nationale : la Grèce antique est morte de cet abus ; la France, elle, n'en mourra pas. Nous avons suffisamment prouvé déjà que nous étions heureusement capables d'autre chose que de discourir, et nous continuons à le prouver chaque jour. Et c'est bien là, précisément, ce qui montre le caractère assez artificiel qu'avait chez nous ce goût de l'éloquence : les circonstances l'ont rapidement, sinon fait disparaître tout à fait, ce qui ne pouvait se produire d'un seul coup, du moins relégué au dernier plan. On peut dire, sans rien exagérer, que c'est une véritable victoire que nous avons ainsi remportée sur nous-mêmes, sur nos anciennes habitudes ; et ces victoires-là ont leur importance, car elles sont une condition des autres, de celles que nous devons remporter sur l'ennemi. L'éloquence n'est plus guère à la mode, et il est facile de s'apercevoir qu'elle a singulièrement perdu de son prestige ; depuis le début de cette guerre, en effet, qu'est-ce qui a le plus fortement frappé les esprits ? La proclamation de Galliéni aux Parisiens, l'ordre du jour de Joffre lors de la bataille de la Marne, celui de Pétain à Verdun : quelques lignes très simples, disant nettement ce qu'elles veulent dire, sans grands mots, sans détours et sans ornements inutiles, sans aucune vaine phraséologie ; et c'est cela qui restera, croyez-le bien, et qui laissera une impression autrement durable que les plus beaux discours des hommes politiques, dont certains, pourtant, sont pleins d'un incontestable talent. L'éloquence a reçu un coup dont elle ne se relèvera peut-être jamais, et il n'y a pas lieu de le déplorer ; ne nous laissons plus duper par les mots comme cela nous est arrivé trop souvent, mais sachons désormais, dans tous les domaines, regarder en face les réalités, les voir telles qu'elles sont : voilà assurément une des premières leçons que nous devrons tirer des événements actuels, si nous ne voulons pas avoir souffert en vain.

Nos héroïques soldats perdent-ils la moindre partie de leur temps en discours et en déclarations ? Non, car ils ont plus et mieux à faire, et ils le savent bien : « Res, non verba » ; ce que nous attendions d'eux, ce sont les actes, non des paroles, et ils tiennent. Et vous aussi, chers Élèves, quand le moment sera venu pour vous de quitter ce Collège, vous aurez mieux à faire que de vous attarder aux jeux de l'éloquence : quelques-uns, peut-être, seront encore appelés à prendre place auprès de leurs aînés ; mais ce qui est certain, c'est que tous, même les plus jeunes, vous aurez à remplir d'autres devoirs, une autre tâche plus obscure sans doute, mais non moins nécessaire, pour réparer les ruines que cette longue et terrible lutte aura accumulées, et pour aider les glorieux survivants à recueillir et à faire fructifier toutes les conséquences de leur victoire. Vous aurez encore à lutter sur un autre terrain, car la plupart d'entre vous, vraisemblablement, seront des hommes d'action : il semble bien, aujourd'hui plus que jamais, que le domaine de la pensée pure doive demeurer l'apanage d'un petit nombre, et il est peut-être bon qu'il en soit ainsi, s'il est vrai que la spéculation et l'action vont d'ordinaire assez mal ensemble. Pour être prêts à agir quand il le faudra, et quelle que soit la forme sous laquelle votre activité devra s'exercer, vous aurez à devenir des hommes dans toute l'acception du mot, plus vite et plus tôt que ne le devenaient les jeunes gens de certaines générations qui précédèrent la vôtre, alors qu'il n'y avait pas tant de vides à combler dans tous les rangs de la nation. Travaillez-y donc dès maintenant, chers Élèves, préparez-vous, de toutes les forces de votre intelligence et de votre volonté, au rôle que la patrie, à un jour prochain, sera en droit d'exiger de vous ; habituez-vous, sans retard à envisager sérieusement l'avenir, tout en méditant les exemples d'héroïsme que vous donnent vos aînés, exemples qui vous inciteront à ne jamais faillir à votre devoir, quel qu'il puisse être, pas plus qu'ils n'auront failli au leur au milieu d'épreuves qui sont parmi les plus redoutables que l'humanité, en aucun temps, ait traversées, et dont le souvenir vous rendra votre propre tâche plus facile et moins dure à accomplir.

Du double sens des symboles[69]

On s'étonne parfois qu'un même symbole puisse être pris en deux sens qui, apparemment tout au moins, sont directement opposés l'un à l'autre ; il ne s'agit pas en cela, bien entendu, de la multiplicité des sens que, d'une façon générale, peut présenter tout symbole suivant le point de vue ou le niveau auquel on l'envisage, mais, plus spécialement, de deux aspects qui sont liés entre eux par un certain rapport de corrélation, prenant la forme d'une opposition, de telle sorte que l'un d'eux soit pour ainsi dire l'inverse ou le « négatif » de l'autre. Pour le comprendre, il faut partir de la considération de la dualité comme présupposée par toute manifestation, et, par suite, comme la conditionnant dans tous ses modes, où elle doit toujours se retrouver sous une forme ou sous une autre ; il est vrai que cette dualité est proprement un complémentarisme, et non pas une opposition ; mais deux termes qui sont en réalité complémentaires peuvent aussi, à un point de vue plus extérieur et plus contingent, apparaître comme opposés. Toute opposition n'existe comme telle qu'à un certain niveau, car il n'en peut être aucune qui soit irréductible ; à un niveau plus élevé, elle se résout en un complémentarisme, dans lequel ses deux termes se trouvent déjà conciliés et harmonisés, avant de rentrer finalement dans l'unité du principe commun dont ils procèdent l'un et l'autre. On pourrait donc dire que le point de vue du complémentarisme est, en un certain sens, intermédiaire entre celui de l'opposition et celui de l'unification ; et chacun de ces points de vue a sa raison d'être et sa valeur propre dans l'ordre auquel il s'applique, bien que, évidemment, ils ne se situent pas au même degré de réalité ; ce qui importe est donc de savoir mettre chaque aspect à sa place hiérarchique, et de ne pas prétendre le transporter dans un domaine où il n'aurait plus aucune signification acceptable.

Dans ces conditions, on peut comprendre que le fait d'envisager dans un symbole deux aspects contraires n'a, en lui-même, rien que de parfaitement

---

[69] *Études Traditionnelles*, juillet 1937.

légitime, et que d'ailleurs la considération d'un de ces aspects n'exclut nullement celle de l'autre, puisque chacun d'eux est également vrai sous un certain rapport, et que même leur existence est en quelque sorte solidaire. C'est donc une erreur, assez fréquente du reste, de penser que la considération respective de l'un et l'autre de ces aspects doit être rapportée à des doctrines ou à des écoles se trouvant elles-mêmes en opposition ; ici, tout dépend seulement de la prédominance qui peut être attribuée l'un par rapport à l'autre, ou parfois aussi de l'intention suivant laquelle le symbole peut être employé, par exemple, comme élément intervenant dans certains rites, ou encore comme moyen de reconnaissance ; mais c'est là un point sur lequel nous allons avoir à revenir. Ce qui montre bien que les deux aspects ne s'excluent point et son susceptibles d'être envisagés simultanément, c'est qu'ils peuvent se trouver réunis dans une même figuration symbolique complexe ; à cet égard, il convient de remarquer, bien que nous ne puissions pour le moment développer ceci complètement, qu'une dualité, qui pourra être opposition ou complémentarisme suivant le point de vue auquel on se placera, peut, quant à la situation de ses termes l'un par rapport à l'autre, se disposer dans un sens vertical ou dans un sens horizontal ; ceci résulte immédiatement du schéma crucial du quaternaire, qui peut se décomposer en deux dualités, l'une verticale et l'autre horizontale. La dualité verticale peut être rapportée aux deux extrémités d'un axe, ou aux deux directions contraires suivant lesquelles cet axe peut être parcouru ; la dualité horizontale est celle de deux éléments qui se situent symétriquement de part et d'autre de ce même axe ; on peut donner comme exemple du premier cas les deux triangles du sceau de Salomon, et comme exemple du second les deux serpents du caducée ; et l'on remarquera que c'est seulement dans la dualité verticale que les deux termes se distinguent nettement l'un de l'autre par leur position inverse, tandis que, dans la dualité horizontale, ils peuvent paraître tout à fait semblables ou équivalents quand on les envisage séparément, alors que pourtant leur signification n'est pas moins réellement contraire dans ce cas que dans l'autre. On peut dire encore que, dans l'ordre spatial, la dualité verticale est celle du haut et du bas, et la dualité horizontale celle de la droite et de la gauche ; cette observation semblera peut-être trop évidente, mais elle n'en a pas moins son importance, parce que, symboliquement, ces deux couples de termes, sont eux-mêmes susceptibles d'applications multiples, sur lesquelles il n'y a d'ailleurs pas lieu d'insister présentement, mais dont il ne serait pas très difficile de découvrir des traces jusque dans le langage courant, ce qui indique bien qu'il s'agit là de chose d'une portée très générale.

Tout cela étant posé en principe, on pourra sans peine en déduire certaines conséquences concernant ce qu'on pourrait appeler l'usage pratique des symboles ; mais, à cet égard, il faut faire intervenir tout d'abord une considération d'un caractère plus particulier, celle du cas où les deux aspects contraires sont pris respectivement comme « bénéfique » et comme « maléfique ». Nous employons ces deux expressions faute de mieux, car elles ont l'inconvénient de pouvoir faire supposer qu'il y a là quelque interprétation plus ou moins « morale », alors qu'en réalité il n'en est rien, et qu'elles doivent être entendues ici en un sens purement « technique ». De plus, il doit être bien compris aussi que la qualité « bénéfique » ou « maléfique » ne s'attache pas d'une façon absolue à l'un des deux aspects, puisqu'elle ne convient proprement qu'à une application spéciale, à laquelle il serait impossible de réduire indistinctement toute opposition quelle qu'elle soit, et qu'en tout cas elle disparaît nécessairement quand on passe du point de vue de l'opposition à celui du complémentarisme, auquel une telle considération est totalement étrangère. Dans ces limites et en tenant compte de ces réserves, c'est là un point de vue qui a normalement sa place parmi les autres ; mais c'est aussi de ce point de vue même que peut résulter, dans l'interprétation et l'usage du symbolisme, une sorte de « subversion » qui constitue souvent une des « marques » caractéristiques de ce qui, consciemment ou non, relève du domaine de la « contre-initiation » ou se trouve plus ou moins directement soumis à son influence.

La « subversion » dont nous parlons peut consister, soit à attribuer à l'aspect « maléfique », tout en le reconnaissant cependant comme tel, la place qui doit normalement revenir à l'aspect « bénéfique », voire même lue sorte de suprématie sur celui-ci, soit à interpréter les symboles au rebours de leur sens légitime, en considérant comme « bénéfique » l'aspect qui est en réalité « maléfique » et inversement. Il faut d'ailleurs remarquer que, d'après ce que nous avons dit précédemment, une telle « subversion » peut ne pas apparaître visiblement dans la représentation des symboles, puisqu'il en est pour lesquels les deux aspects opposés ne sont pas marqués par une différence extérieure, reconnaissable à première vue : ainsi, dans les figurations qui se rapportent à ce qu'on a coutume d'appeler, assez improprement d'ailleurs, le « culte du serpent », il serait souvent impossible, du moins à ne considérer que le serpent lui-même, de dire *a priori* s'il s'agit de l'*Agathodaimôn* ou du *Kakodaimôn* ; de là de nombreuses méprises, surtout de la part de ceux qui, ignorant cette double signification du serpent, sont tentés de n'y voir partout et toujours qu'un symbole « maléfique », ce qui est le cas de la généralité des Occidentaux modernes ; et ce que nous disons ici du serpent pourrait s'appliquer pareillement à beaucoup d'autres animaux symboliques, pour lesquels on a pris communément l'habitude, quelles qu'en soient d'ailleurs les raisons, de ne plus envisager qu'un seul des deux aspects opposes qu'ils possèdent en réalité. Pour les symboles qui sont susceptibles de prendre deux positions inverses, et spécialement pour ceux qui se réduisent à des formes géométriques, il peut sembler que la différence doive apparaître beaucoup plus nettement ; et pourtant, en fait, il n'en est pas toujours ainsi, puisque les deux positions du même symbole sont susceptibles d'avoir l'une et l'autre une signification légitime, et que d'ailleurs leur relation n'est pas forcément celle du « bénéfique » et du « maléfique », qui n'est, redisons-le encore, qu'une simple application particulière parmi toutes les autres. Ce qu'il importe de savoir en pareil cas, c'est s'il y a réellement une volonté de « retournement », pourrait-on dire, en contradiction formelle avec la valeur légitime et normale du symbole ; c'est pourquoi, comme nous le faisions remarquer à propos d'un livre dont nous avons rendu compte récemment, l'emploi du triangle inversé, par exemple, est bien loin d'être toujours un signe de « magie noire », quoiqu'il le soit effectivement dans certains cas, ceux où il s'y attache une intention de prendre le contrepied de ce que représente le triangle dont le sommet est tourné vers le haut ; et, notons-le incidemment, un pareil « retournement » intentionnel s'exerce aussi sur des mots ou des formules, comme on peut le constater dans certaines pratiques de sorcellerie.

On voit donc que la question est plus complexe que certains ne se l'imaginent, et nous dirions volontiers plus subtile, car ce qu'il faut examiner pour savoir à quoi on a véritablement affaire dans tel ou tel cas, ce sont moins les figurations, prises dans leur « matérialité », que les interprétations dont elles s'accompagnent et par lesquelles s'explique l'intention qui a présidé à leur adoption. Bien plus, la « subversion » la plus habile et la plus dangereuse est certainement celle qui ne se trahit pas par des singularités trop manifestes et que n'importe qui peut facilement apercevoir, mais qui déforme le sens des symboles ou renverse leur valeur sans rien changer à leurs apparences extérieures. Mais la ruse la plus diabolique de toutes est peut-être celle qui consiste à faire attribuer au symbolisme orthodoxe lui-même, tel qu'il existe dans les organisations véritablement traditionnelles, et plus particulièrement dans les organisations initiatiques, qui sont surtout visées en pareil cas, l'interprétation à rebours qui est proprement le fait de la « contre-initiation » ; et celle-ci, comme nous l'avons signalé dernièrement, ne se prive pas d'user de ce moyen pour provoquer les confusions et les équivoques dont elle a quelque profit à tirer. C'est là, au fond, tout le secret de certaines campagnes menées, soit contre l'ésotérisme en général, soit contre telle ou telle forme initiatique en particulier, avec l'aide inconsciente de gens dont la plupart seraient fort étonnés, et même épouvantés, s'ils pouvaient se rendre compte de ce pour quoi on les utilise ; il arrive malheureusement parfois que ceux qui croient combattre le diable se trouvent ainsi tout simplement, sans s'en douter le moins du monde, transformés en ses meilleurs serviteurs !

LES DUALITÉS COSMIQUES

Nous devons à L'amabilité de M. Ahmed Abdel Wahed Yahya, L'aîné des fils de René Guénon et nouveau mandataire des héritiers pour les éditions, qui nous en a transmis le manuscrit autographe, l'occasion de publier ce texte inédit du maître des études traditionnelles. Il s'agit d'un travail fait originairement - à savoir en 1921 - pour La Revue de Philosophie, publication à laquelle Guénon avait déjà commencé alors à collaborer, mais qui fut refusé à cause des hostilités suscitées par le milieu néo-thomiste de l'époque : Mme Noële Maurice Denis Boulet a reconnu y avoir été personnellement pour quelque chose (voir son « Ésotériste René Guénon » dans La Pensée Catholique, *n° 77, p. 39, article qui s'est continué dans les n° 78-79 et 80).*

M. Vâlsan

Il arrive parfois, plus souvent même qu'on ne le croit communément, que les théories scientifiques les plus récentes rejoignent, par les conséquences qu'elles impliquent, certaines conceptions anciennes, généralement oubliées ou dédaignées pendant l'époque qui précéda immédiatement la nôtre, et qu'on s'obstine encore trop souvent à ignorer de parti pris. Ces rapprochements peuvent sembler étranges à certains esprits, et pourtant c'est là un fait, et un fait extrêmement important au point de vue de l'histoire des idées ; si l'on en tenait compte autant qu'on le devrait, on pourrait être amené à modifier bien des conclusions. Pour nous, il n'y a pas d'idées véritablement nouvelles (nous ne parlons que des idées, bien entendu, et non de leurs applications pratiques), mais ce qui donne l'illusion de la nouveauté et de l'originalité, c'est que les mêmes idées ont pu, suivant les époques, être présentées sous des formes extrêmement diverses, pour s'adapter à des mentalités également différentes ; on pourrait dire que ce n'est pas ce qui est pensé qui varie, mais seulement la façon de le penser. C'est ainsi que, par exemple, la moderne « philosophie des sciences » finit par coïncider à certains égards avec l'ancienne « cosmologie », bien qu'elle ait un tout autre point de départ et qu'elle procède par une voie en quelque sorte inverse.

Certes, il ne faudrait pas croire que, en partant des sciences, et surtout des sciences expérimentales, il soit possible d'atteindre le domaine de la métaphysique pure ; la distance est trop grande et la séparation est trop profonde ; mais on peut du moins pénétrer jusqu'à un certain point dans le domaine intermédiaire entre celui de la métaphysique et celui de la science au sens ou l'entendent les modernes, domaine qui était dans l'antiquité et au moyen âge, comme il l'est encore pour les Orientaux, celui de ce que nous appellerons les « sciences traditionnelles ». Ces sciences étaient traditionnelles surtout en ce qu'elles avaient, directement ou indirectement, un fondement d'ordre métaphysique, en ce qu'elles n'étaient en somme qu'une application des principes métaphysiques à tel ou tel point de vue plus ou moins spécial, et ce cas était notamment celui des spéculations cosmologiques ; il n'en est aucunement de même pour les conclusions philosophiques tirées des sciences actuelles, mais la coïncidence, quand elle se produit, n'en est que plus remarquable. Le point de vue des anciens était essentiellement synthétique ; celui des modernes, au contraire, apparaît comme analytique, et, s'il est susceptible de donner partiellement les mêmes résultats, ce n'est que par une voie beaucoup plus longue et comme détournée ; les conclusions en acquièrent-elles du moins plus de rigueur et de sûreté ? On le croit d'ordinaire, en raison du prestige qu'exerce sur les esprits la science dite positive ; cependant, il nous semble que l'origine inductive des conceptions dont il s'agit leur communique un caractère qui ne peut être que celui de simples hypothèses, alors que, dans l'autre cas, elles participaient de la certitude qui est inhérente à la métaphysique vraie ; mais celle-ci est devenue tellement étrangère à l'intellectualité occidentale moderne que, pour justifier cette assertion, il nous faudrait entrer dans de longs développements. Peu importe d'ailleurs ici, car notre intention n'est point de rechercher présentement la supériorité de l'un ou de l'autre des deux points de vue, mais seulement de signaler quelques-uns de ces rapprochements auxquels nous avons fait allusion en premier lieu, et cela à propos du récent livre de M. Émile Lasbax : *Le problème du mal*[70], qui contient des vues particulièrement intéressantes sous ce rapport. Ce livre nous apparaît comme l'expression d'un très louable effort pour se dégager des cadres assez étroits

---

[70] 1 vol. in 8° de la *Bibliothèque de philosophie contemporaine* ; F. Alcan, Paris, 1919.

de la philosophie classique, qu'on a grand tort de qualifier parfois de « traditionnelle », puisque, issue principalement de la « révolution cartésienne », elles est présentée dès son origine comme l'effet d'une rupture avec la tradition, on se rapproche donc de celle-ci, dans une certaine mesure, quand on s'éloigne de cette philosophie classique, et même dès qu'on se rend compte que la façon spéciale dont elle pose et traite les questions est loin d'être la seule possible. C'est là, précisément, ce que M. Lasbax nous parait avoir compris, et peut-être ne le doit-il pas uniquement au souci de renouveler la philosophie en s'inspirant de la science, car il n'est pas de ceux qui méprisent le passé d'autant plus qu'ils l'ignorent davantage ; nous ne saurions le suivre jusque dans ses conclusions, trop mystiques à notre gré, mais nous n'en sommes que plus à l'aise pour indiquer, en toute impartialité, le grand intérêt de quelques-uns des aperçus que contient son ouvrage. Nous nous permettrons pourtant une observation préliminaire : M. Lasbax, qui se croit et s'affirme dualiste, l'est-il véritablement ? Il est permis d'en douter, quand on le voit déclarer, par exemple, que « le dualisme est une forme d'existence postérieure à l'unité primitive de l'être homogène et immortel ; l'unité est à l'origine, et la dualité n'est que dérivée, puisqu'elle résulte de la scission de l'être créé sous l'influence d'une volonté négative » (p. 372). Une doctrine pour laquelle la dualité n'est pas primitive ne saurait être qualifiée proprement de dualisme ; on n'est pas dualiste par cela seul qu'on admet une dualité, même si l'on se refuse à réduire l'un de ses termes à l'autre ; il est vrai que, dans ce dernier cas, on n'est pas moniste non plus, mais cela prouve simplement qu'il y a des conceptions auxquelles de semblables dénominations ne sont pas applicables : ce sont celles qui résolvent l'opposition apparente en l'intégrant dans un ordre supérieur. Il y a des doctrines de ce genre qu'on a l'habitude de dénaturer en les interprétant dans un sens dualiste, et c'est ce qui arrive notamment pour celle de Zoroastre, dont les Manichéens n'ont eu, semble-t-il, qu'une compréhension incomplète et grossière : Ahriman n'est pas « l'éternel ennemi » d'Ormuzd, et il ne suffit pas de dire qu'« il doit être un jour définitivement vaincu » (p. 11) ; en réalité d'après l'Avesta, il doit être réconcilié dans l'unité du Principe suprême, appelé *Akarana*, mot qui signifie à la fois « sans cause » et « sans action », ce qui en fait très exactement l'équivalent du « non-agir » de la métaphysique extrême-orientale, ainsi que du *Brahma* neutre et « non-qualifié » de la doctrine hindoue. D'ailleurs, ce n'est pas dans ces doctrines traditionnelles, d'une façon générale, qu'on peut trouver un dualisme véritable, mais seulement dans l'ordre des systèmes philosophiques : celui de Descartes en est le type, avec son opposition de l'esprit et de la matière qui ne souffre aucune conciliation, ni même aucune communication réelle entre ses deux termes. Comme nous ne nous proposons pas d'entrer ici dans la discussion du dualisme, nous nous contenterons de dire ceci : on peut constater dans les choses, non pas seulement une dualité, mais bien des dualités multiples, et toute la question est en somme de situer exactement chacune de ces dualités dans l'ordre d'existence auquel elle se réfère et hors duquel elle n'aurait plus aucun sens. Maintenant, toutes ces dualités, qui peuvent être en multiplicité indéfinies, ne sont-elles finalement que des spécifications ou des modes d'une dualité unique, plus fondamentale que toutes les autres, et qui revêtirait des aspects divers suivant les domaines plus ou moins particuliers dans lesquels on l'envisage ? En tout cas, dans l'ordre métaphysique pur, il ne saurait plus y avoir aucune dualité, parce qu'on est au-delà de toute distinction contingente ; mais il peut y en avoir une dès qu'on se place au point de départ de l'existence, même considérée en dehors de toute modalité spéciale et dans l'extension la plus universelle dont elle soit susceptible. M. Lasbax se représente la dualité, sous toutes ses formes, comme une lutte entre deux principes : c'est là une image qui, pour nous, ne correspond vraiment à la réalité que dans certains domaines, et qui, transportée au-delà de ses justes limites, risque fort de conduire à une conception tout anthropomorphique ; on ne le voit que trop quand les deux tendances en présence sont définies, en dernier ressort, comme l'expression de deux volontés contraires. Ce pourrait être là un symbolisme utile, mais rien de plus, et encore à la condition de ne pas en être dupe ; malheureusement, au lieu d'assigner simplement au point de vue psychologique sa place dans l'ordre cosmique, on tend à interpréter celui-ci psychologiquement. Nous voyons bien la raison d'une semblable attitude : c'est que le problème est ici posé en termes de bien et de mal, ce qui est un point de vue tout humain ; il en était déjà ainsi pour Platon lorsque, au X° livre des *Lois*, il envisageait deux « âmes du monde », l'une bonne et l'autre mauvaise. C'est encore la même raison qui fait exagérer l'opposition entre les deux principes ou les deux tendances, au détriment de ce qu'on peut appeler leur complémentarisme : s'il s'agit de bien et de mal, on ne peut évidemment parler que de lutte et d'opposition ; et M. Lasbax va jusqu'à déclarer que, « à vrai dire, la complémentarité n'est qu'une illusion », et que « c'est sur l'opposition qu'il convient de mettre l'accent » (p.369). Pourtant, si l'on se dégage des considérations morales, l'opposition n'existe que dans le domaine spécial de la dualité envisagée, et, du point de vue supérieur où elle est résolue et conciliée, ses deux termes ne peuvent plus se présenter que comme complémentaires ; c'est donc plutôt l'opposition qui nous apparaît comme illusoire, ou du moins comme appartenant à un degré moins profond de la réalité. Là est une des grandes différences entre la position de M. Lasbax et celle des anciennes doctrines traditionnelles : c'est que celles-ci ne se préoccupaient point de fonder des « jugements de valeur » ; et, pour nous, de tels jugements n'ont de sens et de portée que pour l'être même qui les formule, parce qu'ils n'expriment que de simples appréciations purement subjectives ; nous nous tiendrons donc en dehors de ce point de vue de la « valeur », autant que nous le pourrons, dans les considérations qui vont suivre.

M. Lasbax, disions-nous plus haut, n'a point le mépris du passé : non seulement il invoque volontiers, à l'appui de ses vues, les antiques traditions cosmogoniques de l'Orient, mais encore il lui arrive d'admettre la légitimité de spéculations dont il est de mode de ne parler que pour les tourner en dérision. C'est ainsi que, faisant allusion à la solidarité qui unit toutes les parties de l'Univers et aux rapports de l'humanité avec les astres, il déclare nettement que l'influence de ceux-ci sur celle-là est « si réelle que certains sociologues n'ont pas craint de créer, tant pour les sociétés animales que pour les sociétés humaines, une théorie exclusivement cosmogonique des migrations aussi bien que des phénomènes sociaux les plus complexes, rejoignant au terme suprême de la positivité les conceptions astrologiques que Comte attribuait dédaigneusement à la période métaphysique de sa loi des trois états » (p. 348). Cela est tout à fait vrai, et c'est un exemple de ces rapprochements dont nous avons indiqué l'existence ; mais il y a un certain mérite et même un certain courage à dire des choses, alors que tant d'autres, qui doivent pourtant savoir ce qu'il en est, gardent à ce sujet un silence obstiné. D'ailleurs, ce qui est vrai pour l'astrologie l'est aussi pour bien d'autres choses, et notamment pour l'alchimie ; nous sommes même surpris que M. Lasbax n'ait jamais fait mention de cette dernière, car il se trouve précisément que ses conceptions nous ont souvent fait penser à quelques théories des hermétistes du moyen âge ; mais il ne cite dans cet ordre d'idées que Paracelse et Van Helmont, et encore sur des points très spéciaux, se référant exclusivement à la physiologie, et sans paraître se douter de leur rattachement à une doctrine beaucoup plus générale.

Il faut renoncer à la conception courante d'après laquelle l'astrologie et l'alchimie n'auraient été que des stades inférieurs et rudimentaires de l'astronomie et de la chimie ; ces spéculations avaient en réalité une tout autre portée, elles n'étaient pas du même ordre que les sciences modernes avec lesquelles elles semblent présenter quelques rapports plus ou moins superficiels, et elles étaient avant tout des théories cosmologiques. Seulement, il faut bien dire que, si ces théories sont totalement incomprises de ceux qui les dénoncent comme vaines et chimériques, elles ne le sont guère moins de ceux qui, de nos jours, ont prétendu au contraire les défendre et les reconstituer, mais qui ne voient dans l'astrologie rien de plus qu'un « art divinatoire », et qui ne sont même pas capables de faire la distinction, qu'on faisait fort bien autrefois, entre la « chimie vulgaire » et la « philosophie hermétique ». Il faut donc, quand on veut faire des recherches sérieuses sur ces sortes de choses, se méfier grandement des interprétations proposées par les modernes occultistes, qui, malgré toutes leurs prétentions, ne sont dépositaires d'aucune tradition, et qui s'efforcent de suppléer par la fantaisie au savoir réel qui leur fait défaut. Cela dit, nous ne voyons pas pourquoi on s'abstiendrait de mentionner à l'occasion les conceptions des hermétistes, au même titre que n'importe quelles autres conceptions anciennes ; et ce serait même d'autant plus regrettable qu'elles donnent lieu à des rapprochements particulièrement frappants.

Ainsi pour prendre un exemple, M. Lasbax rappelle que Berzelius « avait formulé cette hypothèse hardie que l'explication dernière de toute réaction devait se ramener, en fin de compte, à un dualisme électrochimique : l'opposition des acides et des bases » (p.188). Il eût été intéressant d'ajouter que cette idée n'appartenait pas en propre à Berzelius et que celui-ci n'avait fait que retrouver, peut-être à son insu, et en l'exprimant autrement, une ancienne théorie alchimique ; en effet, l'acide et la base représentent exactement, dans le domaine de la chimie ordinaire, ce que les alchimistes appelaient soufre et mercure, et qu'il ne faut pas confondre avec les corps qui portent communément ces mêmes noms. Ces deux principes, les mêmes alchimistes les désignaient encore, sous d'autres points de vue, comme le soleil et la lune, l'or et l'argent ; et leur langage symbolique en dépit de son apparente bizarrerie, était plus apte que tout autre à exprimer la correspondance des multiples dualités qu'ils envisageaient, et dont voici quelques-unes : « l'agent et le patient, le mâle et la femelle, la forme et la matière, le fixe et le volatil, le subtil et l'épais »[71]. Bien entendu, il n'y a pas d'identité entre toutes ces dualités, mais seulement correspondance et analogie, et l'emploi de cette analogie, familier à la pensée ancienne, fournissait le principe de certaines classifications qui ne sont à aucun degré assimilables à celles des modernes, et qu'on ne devrait peut-être même pas appeler proprement des classifications ; nous pensons notamment, à cet égard, aux innombrables exemples de correspondances qu'on pourrait relever dans les textes antiques de l'Inde, et surtout dans les *Upanishads*[72]. Il y a là l'indice d'une façon de penser qui échappe presque entièrement aux modernes, du moins en Occident : façon de penser essentiellement synthétique, comme nous l'avons dit, mais nullement systématique, et qui ouvre des possibilités de conception tout à fait insoupçonnée de ceux qui n'y sont point habitués. En ce qui concerne ces dernières remarques, nous pensons être d'accord avec M. Lasbax, qui se fait des premiers âges de l'humanité terrestre une tout autre conception que celles qu'on rencontre ordinairement lorsqu'il s'agit de l'« homme primitif » conception beaucoup plus juste à notre avis, bien que nous soyons obligé de faire quelques restrictions, d'abord parce qu'il est des passages qui nous ont rappelé d'un peu trop près certaines théories occultistes sur les anciennes races humaines, et ensuite en raison du rôle attribué à l'affectivité dans la pensée antique, préhistorique si l'on veut. Aussi loin que nous pouvons remonter sûrement, nous ne trouvons aucune trace de ce rôle prépondérant ; nous trouverions même plutôt tout le contraire ; mais M. Lasbax déprécie volontiers

---

[71] Dom A.-J. Pernéty, *Dictionnaire mytho-hermétique* (1758), art. *Conjonction*, p. 87.
[72] Voir en particulier la *Chândoghya Upanishad*.

l'intelligence au profit du sentiment, et cela, semble-t-il, pour deux raisons :
d'une part l'influence de la philosophie bergsonienne, et, d'autre part, la
préoccupation constante de revenir finalement au point de vue moral, qui est
essentiellement sentimental. Même à ce dernier point de vue, c'est pourtant
aller un peu loin que de voir dans l'intelligence une sorte de manifestation du
principe mauvais ; en tout cas, c'est se faire une idée beaucoup trop restreinte
de l'intelligence que de la réduire à la seule raison, et c'est pourtant ce que
font d'ordinaire les « anti-intellectualistes ».

Notons à ce propos que c'est dans l'ordre sentimental que les dualités
psychologiques sont le plus apparentes, et que ce sont exclusivement les
dualités de cet ordre que traduit à sa façon la dualité morale du bien et du
mal. Il est singulier que M. Lasbax ne se soit pas aperçu que l'opposition de
l'égoïsme et de la sympathie équivaut, non point à une opposition entre
intelligence et sentiment, mais bien une opposition entre deux modalités du
sentiment ; cependant, il insiste à chaque instant sur cette idée que les deux
termes opposés, pour pouvoir entrer en lutte, doivent appartenir à un même
ordre d'existence, ou, comme il le dit, « à un même plan ». Nous n'aimons
pas beaucoup ce dernier mot, parce que les occultistes en ont usé et abusé, et
aussi parce que l'image qu'il évoque tend à faire concevoir comme une
superposition le rapport des différents degrés de l'existence, alors qu'il y a
plutôt une certaine interpénétration. Quoi qu'il en soit, nous ne voyons guère,
dans l'ordre intellectuel, qu'une seule dualité à envisager, celle du sujet
connaissant et de l'objet connu ; et encore cette dualité, qu'on ne peut
représenter comme une lutte, ne correspond-elle pour nous qu'à une phase
ou à un moment de la connaissance, loin de lui être absolument essentielle ;
nous ne pouvons insister ici sur ce point, et nous nous bornerons à dire que
cette dualité disparaît comme toutes les autres dans l'ordre métaphysique, qui
est le domaine de la connaissance intellectuelle pure. Toujours est-il que M.
Lasbax, quand il veut trouver le type de ce qu'il regarde comme la dualité
suprême, a naturellement recours à l'ordre sentimental, identifiant la
« volonté bonne » à l'Amour et la « volonté mauvaise » à la Haine ; ces
expressions anthropomorphiques, ou plus exactement « antropopathiques »,
se comprennent surtout chez un théosophe mystique tel que Jacob Boehme,
pour qui, précisément, « l'Amour et la Colère sont les deux mystères

éternels » ; mais c'est un tort que de prendre à la lettre ce qui n'est en vérité qu'un symbolisme assez spécial, d'ailleurs moins intéressant que le symbolisme alchimique dont Boehme fait aussi usage en maintes circonstances.

La dualité que les traditions cosmogoniques de l'antiquité placent au début, d'une façon presque générale, est celle de la Lumière et des Ténèbres ; et c'est là, en tout cas, celle qui présente le plus nettement ce caractère d'opposition sur lequel insiste M. Lasbax. Toutefois, ce serait interpréter fort mal cette conception que d'y voir simplement le symbole d'une dualité morale : les notions de bien et de mal n'ont pu s'y rattacher que secondairement et d'une façon quelque peu accidentelle, et cela même dans l'*Avesta* ; ailleurs, elles n'apparaissent même pas, comme dans l'Inde où la Lumière est assimilée à la connaissance et les Ténèbres à l'ignorance, ce qui nous transporte dans un tout autre domaine. C'est la lutte de la Lumière et des Ténèbres qui est représentée, dans les hymnes védiques, par la lutte d'Indra contre Vritra ou Ahi[73], comme elle l'était chez les Égyptiens par celle d'Horus contre Typhon. Maintenant, si l'on veut y voir la lutte de la vie et de la mort, ce n'est là qu'une application assez particulière ; nous savons qu'il est difficile à la mentalité occidentale moderne de s'affranchir de ce que nous appellerions volontiers la « superstition de la vie », mais nous n'en pensons pas moins qu'il est illégitime d'identifier à l'existence universelle ce qui n'est qu'une condition d'un de ses modes spéciaux ; cependant, nous n'y insisterons pas d'avantage pour le moment.

Ce qui est remarquable, c'est que l'égoïsme, ou plutôt l'attrait de l'existence individuelle, qui est pour M. Lasbax la tendance mauvaise par excellence, est exactement ce que représente le *Nahash* hébraïque, le serpent de la Genèse ; et il doit assurément en être de même partout où le serpent symbolise pareillement une puissance ténébreuse. Seulement, si l'opposition est entre l'existence individuelle et l'existence universelle, les deux principes ne sont pas du même ordre ; M. Lasbax dira que la lutte n'est pas entre des états, mais entre des tendances ; pourtant, des tendances sont bien encore des

---

[73] C'est évidemment par un lapsus que M. Lasbax a écrit (p. 32) *Agni* au lieu d'*Ahi*, ce qui n'est pas du tout la même chose.

états au moins virtuels, des modalités de l'être. Il nous semble que ce qu'il faut dire, c'est que des principes d'ordre diffèrent peuvent, par une sorte de réflexion, recevoir une expression dans un degré déterminé de l'existence, de telle sorte que ce ne sera pas entre les termes de la dualité primitive qu'il y aura conflit à proprement parler, mais seulement entre ceux de la dualité réfléchie, qui n'a par rapport à la précédente que le caractère d'un accident. D'autre part, on ne peut pas même dire qu'il y ait symétrie entre deux terme tels que la Lumière et les Ténèbres, qui sont entre eux comme l'affirmation et la négation, les Ténèbres n'étant que l'absence ou la privation de la Lumière ; mais si, au lieu de les considérer « en soi », on se place dans le monde des apparences, il semble qu'on ait affaire à deux entités comparables, ce qui rend possible la représentation d'une lutte ; seulement, la portée de cette lutte se limite évidemment au domaine où elle est susceptible de recevoir une signification. Il n'en est pas moins vrai que, même avec cette restriction, la considération de la lutte ou de ce qui peut être ainsi représenté analogiquement serait tout à fait impossible si l'on commençait par poser deux principes n'ayant absolument rien de commun entre eux : c'est ce qui n'a aucun point de contact ne saurait entrer en conflit sous aucun rapport ; c'est ce qui arrive notamment pour l'esprit et le corps tels que les conçoit le dualisme cartésien. Cette dernière conception n'est pas du tout équivalente à celle, nullement dualiste d'ailleurs, de la forme et de la matière chez Aristote et chez les scolastiques, car, « comme le remarque M. Bergson, les Grecs n'avaient pas encore élevé de barrières infranchissables entre l'âme et le corps » (p. 68), et nous ajouterons qu'on ne le fit pas davantage au moyen âge, mais, dans la doctrine aristotélicienne, il s'agit bien plutôt d'un complémentarisme que d'une opposition, et nous y reviendrons plus loin.

Sur le thème de l'opposition, il y a lieu de signaler tout spécialement la façon dont M. Lasbax envisage la dualité des forces d'expansion et d'attraction : nous ne saurions y voir avec lui un cas particulier de la lutte de la vie et de la mort, mais il est très intéressant d'avoir pensé à assimiler la force attractive à la tendance individualisatrice. Ce qu'il y a encore de curieux, c'est que cette opposition de la force attractive et de la force expansive, présentée ici comme tirée des théories scientifiques modernes, est une des interprétations dont est susceptibles le symbolisme de Caïn et d'Abel dans la

Genèse hébraïque. Maintenant, nous nous demandons jusqu'à tel point on peut dire que la force expansive n'agit pas à partir d'un centre, qu'elle n'est pas « centrifuge », tandis que la force attractive, par contre, serait véritablement « centripète » ; ne faudrait pas chercher à assimiler la dualité des forces d'expansion et d'attraction à celle des mouvements de translation et de rotation : entre ces dualités différentes, il peut y avoir correspondance, mais non identité, et c'est ici qu'il faut savoir se garder de toute systématisation.

Pour M. Lasbax, ni l'une ni l'autre des deux tendances opposées, sous quelque forme qu'on les envisage, n'existe jamais à l'état pur dans les choses ; elles sont toujours est partout simultanément présentes et agissantes, de telle sorte que chaque être particulier, et même chaque partie de cet être, offre comme une image de la dualité universelle. Nous retrouvons là la vieille idée hermétique de l'analogie constitutive du Macrocosme et du Microcosme, idée que Leibnitz appliquait à ses monades lorsqu'il regardait chacune d'elles comme contenant la représentation de tout l'univers. Seulement, il peut y avoir, suivant les cas, prédominance de l'une ou de l'autre des deux tendances, et celles-ci sembleront alors s'incarner dans des éléments en opposition : on a ainsi la dualité biologique du système cerébro-spinal et du système sympathique, ou bien, à un autre degré, celle du noyau et du cytoplasme dans la cellule, à l'intérieur de laquelle se reproduit ainsi un conflit analogue à celui que présente l'ensemble de l'organisme ; et cette dernière dualité se ramène à la dualité chimique de l'acide et de la base, que nous avons déjà signalé.

La considération de cette sorte d'enchevêtrement de dualités multiples, analogues et non identiques entre elles, soulève une difficulté : s'il est certaines de ces dualités qu'on peut faire correspondre terme à terme, il peut ne pas en être de même pour toutes. Pour faire comprendre ceci, nous prendrons comme exemple la théorie des éléments telle que la concevaient les Grecs, Aristote en particulier, et telle qu'elle se transmit au moyen âge ; on y trouve deux quaternaires, comprenant chacun deux dualités : d'une part, celui des qualités, chaud et froid, sec et humide, et, d'autre part, celui des éléments, feu et eau, air et terre. Or les couples d'élément opposés ne coïncident pas avec les couples de qualités opposées, car chaque élément procède de deux qualités combinées, appartenant à deux dualités différentes : le feu, du chaud et du sec ; l'eau du froid et de l'humide ; l'air, du chaud et de l'humide ; la terre, du froid et du sec. Quant à l'éther, considéré comme cinquième élément, et que les alchimistes appelaient pour cette raison « quintessence » (*quinta essentia*), il convient toutes les qualités dans un état d'indifférenciation et d'équilibre parfait ; il représente l'homogénéité primordiale dont la rupture déterminera la production des autres éléments avec leurs oppositions. Cette théorie est résumée dans la figure, d'un symbolisme d'ailleurs purement hermétique, que Leibnitz a placée en tête de son *De arte combinatoria*.

Maintenant, le chaud et le froid sont respectivement des principes d'expansion et de condensation, et correspondent ainsi rigoureusement aux forces antagonistes du dualisme mécanique ; mais pourrait-on en dire autant du sec et de l'humide ? Cela parait bien difficile, et c'est seulement par leur participation du chaud et du froid qu'on peut rattacher les éléments, feu et air d'une part, eau et terre d'autre part, à ces deux tendances expansive et attractive que M. Lasbax envisage d'une façon un peu trop exclusive et systématique. Et ce qui complique encore la question, c'est que, à des points de vue différentes, des oppositions également différentes peuvent être établies entre les mêmes choses : c'est ce qui arrive, pour les éléments, suivant que l'on s'adresse à l'alchimie ou à l'astrologie, car, tandis que la première fait appel aux considérations précédentes, la seconde, en répartissant les éléments dans le zodiaque, oppose le feu à l'air et la terre à l'eau ; ici, par conséquent, l'expansion et la condensation ne figurent même plus dans une opposition ou une corrélation quelconque. Nous ne pousserons pas plus loin l'étude de ce symbolisme, dont nous avons seulement voulu montrer la complexité ; nous ne parlerons pas non plus de la théorie hindoue des éléments, dont les bases sont très différentes de celles de la théorie grecque, et où l'application des trois *gunas* fournirait cependant des points de comparaison fort intéressants pour ce dont il s'agit ici.

Si l'on considère spécialement l'opposition du chaud et du froid, on est amené à envisager quelques questions particulièrement importantes, que M.

Lasbax pose à propos des principes de la thermodynamique. Il discute à ce point de vue la théorie du Dr Gustave Le Bon[74], d'après laquelle « il convient de distinguer entre deux phases radicalement opposées de l'histoire du monde », formant « un cycle complet : d'abord condensation de l'énergie sous forme de matière, puis dépense de cette énergie », c'est-à-dire dissociation de la matière ; notre période actuelle correspondrait à la seconde phase ; et, « comme rien n'empêche de supposer que la matière, retournée à l'éther, recommence à nouveau sa phase condensatrice, les périodes alternantes de la vie de l'univers doivent se succéder sans fin : l'hypothèse s'achève dans l'idée antique de la « grande année », dans la conception nietzschéenne de l'éternel retour (p. 195). Pour notre part, cette théorie nous fait penser moins à la « grande année » des Perses et des Grecs, période astronomique qui apparaît surtout comme liée au phénomène de la précession des équinoxes, qu'aux cycles cosmiques des Hindous, où les deus phases qui viennent d'être décrites sont représentées comme le jour et la nuit de Brahmâ ; de plus, on trouve également dans la conception hindoue cette idée de la formation de toutes choses à partir de l'éther primordial, auquel elles doivent retourner dans la dissolution finale ; cela, le Dr Le Bon doit le savoir sans doute aussi bien que nous, mais il ne parle jamais de ces coïncidences pourtant assez frappantes. Nous devons ajouter, toutefois, que les théories cosmogoniques de l'Inde n'admettent point l'« éternel retour », dont l'impossibilité est d'ailleurs métaphysiquement démontrable : d'un cycle à un autre, il n'y a jamais répétition ni identité, mais seulement correspondance et analogie, et ces cycles s'accomplissent, suivant l'expression de M. Lasbax, « sur des plans différents » ; à vrai dire, il n'y a que notre cycle actuel qui commence et aboutisse à l'éther considéré comme le premier des éléments corporels, car il n'y a que celui-là qui se réfère à l'existence physique. Il résulte de là que les conditions d'un cycle ne sont point applicables aux autres, bien qu'il doive toujours y avoir quelque chose qui leur correspondra analogiquement : ainsi, l'espace et le temps ne sont que des conditions spéciales de notre cycle, et ce n'est que d'une façon toute symbolique qu'on pourra en transporter l'idée en dehors des limites de celui-ci, pour rendre exprimable dans quelque mesure ce qui ne le serait pas autrement, le langage

---

[74] *La naissance et l'évanouissement de la matière.*

humain étant nécessairement lié aux conditions de l'existence actuelle.

Cette dernière remarque permet de répondre à l'objection que M. Lasbax adresse au Dr Le Bon, et qui porte sur la séparation établie par celui-ci entre les deux phases ascendante et descendante de l'histoire du monde, que la doctrine hindoue compare aux deux phases de la respiration, et qu'on peut appeler, si l'on veut, évolution et involution, bien que ces termes puissent prêter à équivoque : ces deux mouvements de sens inverse doivent, non pas occuper deux périodes successives dans le temps, mais se manifester simultanément pendant toute la durée de l'existence du monde, comme il arrive pour les phénomènes correspondants de construction et de destruction des tissus dans la vie organique des individus. Cette difficulté disparaît si l'on admet que le point de vue de la succession chronologique n'est en réalité que l'expression symbolique d'un enchaînement logique et causal ; et il faut bien qu'il en soit ainsi, dès lors qu'il n'y a qu'un cycle particulier qui est soumis à la condition temporelle, hors de laquelle tous les états ou les degrés de l'existence universelle peuvent être envisagés en parfaite simultanéité. D'ailleurs, même à l'intérieur du cycle actuel, les deux phases opposées ne sont pas nécessairement successives, à moins qu'on n'entende seulement par là un ordre de succession logique ; et, ici encore, on doit pouvoir retrouver dans chaque partie une image de ce qui existe dans la totalité du cycle ; mais, d'une façon générale, les deux tendances doivent prédominer successivement dans le développement chronologique du monde physique, sans quoi le cycle, en tant qu'il est conditionné par le temps, n'arriverait jamais à se compléter ; nous ne disons pas à se fermer, car la conception de cycles fermés est radicalement fausse comme celle de l'« éternel retour » qui en est l'inévitable conséquence.

Signalons encore que les deux phases dont nous venons de parler se retrouvent également dans les théories hermétiques, où elles sont appelées « coagulation » et « solution » : en vertu des lois de l'analogie, le « grand œuvre » reproduit en abrégé l'ensemble du cycle cosmique. Ce qui est assez significatif, au point de vue où nous venons de nous placer, c'est que les hermétistes, au lieu de séparer radicalement ces deux phases, les unissaient au contraire dans la figuration de leur androgyne symbolique *Rebis* (*res bina*, chose double), représentant la conjonction du soufre et du mercure, du fixe et du volatil, en une matière unique[75].

Mais revenons à l'opposition du chaud et du froid et aux singulières antinomies qui semblent en résulter : « en fait, la loi de Clausius nous représente le monde marchant à son repos et y trouvant la mort à une température élevée, puisque la chaleur est la forme la plus « dégradée » de l'énergie utilisable. D'autre part, toutes les inductions de la physique stellaire nous permettent d'affirmer que, plus nous remontons dans le passé, plus les températures des différents corps et des différents astres nous apparaissent supérieures à ce qu'elles sont aujourd'hui » (p. 198). Il ne saurait en être autrement, si la fin du cycle doit être analogue à son commencement : l'abaissement de la température traduit une tendance à la différenciation, dont la solidification marque le dernier degré, le retour à l'indifférenciation devra, dans le même ordre d'existence, s'effectuer corrélativement, et en sens inverse, par une élévation de température. Seulement, il faut admettre pour cela que le refroidissement des systèmes sidéraux ne se poursuivra pas indéfiniment ; et même, si nous sommes actuellement dans la seconde phase du monde comme le pense le Dr Le Bon, c'est que le point d'équilibre des deux tendances est déjà dépassé. L'observation, du reste, ne peut guère nous renseigner là-dessus directement, et, en tout cas, nous ne voyons pas de quel droit on affirmerait que le refroidissement progressif doit être continu et indéfini ; ce sont là des inductions qui dépassent considérablement la portée de l'expérience, et pourtant c'est ce que certains, au nom de l'astronomie, n'hésitent pas à opposer aux conclusions de la thermodynamique. De là ces descriptions de la « fin du monde » par congélation, qui nous font songer à cet ultime cercle du Royaume du Mal où Dante place le séjour de Lucifer dans sa *Divine Comédie* »(p.200) ; mais il ne faut pas confondre des choses essentiellement différentes : ce à quoi Dante fait allusion, ce n'est pas la « fin du monde », mais plutôt le point le plus bas de son processus de développement, qui correspond à ce que nous pourrions appeler le milieu du cycle cosmique si nous envisagions ses deux phases comme purement

---

[75] Voir l'*Amphitheatrum Sapentiæ AE* de Khunrath, les *Clefs d'Alchimie* de Basile Valentin, etc.

successives. Lucifer symbolise l'« attrait inverse de la nature », c'est-à-dire la tendance à l'individualisation ; son séjour est donc le centre de ces forces attractives qui, dans le monde terrestre, sont représentées par la pesanteur ; et notons en passant que ceci, quand on l'applique spécialement à ce même monde terrestre va nettement à l'encontre de l'hypothèse géologique du « feu central », car le centre de la terre doit être précisément le point où la densité et la solidité sont à leur maximum. Quoiqu'il en soit, hypothèse de la congélation finale apparaît comme contraire à toutes les conceptions traditionnelles : ce n'est pas seulement pour Héraclite et pour les Stoïciens que « la destruction de l'univers devait coïncider avec son embrasement » (p. 201) ; la même affirmation se retrouve à peu près partout, des *Puranas* de l'Inde à *l'Apocalypse* ; et nous devons encore constater l'accord de ces traditions avec la doctrine hermétique, pour laquelle le feu est l'agent de la « rénovation de la nature » ou de la « réintégration finale ».

Pourtant « la science a essayé de concilier les deux hypothèses : L'incandescence finale de l'univers et son refroidissement progressif », par exemple en admettant, comme le fait Arrhenius, que « le refroidissement détruit la vie sur notre planète, tandis que l'embrasement, qui ne se produit que longtemps après, marque la ruine et l'effondrement de tout le système solaire » (p. 201). S'il en était ainsi, la fin de la vie terrestre, au lieu de marquer le terme du mouvement cyclique, coïnciderait seulement avec son point le plus bas ; c'est que, à vrai dire, la conception des cycles cosmiques n'est pas complète si l'on n'y introduit la considération de cycles secondaires et subordonnes, s'intégrant dans des cycles plus généraux ; et c'est surtout à ces cycles partiels que semble se rapporter l'idée de la « grande année » chez les Grecs. Alors, il n'y a pas seulement une « fin du monde », mais il doit y en avoir plusieurs, et qui ne sont pas du même ordre ; congélation et embrasement trouveraient ainsi leur réalisation à des degrés différents ; mais une interprétation comme celle d'Arrhenius nous paraît n'avoir qu'une portée beaucoup trop restreinte.

Nous n'avons envisagé précédemment qu'un côté de la question, qui est encore beaucoup plus complexe que nous ne l'avons dit ; si l'on se place à un point de vue différent, les choses apparaîtront naturellement sous une tout autre perspective. En effet, si la chaleur parait représenter la tendance qui mène vers l'indifférenciation, il n'en est pas moins vrai que, dans cette indifférenciation même, la chaleur et le froid doivent être également contenus de façon à s'équilibrer parfaitement ; l'homogenéitie véritable ne se réalise pas dans un des termes de la dualité, mais seulement là où la dualité a cessé d'être. D'autre part, si l'on considère le milieu du cycle comique en regardant les deux tendances comme agissant simultanément, on s'aperçoit que, loin de marquer la victoire complète, au moins momentanément, de l'une sur l'autre, il est l'instant où la prépondérance commence à passer de l'une autre : c'est donc le point où ces deux tendances sont dans un équilibre qui, pour être instable, n'en est pas moins comme une image ou un reflet de cet équilibre parfait qui ne se réalise que dans l'indifférenciation ; et alors ce point, au lieu être le plus bas, doit être véritablement moyen sous tous les rapports. Il semble donc qu'aucune des deux forces adverses n'arrive jamais, dans tout le parcours du cycle, à atteindre le terme extrême vers lequel elle tend, parce qu'elle est toujours contrariée par l'action de l'autre, qui maintient ainsi un certain équilibre au moins relatif ; et d'ailleurs, si l'une ou l'autre atteignait ce terme extrême, elle perdrait dès lors sa nature spécifique pour rentrer dans l'homogénéité primordiale, parce qu'elle serait parvenue au point au-delà duquel la dualité s'évanouit. En d'autres termes, le point le plus haut et le point le plus bas sont comme l'« infini positif » et l'« infini négatif » des mathématiciens, qui se rejoignent et coïncident ; mais cette jonction des extrêmes n'a aucun rapport avec l'affirmation hégélienne de l'« identité des contradictoires » : ce qui apparaît comme contraire à l'intérieur du cycle ne l'est plus quand on sort de ses limites, et c'est ici que l'opposition, désormais résolue, fait place au complémentarisme. Du reste, cet aspect du complémentarisme apparaît dès qu'on envisage un certain équilibre entre deux tendances ; mais voici encore une autre antinomie : l'équilibre relatif est nécessaire pour maintenir la différenciation, puisque celle-ci disparaîtrait si l'une des deux tendances l'emportait complètement et définitivement ; mais l'équilibre parfait, dont cet équilibre relatif est comme une participation, équivaut au contraire à l'indifférenciation. Pour résoudre cette antinomie, il faut se rendre compte que l'opposition de la différenciation et de l'indifférenciation est purement illusoire, qu'il n'y a pas là une dualité véritable, parce qu'il n'y a aucune commune mesure entre les deux termes ;

nous ne pouvons entrer dans les développements que comporterait ce sujet ; mais, quand on a compris cela, on s'aperçoit que, en dépit des apparences, les deux forces antagonistes ne tendent pas, l'une vers la différenciation, l'autre vers L'indifférenciation, mais que différenciation et indifférenciation impliquent respectivement la manifestation et la non-manifestation de l'une et de l'autre à la fois. La manifestation s'effectue entre deux pôles extrêmes, mais qui ne sont proprement « deux » que du point de vue de cette manifestation, puisque, au-delà de celle-ci, tout rentre finalement dans l'unité primitive. Ajoutons qu'il faudrait prendre garde de ne pas appliquer à des cycles particuliers et relatifs ce qui n'est vrai que de l'Univers total, pour lequel il ne saurait être question d'évolution ni d'involution ; mais toute manifestation cyclique est du moins en rapport analogique avec la manifestation universelle, dont elle n'est que l'expression dans un ordre d'existence déterminé ; l'application de cette analogie à tous les degrés est la base même de toutes les doctrines cosmologiques traditionnelles.

On est ainsi conduit à des considérations d'une portée proprement métaphysique ; et, quand on transpose les questions sur ce plan, on peut se demander ce que deviennent ces « jugements de valeur » auxquels la pensée moderne attache tant d'importance. Deux voies qui ne sont contraires qu'en apparence et qui conduisent en réalité au même but semblent bien devoir déclarées équivalentes ; en tout cas, la « valeur » sera toujours chose éminemment relative, puisqu'elle ne concernera que les moyens et non la fin. M. Lasbax considère la tendance à L'individualisation comme mauvaise : il a raison s'il veut dire qu'elle implique essentiellement la limitation, mais il a tort s'il entend opposer réellement l'existence individuelle à l'existence universelle, parce que, là encore, il n'y pas de commune mesure, donc pas de corrélation ou de coordination possible. D'ailleurs, pour toute individualité, il y a en quelque sorte un point d'arrêt dans la limitation, à partir duquel cette individualité même peut servir de base à une expansion en sens inverse ; nous pourrions citer à ce propos telle doctrine arabe suivant laquelle « l'extrême universalité se réalise dans l'extrême différenciation », parce que l'individualité disparaît, en tant qu'individualité, par là même qu'elle a réalisé la plénitude de ses possibilités. Voilà une conséquence qui devrait satisfaire M. Lasbax, si le point de vue du bien et du mal n'exerçait pas sur lui une si grande influence ; en tout cas, malgré la différence des interprétations, nous ne croyons pas qu'il puisse contredire en principe cette thèse, commune à toutes les doctrines métaphysiques de l'Orient, que le non-manifesté est supérieur au manifesté.

Un des aspects les plus généraux de la dualité cosmique est l'opposition des deux principes qui, dans notre monde, sont représentés par l'espace et le temps ; et, dans chacun des deux, la dualité se traduit d'ailleurs encore, d'une façon plus spéciale, par une opposition correspondante : dans l'espace, entre la concentration et l'expansion ; dans le temps entre le passé et l'avenir[76], Les deux principes auxquels nous faisons allusion sont ceux que les doctrines de l'Inde désignent par les noms de *Vishnu* et de *Shiva* : d'une part, principe conservateur des choses ; d'autre part, principe, non pas destructeur comme on le dit d'ordinaire, mais plus exactement transformateur. Il faut remarquer, d'ailleurs, que c'est la tendance attractive qui semble s'efforcer de maintenir les êtres individuels dans leur condition présente, tandis que la tendance expansive est manifestement transformatrice, en prenant ce mot dans toute la valeur de sa signification originelle. Or il y a ceci de curieux, que M. Lasbax dénonce la première comme une tendance de mort, destructrice de la véritable activité vitale, et qu'il définit la vie comme « une volonté de rayonnement et d'expansion » (p.214) ; la puissance destructrice serait donc pour lui l'antagonisme de celle que l'on considère habituellement comme telle. À vrai dire, il n'y a là qu'une question de point de vue, et, pour pouvoir parler de destruction, il faudrait avoir soin de dire par rapport à quoi on veut l'entendre : ainsi, la puissance expansive et transformatrice est bien véritablement destructrice des limitations de l'individualité et, plus généralement, des conditions spéciales et restrictives qui définissent les divers degrés de l'existence manifestée ; mais elle n'est destructrice que par rapport à la manifestation, et à la suppression des limitations aboutit à la plénitude de l'être. Au fond nous sommes donc d'accord avec M. Lasbax sur ce point ;

---

[76] Signalons aussi à ce propos, pour compléter ce que nous avons dit de la théorie des éléments, la considération d'une dualité de propriétés contenue dans un même élément où elle reproduit en quelque sorte les dualités plus générales : par exemple, la polarisation de l'élément igné en lumière et chaleur, sur laquelle des données particulièrement curieuses sont fournies par les traditions musulmanes relatives à la création et à la chute.

mais où nous différons de lui, c'est que nous ne regardons la vie que comme une condition spéciale d'existence manifestée : si donc on admet que le sens de son activité est dirigé vers l'expansion, il faudra en conclure qu'elle tend à se détruire elle-même ; peut-être le seul moyen d'échapper à cette contradiction au moins apparente est-il de renoncer à poser la question en termes de vie et de mort parce qu'un tel point de vue, quoi qu'en pense M. Lasbax, est beaucoup trop particulier. De même, quand on envisage les deux principes comme nous venons de le faire il n'est pas possible de n'accorder à l'un d'eux qu'un caractère purement négatif : tous deux peuvent avoir un aspect positif et un aspect négatif, de même qu'ils peuvent avoir un côté actif et un côté passif[77] ; sans doute, tout ce qui est limitation est bien véritablement négatif quand on l'envisage métaphysiquement c'est-à-dire dans l'universel, mais, par rapport aux existences individuelles, c'est une détermination ou une attribution positive ; le danger, ici comme en toutes choses, est donc toujours de vouloir trop systématiser.

Nous avons fait allusion précédemment à l'existence de certains « points d'arrêt », dans l'histoire du monde aussi bien que dans la vie des individus : c'est comme si, lorsque l'équilibre est près d'être rompu par la prédominance de l'une des deux tendances adverses, l'intervention d'un principe supérieur venait donner au cours des choses une impulsion en sens inverse, donc en faveur de l'autre tendance. Là réside en grande partie l'explication de la théorie hindoue des *avatâras*, avec sa double interprétation suivant les conceptions shivaïste et vishnuiste ; pour comprendre cette double interprétation, il ne faut pas penser seulement à la correspondance des deux tendances en présence, mais surtout à cette sorte d'antinomie à laquelle donne lieu la conception de l'équilibre cosmique, et que nous avons exposée plus haut : si l'on insiste sur le maintien, par cet équilibre, de l'état actuel de différenciation, on a l'aspect vishnuiste de la doctrine ; si l'on envisage au contraire l'équilibre comme reflétant l'indifférenciation principielle au sein même du différencié, on en a l'aspect shivaïste. En tout cas, dès lors qu'on peut parler d'équilibre, c'est qu'il faut sans doute moins insister sur l'opposition des deux principes que sur leur complémentarisme ; d'ailleurs le

---

[77] Dans le symbolisme hindou, chaque principe à sa *shakti*, qui en est la forme féminine.

rattachement à l'ordre métaphysique ne permet pas d'autre attitude.

À part ce dernier point, la considération des deux principes dont nous venons de parler s'accorde avec celle de M. Lasbax, d'abord en ce que ces principes, sous quelque modalité qu'on les envisage, apparaissent en quelque sorte comme symétriques et se situent à un même degré d'existence, et ensuite en ce qu'ils sont également actifs l'un et l'autre, bien qu'en sens contraire. M. Lasbax déclare en effet que « L'opposition n'est pas entre un principe actif qui serait l'esprit et un principe passif qui serait la matière ; les deux principes sont, au contraire essentiellement actifs » (p. 428) ; mais il convient d'ajouter qu'il entend caractériser ainsi « l'ultime dualité du monde », qu'il conçoit d'une façon beaucoup trop anthropomorphique, comme « une lutte de deux volontés ». Tel n'est pas notre point de vue : la dualité que nous avons envisagé en dernier lieu, bien que d'une portée extrêmement étendue, n'est pas véritablement ultime pour nous ; mais, d'autre part, la dualité de l'esprit et de la matière, telle qu'on l'entend depuis Descartes, n'est qu'une application très particulière d'une distinction d'un tout autre ordre. Nous nous étonnons que M. Lasbax écarte si facilement la conception de la dualité sous l'aspect de l'actif et du passif, alors qu'il insiste tant, d'un autre côté, sur la dualité des sexes, qui pourtant ne peut guère se comprendre autrement. Il n'est guère contestable, en effet, que le principe masculin apparaît comme actif et le principe féminin comme passif et que d'ailleurs ils sont bien plutôt complémentaires que vraiment opposés ; mais c'est peut-être justement ce complémentarisme qui gêne M, Lasbax dans la considération de l'actif et du passif, où l'on ne peut guère parler d'opposition au sens propre de ce mot, parce que les deux termes en présence, ou les principes qu'ils représentent à un certain point de vue, ne sont pas d'un seul et même ordre de réalité.

Avant de nous expliquer davantage sur ce sujet, nous signalerons la façon très ingénieuse dont M. Lasbax étend la dualité des sexes jusqu'au monde stellaire lui-même, en adaptant à sa conception la récente théorie cosmogonique de M. Belot, qu'il oppose avantageusement à celle de Laplace, sur laquelle elle paraît avoir en effet une supériorité fort appréciable quant à la valeur explicative. Envisagés suivant cette théorie, « le système solaire et les systèmes sidéraux deviennent véritablement des organismes ; ils forment un

« règne cosmique » soumis aux mêmes lois de reproduction que le règne animal ou végétal, et que le règne chimique où le dualisme s'affirme dans l'atome par la coexistence d'électrons positifs ou négatifs » (p. 344). Il y a une grande part de vérité, à notre sens, dans cette idée, d'ailleurs familière aux anciens astrologues[78] d'« entités cosmiques » ou sidérales analogues aux êtres vivants ; mais le maniement de l'analogie est ici assez délicat et il faut avoir soin de définir avec précision les limites dans lesquelles elle est applicable, faute de quoi on risque d'être entraîné à une assimilation injustifiée ; c'est ce qui est arrivé à certains occultistes, pour qui les astres sont littéralement des êtres possédant tous les organes et toutes les fonctions de la vie animale, et nous eussions aimé voir M. Lasbax faire au moins une allusion à cette théorie pour marquer dans quelle mesure la sienne propre en diffère. Mais n'insistons pas sur les détails ; l'idée essentielle est que « la naissance de l'univers matériel », résultant de la rencontre de deux nébuleuses qui jouent d'ailleurs des rôles différents, « exige la présence antérieure de deux parents, c'est-à-dire de deux individus déjà différenciés », et que « la production successive des phénomènes physiques n'apparaît plus comme une suite d'innovations ou de modifications accidentelles, mais comme la répétition, sur une trame nouvelle, de caractères ancestraux diversement combinés et transmis par l'hérédité » (p. 334). Au fond, la considération de l'hérédité, ainsi introduit n'est pas autre chose qu'une expression, en langage biologique, de cet enchaînement causal des cycles cosmiques dont nous parlions plus haut ; il serait toujours bon de prendre certaines précautions quand on transpose des termes qui n'ont été faits que pour s'appliquer à un certain domaine, et il faut dire aussi que, même en biologie, le rôle de l'hérédité est loin d'être parfaitement clair. Malgré tout, il y a là une idée fort intéressante, et c'est déjà beaucoup que d'arriver à de semblables conceptions en partant de la science expérimentale, qui, constituée uniquement pour l'étude du monde physique, ne saurait nous faire sortir de celui-ci ; quand nous arrivons aux confins de ce monde, comme c'est le cas, il serait vain de chercher à aller plus loin en se servant des mêmes moyens spéciaux d'investigation. Au contraire, les doctrines cosmologiques traditionnelles, qui partent de principes métaphysiques, envisagent d'abord tout l'ensemble de la manifestation

---

[78] Cf. les théories sur les " esprits planétaires ", l'angélogie judaïque et musulmane, etc.

universelle, et ensuite il n'y a plus qu'à appliquer l'analogie à chaque degré de la manifestation, selon les conditions particulières qui définissent ce degré ou cet état d'existence. Or le monde physique représente simplement un état de l'existence manifestée, parmi une indéfinité d'autres états ; si donc le monde physique a deux « parents », comme dit M. Lasbax, c'est par analogie avec la manifestation universelle tout entière, qui a aussi deux « parents », ou, pour parler plus exactement et sans anthropomorphisme, deux principes générateurs[79]. Les deux principes dont il s'agit maintenant sont proprement les deux pôles entre lesquels se produit toute manifestation ; ils sont ce que nous pouvons appeler « essence » et « substance », en entendant ces mots au sens métaphysique, c'est-à-dire universel, distingué de l'application analogique qui pourra ensuite en être faite aux existences particulières. Il y a là comme un dédoublement ou une polarisation de l'être même, non pas « en soi », mais par rapport à la manifestation, qui serait inconcevable autrement ; et l'unité de l'être pur n'est point affectée par cette première distinction, pas plus qu'elle ne le sera par la multitude des autres distinctions contingentes qui en dériveront. Nous n'entendons pas développer ici cette théorie métaphysique, ni montrer comment la multiplicité peut être contenue en principe dans l'unité ; d'ailleurs, le point de vue de la cosmologie (nous ne disons pas de la cosmogonie, qui est plus spéciale encore) n'a pas à remonter au-delà de la première dualité, et pourtant il n'est aucunement dualiste dès lors qu'il laisse subsister la possibilité d'une unification qui le dépasse et qui ne s'accomplit que dans un ordre supérieur. Cette conception de la première dualité se retrouve dans des doctrines qui revêtent les formes les plus différentes : ainsi, en Chine, c'est la dualité des principes *Yang*, masculin et *Yin*, féminin ; dans le *Sânkhya* de l'Inde, c'est celle de L'acte pur et de la puissance pure. Ces deux celle de *Purusha* et de *Prakriti* ; [sic !]chez Aristote ces principes complémentaires ont leur expression relative dans chaque ordre d'existence, et aussi dans chaque être particulier : pour nous servir ici du langage aristotélicien, tout être contient une certaine part d'acte et une

---

[79] La théorie de la " naissance de l'univers ", telle que l'expose M. Lasbax, permettrait encore d'intéressants rapprochements avec des symboles comme celui de l'" œuf du monde ", qui se rencontrent dans la cosmogonie hindoue et dans bien d'autres traditions anciennes ; ces symboles sont d'ailleurs applicables à toute la manifestation universelle, aussi bien qu'à l'une quelconque de ses modalités prise à part.

certaine part de puissance, ce qui le constitue comme un composé de deux éléments, correspondant analogiquement aux deux principes de la manifestation universelle ; ces deux éléments sont la forme et la matière, nous ne disons pas l'esprit et le corps, car ils ne prennent ce dernier aspect que dans un domaine très particulier. Il serait intéressant d'établir à ce sujet certaines comparaisons, et d'étudier par exemple les rapports qui existent entre ces conceptions d'Aristote et celles de Leibnitz, qui sont, dans toute la philosophie moderne, celles qui s'en rapprochent le plus, sur ce point comme sur bien d'autres, mais avec cette réserve que, chez Leibnitz, l'être individuel apparaît comme un tout se suffisant à lui-même, ce qui ne permet guère le rattachement au point de vu proprement métaphysique ; les limites de cette étude ne nous permettent pas d'y insister davantage.

En reprenant pour plus de commodité la représentation des « plans d'existence », à laquelle revient si souvent M. Lasbax, mais en n'y attachant d'ailleurs qu'une signification purement symbolique, nous pourrions dire qu'il y a lieu d'envisager à la fois, dans les dualités cosmiques, une « opposition verticale » et une « opposition horizontale ». L'opposition verticale est celle des deux pôles de la manifestation universelle et elle se traduit en toutes choses par l'opposition ou mieux par la complémentarité de l'actif et du passif sous tous leurs modes ; cet aspect, que néglige beaucoup trop M. Lasbax, est pourtant celui qui correspond à la plus fondamentale de toutes les dualités. D'autre part, l'opposition horizontale, c'est-à-dire celle où les deux termes en présence sont symétriques et appartiennent véritablement à un même plan, est l'opposition proprement dite, celle qui peut être représentée par l'image d'une « lutte », encore que cette image ne soit pas partout aussi juste qu'elle peut l'être dans l'ordre physique ou dans l'ordre sentimental. Quant à faire correspondre terme à terme les dualités qui appartiennent respectivement à des deux genres, cela ne va pas sans bien des difficultés ; aussi M. Lasbax éprouve-t-il quelque embarras à rattacher les principes masculin et féminin à l'expression de ses deux « volontés adverses » : s'il paraît, en thèse générale, résoudre la question en faveur de l'élément féminin, parce qu'il croit affirmer par là la supériorité de l'espèce sur l'individu, on peut lui objecter que bien des doctrines cosmologiques présentent pourtant la force expansive comme masculine et la force attractive comme féminine, et cela en les figurant symboliquement par la dualité du « plein » et du « vide » ; ce sujet mériterait quelque réflexion. D'ailleurs, le « plan de l'espèce » n'est pas vraiment supérieur à celui de l'individu, il n'en est en réalité qu'une extension, et tous deux appartiennent à un même degré de l'existence universelle ; il ne faut pas prendre pour des degrés différents ce qui n'est que des modalités diverses d'un même degré, et c'est ce que fait souvent M. Lasbax, par exemple quand il envisage les multiples modalités possibles de l'étendue. En somme, et ce sera là notre conclusion, les données de la science, au sens actuel de ce mot, peuvent nous conduire à envisager une extension indéfinie d'un certain « plan d'existence », celui qui est effectivement le domaine de cette science, et qui peut contenir bien d'autres modalités que le monde corporel qui tombe sous nos sens ; mais, pour passer de là à d'autres plans, il faut un tout autre point de départ, et la vraie hiérarchie des degrés de l'existence ne saurait être conçue comme une extension graduelle et successive des possibilités qui sont impliquées sous certaines conditions limitatives telles que l'espace ou le temps. Cela, pour être parfaitement compris, demanderait assurément d'assez longs développements ; mais nous nous sommes surtout proposé ici, en indiquant certains points de comparaison entre des théories d'origine et de nature fort diverses, de montrer quelques voies de recherches qui sont trop peu connues, parce que les philosophes ont malheureusement l'habitude de se renfermer dans un cercle extrêmement restreint.

« LES INFLUENCES ERRANTES »[80]

[D'après une dactylographie]

En traitant des éléments divers qui produisent les phénomènes que les spirites attribuent à ce qu'ils appellent des « esprits », nous avons fait allusion à ces forces subtiles que les taoïstes chinois appellent « influences errantes ». Nous allons donner là-dessus quelques explications complémentaires, pour écarter la confusion dans laquelle tombent trop facilement ceux, malheureusement nombreux, à notre époque qui connaissent les sciences modernes de l'Europe plus que les connaissances anciennes de l'Orient.

Nous avons fait remarquer que les influences dont il s'agit ici, étant de nature psychique, sont plus subtiles que les forces du monde sensible ou corporel. Il convient donc de ne pas les confondre avec celles-ci, même si certains de leurs effets sont similaires. Cette ressemblance pourrait surtout faire assimiler ces forces à celle de l'électricité ; elle s'explique simplement par l'analogie des lois qui régissent les divers états et les divers mondes, par la correspondance grâce à laquelle se réalise l'ordre et l'harmonie de tous les degrés de l'Existence.

Ces « influences errantes » comprennent des variétés très distinctes les unes des autres. Certes, nous trouvons aussi dans le monde sensible des influences très variées ; mais dans le monde psychique les choses sont beaucoup plus complexes encore, par là même que le domaine psychique est beaucoup moins restreint que le domaine sensible.

---

[80] EL MAARIFAHN, 7, novembre 1931 (Les deux autres articles de René Guénon parus dans la revue El Maarifah traitent de spiritisme et ne sont, d'après l'auteur lui-même, que des résumés des développements contenus dans son livre L'Erreur spirite. On n'en a donc pas fait figurer la traduction ici.)

Cette appellation générale d'« influences errantes » s'applique à toutes les énergies non individualisées, c'est-à-dire toutes celles qui agissent dans le milieu cosmique sans entrer dans la constitution d'un être défini quelconque. Dans certains cas, ces forces sont telles par leur nature même ; dans d'autres cas, elles dérivent d'éléments psychiques désintégrés, provenant d'anciens organismes vivants et particulièrement d'êtres humains, comme nous l'avons dit dans notre précédent article.

En réalité, il s'agit là d'un certain ordre de forces naturelles qui ont leurs lois propres et qui ne peuvent pas plus échapper à ces lois que les autres forces naturelles. S'il semble le plus souvent que les effets de ces forces se manifestent d'une façon capricieuse et incohérente, cela n'est dû qu'à l'ignorance des lois qui les régissent. Il suffit, par exemple, d'envisager les effets de la foudre qui ne le cède pas en étrangeté à ceux des forces dont nous parlons, pour comprendre qu'il n'y a réellement là rien d'extraordinaire. Et ceux qui connaissent les lois de ces forces subtiles peuvent les capter et les utiliser comme les autres forces.

Ici il importe de distinguer deux cas à l'égard de la direction de ces forces et de leur utilisation. On peut arriver à ce résultat, soit à l'aide d'intermédiaires faisant partie du monde subtil, tels que les êtres connus sous le nom de « djinns », soit à l'aide d'êtres humains vivants, qui naturellement possèdent aussi les états correspondant au monde subtil, ce qui leur permet d'y exercer également une action.

Les êtres qui dirigent ainsi ces forces par leur volonté - qu'ils soient hommes ou « djinns » - leur donnent une sorte d'individualité factice et temporaire qui n'est que le reflet de leur individualité propre et comme une ombre de cette dernière. Mais il advient fréquemment aussi que ces mêmes forces soient attirées inconsciemment, par des êtres qui en ignorent les lois, mais qui y sont prédisposés par des particularités naturelles, comme par exemple, les personnes que l'on est convenu de nommer aujourd'hui « médiums ».

Ceux-ci prêtent aux forces avec lesquelles ils entrent ainsi en relation, une apparence d'individualité, mais au détriment de l'intégrité de leurs propres états psychiques qui subissent de ce fait un déséquilibre pouvant aller jusqu'à une désintégration partielle de l'individualité.

Il y a une remarque très importante à faire sur ce genre de captation inconsciente ou involontaire, où l'être est à la merci des forces extérieures au lieu de les diriger. Une telle attraction peut être exercée sur ces forces, non seulement par des êtres humains ou médiums comme il vient d'être dit, mais aussi à travers d'autres êtres vivants et même des objets inanimés, ou parfois par des lieux déterminés où elles viennent se concentrer de façon à produire des phénomènes assez singuliers. Ces êtres ou ces objets - s'il nous est permis d'employer un terme impropre mais justifié par l'analogie avec les lois des forces physiques - jouant un rôle de « condensateurs ». Cette condensation peut s'effectuer spontanément ; mais, d'autre part, il est possible à ceux qui connaissent les lois de ces forces subtiles, de les fixer par certains procédés, en prenant pour support certaines substances ou certains objets dont la nature est déterminée par le résultat qu'on veut en obtenir. Inversement, il est possible aussi à ces personnages de dissoudre les agglomérations de force subtile, qu'elles aient été formées volontairement par eux ou par d'autres, ou qu'elles se soient constituées spontanément. À cet égard, le pouvoir des pointes métalliques a été connu de tout temps, et il y a là une analogie remarquable avec les phénomènes électriques. Il arrive même que, lorsqu'on frappe avec une pointe le point précis où se trouve ce que l'on pourrait appeler le « nœud » de la condensation, il en jaillit des étincelles. Si, ainsi qu'il arrive souvent, cette condensation avait été produit par un sorcier, celui-ci peut être blessé ou tué par la réaction de ce coup, à quelque distance qu'il se trouve. De tels phénomènes ont été observés en tous temps et en tous lieux.

On peut comprendre les deux opérations ci-dessus mentionnées de « condensation » et de « dissolution » par leur analogie avec certains cas où l'on met en œuvre des forces d'un ordre plus au moins différent, comme en alchimie, car elles se rapportent en dernier ressort à des lois très générales, bien connues de la science antique, plus particulièrement en Orient, mais, à ce qu'il semble, totalement inconnues de modernes.

C'est dans l'intervalle compris entre ces deux phases extrêmes de « condensation » et de « dissolution », que celui qui a capté les forces subtiles peut leur prêter cette sorte de conscience qui leur donne une individualité apparente, capable d'induire en erreur l'observateur jusqu'à lui persuader qu'il a affaire à des êtres véritables.

La possibilité de « condenser » les forces sur des supports de nature très diverse, et d'en obtenir des résultats d'apparence exceptionnelle et surprenante, montre l'erreur des modernes quand ils soutiennent que la présence d'un « médium » humain est indispensable.

Remarquons ici, qu'avant le spiritisme, l'emploi d'un être humain comme « condensateur » était exclusivement le fait de sorcier de l'ordre le plus inférieur, en raison des graves dangers qu'il présente pour cet être.

Nous ajouterons à ce qui précède que, outre le mode d'action dont nous venons de parler, il en existe un autre tout différent, reposant sur la condensation des forces subtiles, non plus sur des êtres ou des objets étrangers à l'individu qui accomplit ce travail, mais sur cet individu lui-même, de façon à lui permettre de les utiliser à volonté et à lui donner ainsi une possibilité permanente de produire certains phénomènes. L'usage de cette méthode est surtout répandu dans l'Inde ; mais il convient de dire que ceux qui s'appliquent à produire des phénomènes extraordinaires par ce procédé aussi bien que par tout autre de ceux qui ont été énumérés ci-dessus, ne méritent point l'intérêt que certains leur accordent. En réalité, ce sont des gens dont le développement intérieur s'est arrêté à un certain stade pour une raison quelconque, au point qu'il ne leur est plus possible de le dépasser, ni par conséquent, d'appliquer leur activité à des choses d'un ordre plus élevé.

À la vérité, la connaissance complète des lois qui permettent à l'être humain de diriger les forces subtiles a toujours été réservée à un nombre très restreint d'individus, par suite du danger qui résulterait de leur usage généralisé parmi des gens malintentionnés.

Il existe en Chine un traité très répandu sur les « influences errantes ».

Cependant, ce traité n'envisage qu'une application très spéciale de ces forces à l'origine des maladies et à leur traitement ; tout le reste n'a jamais fait l'objet que d'un enseignement purement oral.

D'ailleurs, ceux qui connaissent les lois de ces « influences errantes » de façon complète, se contentent habituellement de cette connaissance et se désintéressent totalement de l'application ou de l'utilisation pratique de ces forces subtiles. Ils se refusent à provoquer le moindre phénomène pour étonner les autres ou pour satisfaire leur curiosité. Et si d'aventure, ils se voient contraints à produire certains phénomènes - pour des motifs totalement différents de ceux dont il est parlé ci-dessus et dans des circonstances spéciales - ils le font à l'aide de méthodes entièrement différentes et en utilisant à ces fins des forces d'un autre ordre, même si les résultats paraissent extérieurement semblables.

En effet, s'il existe une analogie entre les forces sensibles telles que l'électricité et les forces psychiques ou subtiles, il en existe une également entre ces dernières et des forces spirituelles qui peuvent, par exemple, agir également en se concentrant sur certains objets ou en certains lieux déterminés. Il est possible aussi, d'une part, que des forces si différentes dans leur nature produisent des effets en apparence similaire. Ces ressemblances toutes superficielles sont la source d'erreurs et de confusions fréquentes, qui ne peuvent éviter ceux qui s'en tiennent à la constatation des phénomènes. C'est ainsi qu'il est possible à des vulgaires sorciers, au moins jusqu'à un certain point, d'imiter quelques faits miraculeux. En dépit d'une ressemblance purement apparente quant au résultat, il n'existe évidemment rien de commun entre les causes qui, dans les deux cas, sont totalement différentes les unes des autres.

Il ne rentre pas dans le cadre de notre sujet de traiter de l'action des forces spirituelles. Néanmoins, de ce qui précède, nous pouvons tirer la conclusion suivante : les seuls phénomènes ne sauraient constituer un critère ou une preuve à l'appui de quoi que ce soit, ni en aucune façon établir la vérité d'une théorie quelconque. D'ailleurs, les mêmes phénomènes doivent souvent être expliqués de façons différentes suivent les cas et il est bien rare qu'il n'y ait, pour des phénomènes donnés, qu'une seule explication possible.

Pour finir, nous dirons qu'une science véritable ne peut être constituée qu'en partant d'en haut, c'est-à-dire de principes, pour les appliquer aux faits qui n'en sont que des conséquences plus ou moins éloignées ; Cette attitude est aux antipodes de celle de la science occidentale moderne, qui veut partir des phénomènes sensibles pour en déduire des lois générales, comme si le « plus » pouvait sortir du « moins » comme si l'inférieur pouvait contenir le supérieur, comme si la matière pouvait mesurer et limiter l'esprit.

L'ERREUR DU « PSYCHOLOGISME »[81]

Nous avons eu bien souvent déjà à signaler les travestissements divers que, consciemment ou inconsciemment, les Occidentaux font subir aux doctrines orientales qu'ils prétendent étudier : inconsciemment, quand il ne s'agit que d'une incompréhension tout involontaire, due simplement à l'influence de certaines idées préconçues dont il leur est impossible de se débarrasser ; consciemment, au moins à quelque degré, quand il s'y ajoute la volonté, soit de déprécier ces doctrines, soit de les utiliser en vue d'une propagande quelconque. Dans ce dernier cas rentre notamment la tentative faite, depuis quelques années, pour transformer en « mysticisme » les doctrines dont il s'agit, et plus spécialement leurs aspects d'ordre ésotérique ou initiatique, bien que, naturellement, tous ceux qui acceptent cette interprétation ne se rendent pas compte des desseins auxquels elle répond en réalité. En ces tout dernier temps, nous avons remarqué la diffusion croissante d'une autre interprétation encore, qui, à vrai dire, nous semble plutôt rentrer dans la catégorie des déformations inconscientes, mais qui n'en est pas pour cela moins erronée ni peut-être moins dangereuse, et qui présente même des côtés singulièrement inquiétants : nous voulons parler de l'interprétation en termes « psychologiques », surtout quand elle est conçue suivant les théories des écoles les plus récentes, car alors il ne s'agit plus seulement d'une insuffisance manifeste, mais bien d'une véritable « subversion ».

Assurément, ce que nous pouvons appeler le « psychologisme », c'est-à-dire la tendance à tout ramener systématiquement à des explications d'ordre psychologique, n'est pas une chose toute nouvelle dans le monde occidental ; ce n'est, au fond, qu'un simple cas particulier de l'« l'humanisme », entendu, suivant le sens propre du mot, comme réduction de toutes choses à des

---

[81] *Études Traditionnelles*, janvier 1938.

éléments purement humains. Encore ce « psychologisme » implique-t-il une conception fort restreinte de l'individu humain lui-même et de ses possibilités, car la psychologie « classique » se borne à envisager quelques-unes des manifestations les plus extérieures et les plus superficielles du « mental », celles qui sont en rapport plus ou moins direct avec la modalité corporelle de l'individu. C'est là, disons-le en passant, la raison pour laquelle nous faisons toujours une différence entre les deux termes « psychologique » et « psychique », gardant à ce dernier son acception étymologique, incomparablement plus étendue, puisqu'elle peut comprendre tous les éléments subtils de l'individualité, alors qu'il n'y a qu'une portion véritablement infime de ceux-ci qui rentre dans le domaine « psychologique ». Dans ces conditions, il n'y a pas lieu de s'étonner du caractère véritablement enfantin que revêtent le plus souvent les explications tirées de la psychologie et prétendant s'appliquer à des choses qui ne relèvent aucunement de sa compétence, comme la religion par exemple ; ce n'est d'ailleurs pas à dire qu'elles soient jamais entièrement inoffensives, car elles ont en tout cas leur place parmi les efforts faits par l'esprit anti-traditionnel pour détruire la notion de toute réalité supra-humaine. Mais, aujourd'hui, il y a lieu d'envisager autre chose encore : la situation n'est plus simplement telle que nous venons de l'indiquer, mais s'est sensiblement aggravé par suite de l'invasion du « subconscient » dans la psychologie, qui, étendant son domaine en un certain sens, mais uniquement par le bas, risque de mêler à tout ce qu'elle touche les pires manifestations du psychisme le plus inférieur.

À ce propos, nous ferons une remarque d'une portée plus générale : des « traditionalistes » mal avisés se réjouissent inconsidérément de voir la science moderne, dans ses différentes branches, sortir des limites étroites où ses conceptions s'enfermaient jusqu'ici, et prendre une attitude moins grossièrement « matérialiste » que celle qu'elle avait au siècle dernier ; ils s'imaginent même volontiers que, d'une certaine façon, la science profane finira ainsi par rejoindre la science traditionnelle, ce qui, pour des raisons de principe, est chose tout à fait impossible. Ce dont ils ne s'aperçoivent pas, c'est qu'il s'agit en réalité d'une nouvelle étape dans le développement, parfaitement logique, du plan suivant lequel s'accomplit la déviation progressive du monde moderne ; le matérialisme y a joué son rôle, mais maintenant la négation pure et simple qu'il représente est devenue insuffisante ; elle a servi efficacement à interdire à l'homme l'accès des possibilités d'ordre supérieur, mais elle ne saurait déchaîner les forces inférieures qui seules peuvent mener à son dernier point l'œuvre de désordre et de dissolution. L'attitude matérialiste, par sa limitation même, ne présente encore qu'un danger également limité ; son « épaisseur », si l'on peut dire, met celui qui s'y tient à l'abri de certaines influences subtiles, et lui donne à cet égard une sorte d'immunité assez comparable à celle du mollusque qui demeure strictement enfermé dans sa coquille ; mais, si l'on fait à cette coquille, qui représente ici l'ensemble des conceptions scientifiques conventionnellement admises, une ouverture par le bas, comme nous le disions tout à l'heure à propos des tendances nouvelles de la psychologie, ces influences destructives y pénétreront aussitôt, et d'autant plus facilement que, par suite du travail négatif accompli dans la phase précédente, aucun élément d'ordre supérieur ne pourra intervenir pour s'opposer à leur action. On pourrait dire encore que la période du matérialisme ne constitue qu'une sorte de préparation théorique, tandis que celle du psychisme inférieur qui lui succède comporte une « pseudo-réalisation », dirigée au rebours d'une véritable réalisation spirituelle, et imitant par là, dans la mesure où le permet la condition du monde profane comme tel, la réalisation proprement « infernale » qui est celle de la « contre-initiation », donc étant pour celle-ci à peu près ce qu'est la partie exotérique d'une tradition par rapport à sa partie ésotérique. On pourrait aussi conclure de là, entre autres choses, que la « contre-initiation », après avoir préparé le monde en lui inculpant par suggestion toutes les idées fausses ou illusoires qui forment la mentalité spécifiquement moderne, estime le moment venu de l'appeler à une « participation » plus directe, sinon plus consciente, et de constituer ainsi une « contre-tradition » complète, pour laquelle elle serait elle-même ce qu'est l'initiation pour toute tradition véritable, à cela près, bien entendu, que la spiritualité fait ici totalement défaut ; et l'on peut bien dire que, en cela encore, le diable apparaît vraiment comme le « singe de Dieu ».

Il va de soi, d'ailleurs, que les deux phases dont nous venons de parler ne sont pas toujours rigoureusement séparées en fait, et qu'on peut actuellement constater leur coexistence dans bien des cas ; il serait en effet fort exagéré de prétendre que la science matérialiste a entièrement disparu, et, à tout le moins, elle pourra sans doute se survivre longtemps encore dans les manuels d'enseignement et dans les ouvrages de vulgarisation. Il en est ainsi notamment dans le cas de la psychologie, dont ces considérations nous ont beaucoup moins éloigné qu'on ne pourrait le croire, car c'est là qu'elles trouvent précisément une de leurs applications les plus nettes et les plus frappantes ; une certaine « psychologie de laboratoire », aboutissement du processus de limitation et de matérialisation dans lequel la psychologie « philosophico-littéraire » de l'enseignement universitaire ne représentait qu'un stade moins avancé, et qui n'est plus réellement qu'une sorte de branche accessoire de la physiologie, coexiste encore avec les théories et les méthodes nouvelles, dont les plus « représentatives », au point de vue où nous nous plaçons, sont celles qu'on connaît sous la désignation générale de « psychanalyse » ; et nous ajouterons même qu'un « psychanalyste » peut fort bien encore être matérialiste, par l'effet de son éducation antérieure et par l'ignorance où il est de la véritable nature des éléments qu'il étudie ou qu'il met en jeu ; un des caractères les plus singuliers de la science moderne n'est-il pas de ne jamais savoir exactement à quoi elle a affaire en réalité ?

Il y a certainement bien plus qu'une simple question de vocabulaire dans le fait, très significatif en lui-même, que la psychologie actuelle n'envisage jamais que le « subconscient », et non le « superconscient » qui devrait logiquement en être le corrélatif ; c'est bien là, à n'en pas douter, et même si ceux qui emploient une telle terminologie ne s'en rendent pas compte, l'expression d'une extension qui s'opère uniquement vers le bas. Certains adoptent même, comme synonyme ou équivalent de « subconscient », le terme d'« inconscient », qui, pris à la lettre, semblerait se référer à un niveau encore inférieur, mais qui, à vrai dire, correspond moins exactement à la réalité ; si ce dont il s'agit était vraiment inconscient, nous ne voyons même pas bien comment il serait possible d'en parler, et surtout en termes psychologiques. Quoi qu'il en soit, ce qui est encore digne de remarque, c'est l'étrange illusion en vertu de laquelle les psychologues en arrivent à considérer des états comme d'autant plus « profonds » qu'ils sont tout simplement plus inférieurs ; n'y a-t-il pas déjà là comme un indice de la tendance à aller à l'encontre de la spiritualité, qui seule peut être dite véritablement profonde, puisque seule elle touche au principe et au centre même de l'être ?

Remarquons aussi que, par l'appel au « subconscient », la psychologie tend de plus en plus à rejoindre la « métapsychique », en laquelle, par une coïncidence au moins bizarre, certains « traditionalistes » mettent aujourd'hui des espoirs aussi injustifiés que ceux que leur inspire la nouvelle orientation de la science ordinaire ; et, dans la même mesure, elle se rapproche inévitablement du spiritisme et des autres choses plus ou moins similaires, qui toutes s'appuient, en définitive, sur les mêmes éléments obscurs du psychisme inférieur. Si ces choses, dont l'origine et le caractère sont plus que suspects, font ainsi figure de mouvements « précurseurs » de la psychologie récente, et si celle-ci en arrive, fût-ce par un chemin détourné, à introduire les éléments en question dans le domaine courant de ce qui est admis comme science « officielle », il est bien difficile de penser que le vrai rôle de cette psychologie, dans l'état présent du monde, puisse être autre que celui que nous indiquions précédemment.

Le domaine de la psychologie ne s'étant point étendu vers le haut, le « superconscient », comme nous le disions tout à l'heure, lui demeure tout aussi complètement étranger et fermé que jamais ; et, lorsqu'il lui arrive de rencontrer quelque chose qui s'y rapporte, au lieu de reconnaître son ignorance à cet égard, elle prétend l'annexer purement et simplement en l'assimilant au « subconscient ». Nous retrouvons ici cette confusion du psychique et du spirituel sur laquelle nous avons déjà attiré l'attention, aggravé encore du fait, que c'est avec ce qu'il y a de plus bas dans le domaine psychique, qu'elle se produit ; c'est en cela que réside la « subversion » à laquelle nous faisions allusion au début, et c'est ce qui a lieu notamment, ainsi que nous l'expliquerons encore plus complètement par la suite, dans le cas de l'interprétation psychologique des doctrines orientales.

Nous avons fait remarquer, en de précédentes occasions, que les déformations les plus grossières, parmi celles qui ont cours en Occident, par exemple celle qui veut voir dans les méthodes du Yoga une sorte de « culture physique » ou thérapeutique d'ordre simplement physiologique, sont, par leur grossièreté même, moins dangereuses que celles qui se présentent sous des aspect plus subtils. La raison n'en est pas seulement que ces dernières risquent de séduire des esprits sur lesquels les autres ne sauraient avoir aucune prise ; cette raison existe assurément, mais il y en a une autre, d'une portée beaucoup plus générale, qui est celle même pour laquelle les conceptions matérialistes, comme nous l'avons expliqué, sont moins dangereuses que celles qui font appel au psychisme inférieur. Or il n'est pas contestable que, dans les déformations où intervient le plus bas psychisme, il faut ranger celles qui prétendent établir une comparaison et même une assimilation plus ou moins complète entre les mêmes méthodes du *Yoga* et les plus récentes techniques de la psychologie occidentale, nous voulons dire celles qui relèvent des diverses variétés de la « psychanalyse »

Bien entendu, le but purement spirituel, qui seul constitue essentiellement le *Yoga* comme tel, et sans lequel l'emploi même de ce mot n'est plus qu'une véritable dérision, n'est pas moins totalement méconnu dans ce dernier cas que dans celui où il ne s'agit que de « culture physique » : le *Yoga* n'est pas plus une thérapeutique psychique qu'il n'est une thérapeutique corporelle ; ses procédés ne sont en aucune façon ni à aucun degré un traitement pour des déséquilibrés quelconques ; bien loin de là, ils s'adressent au contraire exclusivement à des êtres qui, pour pouvoir réaliser le développement spirituel qui en est l'unique raison d'être, doivent être déjà, du fait de leurs seules dispositions naturelles, aussi parfaitement équilibrés que possible ; il y a là des conditions qui, comme on le comprendra sans peine, rentrent strictement dans la question des qualifications initiatiques. Il est à peine besoin d'ajouter qu'il ne s'agit pas davantage d'exercices « pédagogiques » : l'éducation profane n'a certes rien à voir avec l'initiation, ni avec la spiritualité qu'elle tendrait bien plutôt à étouffer ; et nous remarquerons seulement encore, à ce propos, l'étonnant contresens qui consiste à prendre pour une « science de la vie » ce qui n'est précisément destiné qu'à permettre à l'être de dépasser la vie, aussi bien que toutes les autres limitations de l'existence conditionnée. Ces considérations suffisent amplement à montrer tout ce qu'il y a d'erroné dans la prétention du « psychologisme » à s'annexer certaines doctrines orientales et leurs méthodes propres de « réalisation » ; mais ce n'est encore que ce que nous pourrions appeler son côté enfantin, d'une naïveté qui va parfois jusqu'à la niaiserie, mais incomparablement moins grave que le côté véritablement « satanique » sur lequel nous allons avoir à revenir maintenant d'une façon plus précise.

Ce caractère « satanique » apparaît avec une netteté toute particulière dans les interprétations psychanalytiques du symbolisme, ou de ce qui est donné comme tel à tort ou à raison ; nous faisons cette restriction parce que, sur ce point comme sur tant d'autres, il y aurait, si l'on voulait entrer dans le détail, bien des distinctions à faire et bien des confusions à dissiper : ainsi, pour prendre seulement un exemple typique, un songe dans lequel s'exprime quelque inspiration « supra-humaine » est véritablement symbolique, tandis qu'un rêve ordinaire ne l'est nullement, quelles que puissent être les apparences extérieures. Il va de soi que les psychologues des écoles antérieures avaient déjà tenté bien souvent, eux aussi, d'expliquer le symbolisme à leur façon et de le ramener à la mesure de leurs propres conceptions ; en pareil cas, si c'est vraiment de symbolisme qu'il s'agit, ces explications par des éléments purement humains méconnaissent ce qui en constitue tout l'essentiel ; si au contraire il ne s'agit réellement que de choses humaines, ce n'est plus qu'un faux symbolisme, mais le fait même de le désigner de ce nom implique encore la même erreur sur la nature du véritable symbolisme. Ceci s'applique également aux considérations auxquelles se livrent les psychanalystes, mais avec différence qu'alors ce n'est plus d'humain qu'il faut parler seulement, mais aussi, pour une très large part, d'« infra-humain » ; on a donc affaire cette fois, non plus à un simple rabaissement, mais à une subversion totale ; et toute subversion, même si elle n'est due, immédiatement du moins, qu'à l'incompréhension et à l'ignorance, est toujours, en elle-même, proprement « satanique ». D'ailleurs, le caractère généralement ignoble et répugnant des interprétations psychanalytiques constitue, à cet égard, une « marque » qui ne saurait tromper ; et ce qui est encore particulièrement significatif au point de vue où nous nous plaçons, c'est que, comme nous l'avons montré dans un de nos ouvrages, cette même « marque » se retrouve précisément aussi dans certaines manifestations spirites ; il faudrait assurément beaucoup de bonne volonté pour ne voir là rien de plus qu'une simple « coïncidence ». Les psychanalystes peuvent naturellement, dans la plupart des cas, être tout aussi inconscients que les spirites de ce qu'il y a réellement sous tout cela ; mais les uns et les autres apparaissent comme également « menés » par une volonté subversive utilisant dans les deux cas des éléments du même ordre, sinon exactement identiques, volonté qui, quels que soient les êtres dans lesquels elle est incarnée, est certainement bien consciente chez ceux-ci tout au moins, et répond à des intentions sans doute fort différentes de tout ce que peuvent imaginer ceux qui ne sont que les instruments inconscients par lesquels s'exerce leur action.

Dans ces conditions, il est trop évident que l'usage principal de la psychanalyse, qui est son application thérapeutique, ne peut être qu'extrêmement dangereuse pour ceux qui s'y soumettent, et même pour ceux qui l'exercent, car ces choses sont de celles qu'on ne manie jamais impunément ; il ne serait pas exagéré d'y voir un des moyens mis en œuvre pour accroître le plus possible le déséquilibre du monde moderne, et dont un autre exemple nous est fourni par l'usage similaire de la « radiesthésie », car, là encore, ce sont des éléments psychiques de même qualité qui entrent en jeu. Ceux qui pratiquent ces méthodes sont, nous n'en doutons pas, bien persuadés au contraire de la bienfaisance de leurs résultats ; mais c'est justement grâce à cette illusion que leur diffusion est rendue possible, et c'est là qu'on peut voir toute la différence qui existe entre les intentions de ces « pratiquants » et la volonté qui préside à l'œuvre dont ils ne sont que des collaborateurs aveugles. En réalité, la psychanalyse ne peut avoir pour effet que d'amener à la surface, en le rendant clairement conscient, tout le contenu de ces « bas-fonds » de l'être qui forment ce qu'on appelle le « subconscient » ; cet être, d'ailleurs, est déjà psychiquement faible par hypothèse, puisque, s'il en était autrement, il n'éprouverait aucunement le besoin de recourir à un traitement de cette sorte ; il est donc d'autant moins capable de résister à cette « submersion », et il risque fort de sombrer irrémédiablement dans ce chaos de forces ténébreuses imprudemment déchaînées ; si cependant il parvient malgré tout à y échapper, il en gardera du moins, pendant toute sa vie, une empreinte qui sera en lui comme une « souillure » ineffaçable.

Nous savons bien ce que certains pourront objecter ici en invoquant une similitude avec la « descente aux Enfers », telle qu'elle se rencontre dans les phases préliminaires du processus initiatique ; mais une telle assimilation est complètement fausse, car le but n'a rien de commun, non plus d'ailleurs que les conditions du « sujet » dans les deux cas ; on pourrait seulement parler d'une sorte de parodie profane, et cela même donne à ce dont il s'agit un caractère de « contrefaçon » assez inquiétant. La vérité est que cette prétendue « descente aux Enfers », qui n'est suivie d'aucune « remontée », est tout simplement une « chute dans le bourbier », suivant le symbolisme usité dans certains mystères antiques ; on sait que ce « bourbier » avait notamment sa figuration sur la route qui menait à Éleusis, et que ceux qui y tombaient étaient des profanes qui prétendaient à l'initiation sans être qualifiés pour la recevoir, et qui n'étaient donc victimes que de leur propre imprudence. Nous ajouterons seulement qu'il existe effectivement de tels « bourbiers » dans l'ordre macrocosmique aussi bien que dans l'ordre microcosmique ; ceci se rattache directement à la question des « ténèbres extérieures », à laquelle nous avons fait allusion récemment ; et l'on pourrait rappeler, à cet égard, certains textes évangéliques dont le sens concorde exactement avec ce que nous venons d'indiquer. Dans la « descente aux Enfers », l'être épuise définitivement certaines possibilités inférieures pour pouvoir s'élever ensuite aux états supérieurs ; dans la « chute dans le bourbier », les possibilités inférieures s'emparent au contraire de lui, le dominent et finissent par le submerger entièrement.

Nous venons de parler de « contrefaçon » ; cette impression est renforcée par d'autres constatations, comme celle de la dénaturation du symbolisme que nous avons signalée plus haut, dénaturation qui tend d'ailleurs à s'étendre à tout ce qui comporte essentiellement des éléments « supra-humains », ainsi que le montre l'attitude prise à l'égard des doctrines d'ordre métaphysique et initiatique telles que le Yoga, attitude qui nous a précisément amené à développer les présentes considérations. Ce n'est pas tout, et il y a même, autre chose qui, sous ce rapport, est peut-être encore plus digne de remarque : c'est la nécessité imposée, à quiconque veut pratiquer professionnellement la psychanalyse d'être préalablement « psychanalysé » lui-même. Cela implique avant tout la reconnaissance du fait que l'être qui a subi cette opération n'est plus jamais tel qu'il était auparavant, ou que, comme nous le disions tout à l'heure, elle lui laisse une empreinte ineffaçable, comme l'initiation, mais en quelque sorte en sens inverse, puisque, au lieu d'un développement spirituel, c'est d'un développement du psychisme inférieur qu'il s'agit ici. D'autre part, il y a là une imitation manifeste de la transmission initiatique ; mais, étant donnée la différence de nature des influences qui interviennent, et comme il y a cependant un résultat effectif qui ne permet pas de considérer la chose comme se réduisant à un simple simulacre sans aucune portée, cette transmission serait bien plutôt comparable, en réalité, à celle qui se pratique dans un domaine comme celui de la magie, pour ne pas dire plus précisément de la sorcellerie. Il y a d'ailleurs un point fort obscur, en ce qui concerne l'origine même de cette transmission : l'invention de la psychanalyse est chose toute récente ; d'où les premiers psychanalystes tiennent-ils les « pouvoirs » qu'ils communiquent à leurs disciples, et par qui eux-mêmes ont-ils bien pu être « psychanalysés » tout d'abord ? Cette question, qu'il n'est cependant que logique de poser, est probablement fort indiscrète, et il est plus que douteux qu'il y soit jamais donné une réponse satisfaisante ; mais il n'en est pas besoin pour reconnaître, dans une telle transmission psychique, une autre « marque », véritablement sinistre par les rapprochements auxquels elle donne lieu : la psychanalyse présente, par ce côté, une ressemblance plutôt terrifiante avec certains « sacrements du diable » !

Quelques précisions à propos de la *H. B. of L.*[82]

L'*Occult Review*, dans son numéro de mai 1925, rendant compte de l'article que nous avons consacré ici aux relations de F.-Ch. Barlet avec diverses sociétés initiatiques et plus particulièrement avec la *H. B. of L.* (*Hermetic Brotherhood of* Luxor), a ajouté au sujet de celle-ci quelques informations qui, malheureusement, sont en grande partie inexactes, et que nous pensons devoir rectifier en précisant ce que nous avions dit précédemment.

Tout d'abord lorsque Barlet fut affilié à la *H. B. of L.*, le siège de celle-ci n'était pas encore transporté en Amérique ; cette affiliation dut même être un peu antérieure à la publication de *l'Occult Magazine*, qui parut à Glasgow pendant les deux années 1885 et 1886, et dont nous avons sous les yeux la collection complète. Cette revue était bien l'organe officiel de la *H. B. of L.*, dont elle portait en épigraphe la devise *Omnia vincit Veritas* : nous n'avons commis aucune méprise sur ce point, contrairement à ce que semble croire notre confrère anglais. À cette époque, Peter Davidson résidait à Banchory, Kincardineshire, dans le Nouveau-Brunswick, et ce doit être seulement vers la fin de l'année 1886 qu'il alla se fixer à Loudsville, en Géorgie, où il devait passer le reste de sa vie. C'est bien plus tard qu'il édita une nouvelle revue intitulée *The Morning Star*, qui fut l'organe de l'*Ordre de la Croix et du Serpent*, fondé par lui après la rentrée en sommeil de la *H. B. of L.*

D'autre part, c'est dans *l'Occult* Magazine d'octobre 1885 que fut insérée une note exposant pour la première fois le projet d'organisation d'une colonie agricole de la *H. B. of L.* en Californie ; cette note était signée des initiales de T. H. Burgoyne, secrétaire de l'Ordre (et non pas Grand-Maître provincial

---

[82] Fac-similé de l'article de René Guénon paru dans le « Voile d'Isis » numéro 70 ; octobre 1925.

du Nord, titre qui appartenait à Davidson) fut souvent question de ce projet dans les numéros suivants mais l'idée d'établir la colonie en Californie fut assez vite abandonnée, et on se tourna vers la Géorgie ; on annonça même que Burgoyne serait à Loudsville à partir du 15 avril 1886, mais il n'y fut pas, à cause de l'intervention de Mme Blavatsky, à laquelle nous avons fait allusion. Burgoyne avait subi autrefois une condamnation pour escroquerie ; Mme Blavatsky, qui connaissait ce fait, parvint à se procurer des documents qui en contenaient la preuve et qu'elle envoya en Amérique, afin de faire interdire à Burgoyne le séjour aux États-Unis ; elle se vengeait ainsi de l'exclusion de la *H. B. of L.* prononcée contre elle et le colonel Olcott huit ans plus tôt, en 1878. Quant à Davidson, dont l'honnêteté ne donna jamais prise au moindre soupçon, il n'avait pas à « s'enfuir en Amérique », suivant l'expression de l'*Occult Review*, mais il n'y avait non plus aucun moyen de l'empêcher de s'établir en Géorgie avec sa famille, pour y constituer le premier noyau de la future colonie, laquelle ne parvint d'ailleurs jamais à prendre le développement espéré.

Le rédacteur de L'*Occult Review* dit que derrière Davidson était Burgoyne, ce qui n'est pas exact, car leurs fonctions respectives n'impliquaient aucune subordination du premier au second ; et, chose plus étonnante, il prétend ensuite que derrière Burgoyne lui-même était un « ex-Brâhmane » nommé Hurrychund Christaman : il y a là une singulière méprise, et qui demande quelques explications. Mme Blavatsky et le colonel Olcott avaient été affiliés à la branche américaine de la *H. B. of L.* vers le mois d'avril 1875, par l'entremise de George H. Felt, qui se disait professeur de mathématiques et égyptologue, et avec qui ils avaient été mis en rapport par un journaliste nommé Stevens. Une des conséquences de cette affiliation fut que, dans les séances spirites que donnait alors Mme Blavatsky, les manifestations du fameux *John King* furent bientôt remplacées par celles d'un soi-disant *Sérapis* ; cela se passait exactement le 7 septembre 1875, et c'est le 17 novembre de la même année que fut fondée la *Société Théosophique*. Environ deux ans plus tard, *Sérapis* fut à son tour remplacé par un certain *Kashmiri brother* ; c'est que, à ce moment, Olcott et Mme Blavatsky avaient fait la connaissance de Hurrychund Chintamon (et non Christaman), qui n'était point le chef plus ou moins caché de la *H. B. of L.*, mais bien le représentant en Amérique de l'*Arya Samâj*, association fondée dans l'Inde, en 1870, par le Swâmî Dayânanda Saraswatî. En septembre ou octobre 1877, il fut conclu, suivant l'expression même de Mme Blavatsky, « une alliance offensive et défensive » entre l'*Arya Samâj* et la *Société Théosophique* ; cette alliance devait d'ailleurs être rompue en 1882 par Dayânanda Saraswatî lui-même, qui s'exprima alors fort sévèrement sur le compte de Mme Blavatsky. Celle-ci, pour des motifs que nous n'avons pu éclairer, manifestait plus tard une véritable terreur à l'égard de Hurrychund Chintamon ; mais ce qui est à retenir, c'est que ses relations avec ce dernier coïncident précisément avec le moment où elle commença à se détacher de la H. B. of L. ; cette remarque suffit à réfuter l'assertion de l'*Occult* Review.

Maintenant, il reste à chercher une explication de cette erreur : n'y aurait-il pas eu tout simplement confusion, à cause de la similitude partielle des deux noms, entre Chintamon et Metamon ? Ce dernier nom est celui du premier maître de Mme Blavatsky, le magicien Paulos Metamon, d'origine copte ou chaldéenne (on n'a jamais pu être fixé exactement là-dessus), qu'elle avait rencontré en Asie Mineure dès 1848, puis retrouvé au Caire en 1870 ; mais, dira-t-on, quel rapport y a-t-il entre ce personnage et la H. B. of L. ? Pour répondre à cette question, il nous faut faire connaître à notre confrère de l'*Occult Review*, qui semble l'ignorer, l'identité du véritable chef, ou, pour parler plus exactement, du Grand-Maître du « cercle extérieur » de la H. B of L. : ce Grand-Maître était le Dr Max Théon, qui devait par la suite créer et diriger le mouvement dit « cosmique » ; et c'est d'ailleurs ce qui explique la part que Barlet, ancien représentant de la H. B. of L., en France, prit à ce mouvement dès son début (c'est-à-dire, si nous ne nous trompons, à partir de 1899 ou 1900. Sur l'origine du Dr Max Théon, demeurée toujours fort mystérieuse, nous n'avons eu qu'un seul témoignage, mais qui mérite d'être pris en sérieuse considération : Barlet lui-même, qui devait savoir à quoi s'en tenir, nous a assuré qu'il était le propre fils de Paulos Metamon ; si la chose est vraie, tout s'explique par là même.

Nous n'avions pas voulu, dans notre précédent article, mettre en cause des personnes vivant encore actuellement, et c'est pourquoi nous nous étions abstenu de nommer M. Théon, à qui nous avions fait seulement une allusion en note ; mais, à la suite de l'intervention de l'*Occult Review*, une mise au point était nécessaire dans l'intérêt de la vérité historique. Il est même à souhaiter que ces éclaircissements en provoquent d'autres, car nous ne prétendons pas dissiper toutes les obscurités d'un seul coup ; il doit bien y avoir encore quelques témoins des faits dont il s'agit, et, puisque certaines questions se trouvent posées, ne pourraient-ils faire connaître ce qu'ils en savent ? Le temps déjà long qui s'est écoulé depuis lors et la cessation de l'activité de la H. B. *of* L. leur donnent assurément toute liberté à cet égard.

À PROPOS DE QUELQUES SYMBOLES HERMÉTICO-RELIGIEUX[83]

Nous avons pensé qu'il ne serait pas sans intérêt de donner quelques explications complémentaires sur certains symboles dont il a déjà été question précédemment dans cette Revue Ces explications, il est vrai, ne se rapportent pas directement au Sacré-Cœur ; mais, puisqu'il est des lecteurs qui ont demandé des études sur le symbolisme en général (voir juillet 1925, p. 169), nous voulons croire qu'elles ne seront pas tout à fait hors de propos ici.

L'un des symboles auxquels nous faisons allusion est le *Janus bifrons* qui a été reproduit par M. Charbonneau-Lassay à la suite de son article sur les cadrans solaires (mai 1925, p. 484). L'interprétation la plus habituelle est celle qui considère les deux visages de Janus comme représentant respectivement le passé et l'avenir ; cette interprétation est d'ailleurs parfaitement exacte, mais elle ne correspond qu'a un des aspects du symbolisme fort complexe de Janus. À ce point de vue, d'ailleurs, il y a déjà une remarque très importante à faire : entre le passé qui n'est plus et l'avenir qui n'est pas encore, le véritable visage de Janus, celui qui regarde le présent, n'est, dit-on, ni l'un ni l'autre de ceux que l'on peut voir. Ce troisième visage, en effet, est invisible parce que le présent, dans la manifestation temporelle, n'est qu'un instant insaisissable[84] ; mais, lorsqu'on s'élève au-dessus des conditions de cette manifestation transitoire et contingente, le présent contient au contraire toute réalité. Le troisième visage de Janus correspond, dans un autre symbolisme à d'œil frontal de *Shiva*, invisible aussi, puisqu'il n'est représenté par aucun organe corporel, et dont nous avons eu l'occasion de parler à propos du Saint

---

[83] *Le Voile d'Isis*, décembre 1925.

[84] C'est aussi pour cette raison que certaines langues, comme l'hébreu et l'arabe, n'ont pas de forme verbale correspondant au présent.

Graal (août-septembre 1925, p. 187), comme figurant le « sens de l'éternité ». Selon la tradition hindoue, un regard de ce troisième oeil réduit tout en cendres, c'est-à-dire qu'il détruit toute manifestation ; mais, lorsque la succession est transmuée en simultanéité, le temporel en intemporel, toutes choses demeurent dans l'« éternel Présent », de sorte que la destruction apparente n'est véritablement qu'une « transformation ». Il est facile de comprendre par ces considérations pourquoi Janus peut légitimement être pris pour une figure de Celui qui est, non seulement le « Maître du triple temps » (désignation qui est également appliquée *Shiva*), mais aussi, et avant tout, le « Seigneur de l'Éternité » D'ailleurs, le « Maître des temps » ne peut être lui-même soumis au temps, de même que, suivant l'enseignement d'Aristote, le premier moteur de toutes choses, ou le principe du mouvement universel, est nécessairement immobile. C'est le Verbe Éternel que l'Écriture Sainte désigne comme l'« Ancien des Jours », le Père des âges ou des cycles d'existence (c'est là le sens propre du latin *sæculum*) ; et la tradition hindoue lui donne aussi le titre équivalent de *Purâna-Purusha*.

Dans les deux visages du Janus dont il parlait dans son article, M. Charbonneau avait vu « celui d'un homme âgé, tourné vers les temps écoulés, et l'autre, plus jeune, fixé sur l'avenir » ; et cela, d'après ce que nous venons de dire, était effectivement fort plausible. Cependant, il nous a semblé que dans le cas actuel, il s'agissait plutôt d'un Janus androgyne, dont on trouve aussi de fréquents exemples ; nous avons fait part de cette remarque a M. Charbonneau, qui, après avoir examiné de nouveau la figure en question, a pensé comme nous que le visage tourné à droite devait bien être un visage féminin. Sous cet aspect, Janus est comparable au *Rebis* des hermétistes du moyen âge (de *res bina*, chose double, conjonction de deux natures en un être unique), qui est représenté aussi sous la forme d'un personnage à deux têtes, l'une d'homme et l'autre de femme ; la seule différence est que ce *Rebis* est *Sol-Luna*, comme l'indiquent les emblèmes accessoires qui l'accompagnent d'ordinaire, tandis que *Janus-Jana* est plutôt *Lunus-Luna*. À ce titre, sa tête est souvent surmontée du croissant, au lieu de la couronne qu'il porte dans la figuration reproduite dans *Regnabit* (il y aurait d'ailleurs beaucoup à dire sur les relations de cette couronne et de ce croissant) ; et il y a lieu de noter encore que le nom de *Diana*, la déesse lunaire, n'est qu'une autre forme de

Jana, l'aspect féminin de Janus. Nous ne faisons que signaler ce côté du symbolisme de l'antique dieu latin, sans nous y étendre davantage, car il en est d'autres encore sur lesquels nous croyons plus utile d'insister ici quelque peu.

Janus est le *Janitor* qui ouvre et ferme le cycle annuel, et les deux clefs qu'il porte le plus fréquemment sont celles des deux portes solsticiales. D'autre part, il était aussi le dieu de l'initiation aux mystères (*initiatio* dérive de *in-ire*, et, suivant Cicéron, le nom même de Janus a la même racine que le verbe *ire*) ; sous ce nouveau rapport, les deux mêmes clefs, l'une d'or et l'autre d'argent, étaient celles des « grands mystères » et des « petits mystères » ; n'est-il pas naturel qu'on y ait vu une préfiguration des clefs qui ouvrent et ferment le royaume des Cieux ? Du reste, en vertu d'un certain symbolisme astronomique qui semble avoir été commun à tous les peuples anciens, il y a des liens fort étroits entre les deux sens que nous venons d'indiquer ; ce symbolisme auquel nous faisons allusion est celui du cycle zodiacal, et ce n'est pas sans raison que celui-ci, avec ses deux moitiés ascendante et descendante qui ont leurs points de départ respectifs aux deux solstices d'hiver et d'été, se trouve figuré au portail de tant d'églises du moyen âge. On voit apparaître ici une autre signification des deux visages de Janus : il est le « Maître des deux voies » auxquelles donnant accès les deux portes solsticiales, ces deux voies de droite et de gauche que les Pythagoriciens représentaient par la lettre Y[85], et que la tradition hindoue, de son côté, désigne comme la « voie des dieux » et la « voie des ancêtres » (*dêva-yâna* et *pitri-yâna* ; le mot sanscrit *yâna* a la même racine encore que le latin *ire*, et sa forme le rapproche singulièrement du nom de *Janus*). Ces deux voies sont aussi, en un sens, celle des Cieux et celle des Enfers ; et l'on remarquera que les deux côtés auxquels elles correspondent, la droite et la gauche, sont ceux où se répartissent les élus et les damnés dans les représentations du Jugement dernier, qui, elles aussi, par une coïncidence bien significative, se rencontrent si fréquemment au portail des églises.

---

[85] C'est ce que figurait aussi, sous une forme exotérique, le mythe d'Hercule entre la Vertu et le Vice. Nous avons retrouvé l'antique symbole pythagoricien, non sans quelque surprise, dans la marque de l'imprimeur Nicolas du Chemin, dessinée par Jean Cousin.

D'un autre côté, à la droite et à la gauche correspondent respectivement, suivant la Kabbale hébraïque, deux attributs divins : la Miséricorde (*Hesed*) et la Justice (*Din*) ; ces deux attributs conviennent manifestement au Christ, et plus spécialement lorsqu'on l'envisage dans son rôle de Juge des vivants et des morts. Les Arabes, faisant une distinction analogue, disent « Beauté » (*Djemâl*) et « Majesté » (*Djelâl*) ; et l'on pourrait, comprendre, avec ces dernières désignations, que ces deux aspects aient été représentés par un visage féminin et un visage masculin. Si nous nous reportons à la figuration qui est l'occasion de cette note, nous voyons que, du côté du visage masculin, Janus porte précisément un sceptre, insigne de majesté, tandis que, du côté du visage féminin, il tient une clef ; cette clef, et ce sceptre se substituent donc ici à l'ensemble de deux clefs qui est un emblème plus habituel du même Janus, et ils rendent peut-être plus clair encore un des sens de cet emblème, qui est celui d'un double pouvoir procédant d'un principe unique : pouvoir sacerdotal et pouvoir royal. C'est là, en effet, une autre encore des significations multiples, et d'ailleurs concordantes qui se trouvent impliquées dans le symbolisme de Janus, et celle-là aussi le rend bien propre à être regardé comme une figure du Christ ; ce n'est pas aux lecteurs de *Regnabit* qu'il est nécessaire d'expliquer qu'au Christ appartiennent éminemment et par excellence le Sacerdoce et la Royauté suprêmes.

La Kabbale hébraïque synthétise le symbolisme dont nous venons de parler dans la figure de l'arbre séphirothique, qui représente l'ensemble des attributs divins, et où la « colonne de droite » et la « colonne de gauche » ont le sens que nous indiquions tout à l'heure ; cet arbre est aussi désigné comme l'« Arbre de Vie » (*Ets ha-Hayim*). Il est bien remarquable qu'une figuration strictement équivalente se retrouve dans le symbole médiéval de l'« Arbre des Vifs et des Morts », décrit par M. Charbonneau-Lassay dans son récent article sur les Arbres emblématiques (août-septembre 1925, p. 178), et qui évoque en outre l'idée de « postérité spirituelle », fort importante dans diverses doctrine traditionnelles.

Selon l'Écriture, l'« Arbre de Vie » était placé au milieu de L'Eden (*Genèse*, II, 9), et, comme nous l'avons expliqué dans notre étude sur la légende du Saint Graal, l'Éden était lui-même le Centre spirituel du Monde. Cet arbre représentait donc l'axe invariable autour duquel s'accomplit la révolution de toutes choses (révolution à laquelle se rapporte également le cycle zodiacal) ; et c'est pourquoi l'« Arbre de Vie », dans d'autre traditions, est encore désigné comme l'« Arbre du Monde ». Nous énumérerons seulement quelques-uns des arbres qui, chez les différents peuples, ont été pris pour symboliser cet « Arbre du Monde » : le figuier dans l'Inde, le chêne chez les Celtes et à Dodone, le frêne chez les Scandinaves, le tilleul chez les Germains. Nous pensons qu'il faut voir aussi une figure de l'« Arbre du Monde » ou de l'« Arbre de Vie » dans l'ex-libris hermétique du XVIII° siècle que M. Charbonneau a reproduit dans le même article (p. 179) : ici, il est représenté par l'acacia, symbole hébraïque d'immortalité et d'incorruptibilité, donc de résurrection. C'est précisément, suivant la tradition hébraïque encore, de l'« Arbre de Vie » qu'émane cette « rosée céleste » dont nous avons eu l'occasion de parler déjà à diverses reprises, et par laquelle doit s'opérer la résurrection des morts.

Malgré la présence de l'acacia, l'ex-libris en question n'a aucun caractère spécifiquement maçonnique ; les deux colonnes de droite et de gauche de l'arbre sephirothique, comme elles le seraient en pareil cas, par les deux colonnes du Temple de Salomon. La place de celle-ci est tenue par deux prismes triangulaires à terminaison pyramidale, placés en sens inverse l'un de l'autre, et surmontés respectivement du soleil et de la lune. Ces deux astres ainsi rapprochés, constituant le sigle *Sol* et *Luna* qui accompagne les anciennes crucifixions [86], évoquent en même temps l'idée du *Rebis* hermétique ; et ceci est encore une confirmation du rapport très étroit qui existe entre tous les symboles que nous envisageons ici. Quant aux deux prismes eux-mêmes, ils offrent l'image des deux ternaires opposés formant le « sceau de Salomon », dont nous avons parlé dans notre article sur les marques corporatives (novembre 1925) ; et ces deux mêmes ternaires se retrouvent aussi dans la disposition, évidemment voulue, des branches et des racines de l'arbre lui-même, disposition qui rappelle assez nettement celle de la fleur de lys et des autres figures héraldiques ayant pour schéma général le

---

[86] La croix est placée, dans ces représentations, entre le soleil et la lune, exactement comme l'« Arbre de Vie » l'est ici ; et il est à peine besoin de faire remarquer que la croix est aussi *Lignum Vitæ*.

Chrisme.

Tout cela est assurément fort curieux et propre à susciter bien des réflexions ; nous espérons que nous aurons du moins, en signalant tous ces rapprochements, réussi à faire sentir dans une certaine mesure l'identité foncière de toutes les traditions, preuve manifeste de leur unité originelle, et la parfaite conformité du Christianisme avec la tradition primordiale dont on retrouve ainsi partout les vestiges épars.

Pour terminer, nous tenons à dire quelques mots d'une objection qui nous a été adressée à propos des rapports que nous avons envisagés entre le Saint Graal et le Sacré-Cœur, bien que, à vrai dire, la réponse qui y a été faite en même temps nous paraisse pleinement satisfaisante (voir *Regnabit*, octobre 1925, pp 358-359).

Peu importe, en effet, que Chrestien de Troyes et Robert de Boron n'aient pas vu, dans l'antique légende dont ils n'ont été que les adaptateurs, toute la signification que nous avons indiqué ; cette signification ne s'y trouvait pas moins réellement, et nous prétendons n'avoir rien fait d'autre que de la rendre explicite, sans introduire quoi que ce soit de « moderne » dans notre interprétation. Du reste, il est bien difficile de dire au juste ce que les écrivains du XII° siècle voyaient ou ne voyaient pas dans la légende ; et, étant donné qu'ils ne jouaient en somme qu'un simple rôle de « transmetteurs », nous accordons très volontiers qu'ils ne devaient sans doute pas y voir tout ce qu'y voyaient leurs inspirateurs, nous voulons dire les véritables détenteurs de la doctrine traditionnelle.

D'autre part, en ce qui est des Celtes, nous avons eu soin de rappeler quelle précautions s'imposent lorsqu'on veut en parler, en l'absence de tout document écrit ; mais pourquoi voudrait-on supposer, en dépit des indices contraires que nous avons malgré tout, qu'ils aient été moins favorisés que les autres peuples anciens ? Or nous voyons partout, et non pas seulement en Égypte, l'assimilation symbolique établie entre le cœur et la coupe ou le vase ; partout, le cœur est envisagé comme le centre de l'être, centre à la fois divin et humain dans les applications multiples auxquelles il donne lieu ; partout aussi, la coupe sacrificielle représente le Centre ou le Cœur du Monde, le « séjour d'immortalité »[87] ; que faut-il de plus ? Nous savons bien que la coupe et la lance, ou leurs équivalents,, ont eu encore d'autres significations que celles que nous avons indiquées ; mais sans nous y attarder, nous pouvons dire que toutes ces significations, si étranges que certaines puissent paraître aux yeux des modernes, sont parfaitement concordantes entre elles, et qu'elles expriment en réalité les applications d'un même principe à des ordres divers, suivant une loi de correspondance sur laquelle se fonde l'harmonieuse multiplicité des sens qui sont inclus en tout symbolisme.

Maintenant que non seulement le Centre du Monde s'identifie effectivement au Cœur du Christ, mais que cette identité ait été nettement indiquée dans les doctrines antiques, c'est ce que nous espérons pouvoir montrer dans d'autres études. Évidemment, l'expression de « Cœur du Christ », en ce cas, doit être prise en un sens qui n'est pas précisément celui que nous pourrions appeler le sens « historique » ; mais encore faut-il dire que les faits historiques eux-mêmes, comme tout le reste, traduisent selon leur mode propre les réalités supérieures et se conforment à cette loi de correspondance à laquelle nous venons de faire allusion, loi qui seule permet de s'expliquer certaines « préfigurations ». Il s'agit, si l'on veut, du Christ-principe, c'est-à-dire du Verbe manifesté au point central de l'Univers ; mais qui oserait prétendre que le Verbe Éternel et sa manifestation historique, terrestre et humaine, ne sont pas réellement et substantiellement un seul et même Christ sous deux aspects différents ? Nous touchons encore ici aux rapports du temporel et de l'intemporel ; peut-être ne convient-il pas d'y insister davantage, car ces choses sont justement de celles que le symbolisme

---

[87] Nous aurions pu rappeler aussi l'*athanor* hermétique, le vase où s'accomplit le « Grand Œuvre », et dont le nom, suivant certains, serait dérivé du grec *athanatos*, « immortel » ; le feu invisible qui y est entretenu perpétuellement correspond à la chaleur vitale qui réside dans le cœur. Nous aurions pu également faire des rapprochements avec un autre symbole fort répandu, celui de l'œuf, qui signifie résurrection et immortalité, et sur lequel nous aurons peut-être quelque occasion de revenir. - Signalons d'autre part, au moins à titre de curiosité, que la *coupe* du Tarot (dont l'origine est du reste bien mystérieuse) a été remplacée par le *cœur* dans les cartes à jouer ordinaires, ce qui est encore un indice de l'équivalence des deux symboles.

seul permet d'exprimer dans la mesure où elles sont exprimables. En tout cas, il suffit de savoir lire les symboles pour y trouver tout ce que nous y trouvons nous-même ; mais malheureusement, à notre époque surtout, tout le monde ne sait pas les lire.

La constitution de l'être humain et son évolution posthume selon le Védântâ[88]

On a souvent exposé, sur la constitution de l'être humain individuel diverses conceptions plus ou moins fantaisistes, et en grande partie dénuées de tout fondement sérieux. Pour réduire toutes ces théories à leur juste valeur nous avons pensé qu'il serait bon de résumer, d'une façon aussi complète que possible, ce qui est enseigné sur cette question par la doctrine brâhmanique, et plus particulièrement, par le Védântâ, qui en est la forme la ; plus orthodoxe[89], tout en faisant quelquefois appel aussi aux données fournies par d'autres doctrines hindoues, lorsque celles-ci ne présentent avec la première aucune contradiction[90].

Avant tout, il importe de poser en principe que le Soi (*âtman*), qui est l'être lui-même dans son essence, n'est jamais individualisé, mais développe seulement ses possibilités virtuelles, par le passage de la puissance à l'acte,

---

[88] *LA GNOSE* - Septembre 1911, N° 9 - Deuxième Année ; - Octobre 1911, N° 10 - Deuxième Année ; - Décembre 1911, N° 12 - Deuxième Année.

[89] Voir *Le Démiurge*, Ire année, n° 3, p. 47.

[90] À ce propos, nous ne pouvons mieux faire que de citer ce passage du *Kapila-Bhâshya* de Vijnâna-Bhikshu : « Dans la doctrine de Kanâda et dans le *Sânkhya*, la partie qui est contraire au *Véda* doit être rejetée par ceux qui adhèrent strictement à la doctrine orthodoxe ; dans la doctrine de Jaimini et celle de Vyâsa (les deux *Mîmânsâs*), il n'est rien qui ne s'accorde avec les Écritures » —. La première *Mîmânsâ* (*Pûrva-Mîmânsâ*) appelée aussi *Karma-Mîmânsâ* ou *Mîmânsâ* pratique, a pour but de déterminer le sens des Écritures, surtout en ce qui a rapport aux prescriptions rituéliques. La seconde *Mîmânsâ* (*Uttara-Mîmânsâ*) peut être regardée comme la *Mîmânsâ* théorique, et est encore appelée *Brahma-Mîmânsâ*, comme concernant la Connaissance Divine (*Brahma-Vidyâ*) ; elle constitue à proprement parler le *Védânta*, c'est-à-dire la fin ou le complément du *Véda*, et est basée sur l'enseignement ésotérique contenu principalement dans les *Upanishads*.

dans toutes les modalités qui constituent les divers états manifestés de l'être[91]. Il est le principe par lequel ces états existent ainsi que les états non-manifestés, mais lui-même n'est que par soi, n'ayant aucun principe, qui est extérieur à soi-même, car il est une détermination immédiate de l'Esprit Universel (*Âtmâ*)[92] qui pénètre toutes choses, demeurant toujours "le même" à travers la multiplicité indéfinie des degrés de l'Existence. Le Soi est identique en réalité à cet Esprit Universel, dont il n'est point distinct, si ce n'est lorsqu'on l'envisage particulièrement par rapport à un certain état individuel de l'être, tel que l'état humain actuel, et seulement en tant qu'on le considère sous ce point de vue spécialisé et restreint[93].

L'Esprit Universel étant identifié à *Brahma* Lui-même (en vertu de l'Identité Suprême), il est dit que c'est *Brahma* qui réside dans le centre vital de l'être humain ; ce centre vital est considéré comme correspondant analogiquement au plus petit ventricule du cœur, mais ne doit pas être confondu avec le cœur de l'organisme physique, car il est le centre, non pas seulement de l'individualité corporelle, mais de l'individualité intégrale, dont la modalité corporelle ne constitue qu'une portion[94].

« Dans ce séjour de *Brahma* (*Brahma-pura*) est un petit lotus, une demeure dans laquelle est une petite cavité (*dahara*) occupée par l'Éther (*Âkâsha*) ; on doit rechercher Ce que c'est qui est dans ce lieu, et on Le connaîtra[95]. » Ce n'est pas seulement l'âme vivante (*jîvâtmâ*), c'est-à-dire la manifestation particulière du Soi dans l'individu actuel (considérée séparément de son principe, qui est ce Soi), qui réside au centre de cette individualité ; c'est, comme nous venons de le dire, l'Esprit Universel (*Âtmâ*),

---

[91] Voir nos études précédentes, et en particulier *Le Symbolisme de la Croix*, 2e année, n°s 2 à 6.

[92] Cette détermination est exprimée par la désinence du mot *âtman*, qui est aussi employé comme pronom personnel (soi-même).

[93] Sur cette question de la distinction individuelle et de son degré de réalité, voir *Le Démiurge*, Ire année, n° 4.

[94] Sur le cœur considéré comme le centre de la vie, non seulement par rapport à la circulation du sang, mais aussi, analogiquement, par rapport à l'intelligence universelle, voir *L'Universalité en l'Islam*, 2e année, n° 4, p. 125.

[95] *Chhandogya Upanishad*.

qui est *Brahma* Lui-même, le Suprême Ordonnateur, et qui ainsi considéré dans l'homme, est appelé *Purusha*, parce qu'il repose ou habite dans l'individualité (intégrale ou étendue, et non pas seulement corporelle ou restreinte) comme dans une ville (*puri-shaya*). Dans ce séjour (le centre vital), "le soleil ne brille point, ni la lune, ni les étoiles[96] ; bien moins encore ce feu visible (l'élément igné sensible). Tout brille après son rayonnement[97] (en réfléchissant sa clarté) c'est par sa clarté que ce tout (l'individualité intégrale) est illuminé. Ce *Purusha* est d'une luminosité (spirituelle) claire comme une flamme sans fumée ; il est le maître du passé et du futur (étant omniprésent) ; il est aujourd'hui et il sera demain (et dans tous les cycles d'existence) tel qu'il est (de toute éternité)[98].

Purusha (qui est aussi appelé *Pumas*) est le principe essentiel (actif), dont l'union avec *Prakriti* ou la substance élémentaire indifférenciée (passive) produit le développement intégral de l'état d'être individuel humain ; ceci par rapport à chaque individu, et de même pour tous les autres états formels. Pour l'ensemble du domaine individuel actuel (comprenant tous les êtres qui s'y développent), *Purusha* est assimilé à Prajâpati[99], et le couple *Purusha-Prakriti* est la manifestation (dans ce domaine) de l'Homme Universel ; il en est d'ailleurs de même dans chacun des autres domaines de l'existence formelle[100].

---

[96] Cf. la description de la Jérusalem Céleste dans l'Apocalypse.

[97] C'est-à-dire le rayonnement de *Purusha*.

[98] « Il est maintenant tel qu'Il était (de toute éternité), tous les jours en l'état de Créateur Sublime » : voir *L'Identité Suprême dans l'Ésotérisme musulman*, 2e année, n° 7, p. 200.

[99] Sur *Prajâpati* et sa manifestation comme *Manu* dans chaque cycle, voir *L'Archéomètre*, Ire année, n° 9, p. 181, note I.

[100] *Mûla-Prakriti*, la Nature primordiale (appelée en arabe *El-Fitrah*) ; racine de toutes les manifestations formelles, est identifiée avec *Mâyâ* selon les *Purânas* ; elle est « indistinctible », n'étant point composée de parties, pouvant seulement être induite par ses effets, et, suivant Kapila, productive sans être production. « La Nature, racine de tout, n'est pas production. Sept principes, le grand (*Mahat*) et les autres (*ahankâra* et les cinq *tanmâtras*) sont en même temps productions et productifs. Seize sont productions (improductives). *Purusha* n'est ni production ni productif. » (*Sankhya-Kârikâ*.) — Cf. Scot. Érigène, *de Divisione Naturœ* : « La division de la Nature me paraît devoir être établie

Prakriti est le premier des vingt-cinq principes énumérés dans le *Sânkhya* de Kapila, tandis que *Purusha* en est le dernier ; mais nous avons exposé la nature de *Purusha* avant de parler de *Prakriti*, parce qu'il est inadmissible que le principe plastique ou substantiel (au sens strictement étymologique de ce dernier mot)[101] soit cause par lui-même et en dehors de l'action du principe essentiel, qui est désigné comme *Purusha*[102].

Celui-ci, considéré comme identique au *Soi* (*âtman*), « est (pour ainsi dire) une portion du Suprême Ordonnateur (bien que Celui-ci n'ait pas de parties à proprement parler, étant, dans Son essence, invisible et sans-dualité), comme une étincelle l'est du feu (dont la nature est tout entière en chaque étincelle) ». Il demeure inaffecté par les modifications individuelles (telles que le plaisir ou la douleur), qui proviennent toutes du principe plastique (*Prakriti* ou *Pradhâna*, la substance primordiale contenant en puissance d'être toutes les possibilités formelles). « Ainsi la lumière solaire ou lunaire paraît être ce qui lui donne naissance, mais pourtant elle en est distincte (et de même les modifications ou les qualités manifestées sont distinctes de leur principe). Comme l'image du soleil réfléchie dans l'eau tremble ou vacille, en suivant les ondulations de l'étang, sans cependant affecter les autres images réfléchies dans la même eau, ni l'orbe solaire lui-même, ainsi les modifications d'un individu n'affectent pas un autre individu, ni le Suprême Ordonnateur Lui-même[103] ». C'est l'âme individuelle vivante (*jîvâtmâ*) qui est ici comparée à l'image du soleil dans l'eau, comme étant la réflexion (dans le domaine individuel et par rapport à chaque individu) de la Lumière de

---

selon quatre différentes espèces, dont la première est ce qui crée et n'est pas créé ; la seconde, ce qui est créé et qui crée lui-même ; la troisième, ce qui est créé et ne crée pas ; et la quatrième enfin, ce qui n'est pas créé et ne crée pas non plus. » (Lib. I) « Mais la première espèce et la quatrième (respectivement analogues de *Prakriti* et de *Purusha*) se confondent dans la Nature Divine, car celle-ci peut être dite créatrice et incréée, puisqu'elle est en soi, mais également ni créatrice ni créée, puisqu'elle est infinie, et il n'y a non plus aucune possibilité qu'elle ne soit pas en soi et par soi. » (Lib. 3.).

[101] Ce sens n'est pas celui dans lequel Spinoza a employé le terme « Substance », car il entend par là l'Être Universel lui-même, « qui subsiste en soi et par soi ».

[102] Cette opinion, que l'on pourrait déduire d'une conception erronée de la doctrine *Sânkhya*, serait d'ailleurs contraire à l'enseignement des *Vêdas*.

[103] *Brahma-Sûtras*, 2e Lecture, 3e chapitre.

l'Esprit Universel (*Âtmâ*, auquel est identifié Purusha) ; l'eau (qui réfléchit la lumière solaire) est le symbole du principe plastique (*Prakriti*)[104].

Nous devons maintenant passer à l'énumération des degrés successifs de la manifestation individuelle d'*âtman*, dont le premier est l'intellect supérieur (*Buddhi*), qui est aussi appelé *Mahat* ou le grand principe[105], et qui n'est encore individualisé qu'en mode principiel (non effectivement), ce qui revient à dire qu'il est le principe immédiat de l'individualité. Si l'on regarde le Soi comme le Soleil spirituel qui brille au centre de l'être total, *Buddhi* sera le rayon directement émané de ce Soleil et illuminant dans son intégralité l'état d'être que nous envisageons, tout en le reliant aux autres états et au centre lui-même[106]. Ce principe est d'ailleurs regardé comme ternaire et il est alors identifié à la *Trimurti* : « *Mahat* devient distinctement connu comme trois Dieux, par l'influence des trois qualités (*gunâni*, essences constitutives et primordiales des êtres), *sattwa*, *rajas* et *tamas*[107], étant « une personnalité en trois Dieux ». Dans l'Universel, il est la Divinité ; mais, envisagé distributivement (sous l'aspect de la distinction), il appartient aux êtres individuels (auxquels il communique la possibilité de participation aux attributs divins)[108]. »

Cet intellect (*Buddhi*), passant de l'état de puissance universelle à l'état individualisé (en se manifestant, mais sans cesser d'être tel qu'il était), produit la conscience individuelle (*ahankâra*), qui donne naissance au sentiment du moi. Cette conscience[109] a pour fonction propre de prescrire la conviction

---

[104] Il en est de même dans toutes les traditions ; il est facile de s'en rendre compte en ce qui concerne la tradition hébraïque, en se reportant au début du premier chapitre de la Genèse (voir aussi *L'Archéomètre*).

[105] C'est le second principe de Kapila.

[106] On doit considérer le centre de chaque état d'être comme identifié potentiellement avec le centre de l'être total (*voir Le Symbolisme de la Croix*, 2e année, n° 2, p. 57, et n° 3, p. 99) ; c'est en ce sens que l'on peut dire, comme nous l'avons fait tout d'abord, que *Purusha* réside au centre de l'individualité.

[107] Nous reviendrons ailleurs sur la définition de, ces trois qualités, qui, ici, nous conduirait trop loin du sujet que nous nous sommes proposé de traiter.

[108] *Matsya Purâna*.

[109] C'est le troisième principe de Kapila.

individuelle (*abhimâna*), c'est-à-dire la notion que « je suis » concerné par les objets de la perception (externes) et de la méditation (internes) ; elle procède immédiatement du principe intellectuel, et elle produit tous les autres principes de l'homme individuel, dont nous allons avoir à nous occuper maintenant.

Ces principes comprennent onze facultés, dont dix sont externes : cinq de sensation et cinq d'action ; la onzième, qui participe des unes et des autres, est le sens interne ou la faculté mentale (*manas*), lequel est uni directement à la conscience individuelle. Ces facultés procèdent toutes des cinq essences élémentaires (*tanmâtras*)[110], qui sont aussi les principes des cinq éléments corporels[111].

Quant à leur développement, nous n'avons qu'à reproduire, ce qui est enseigné sur cette question par les *Brahma-Sûtras*[112] : « L'intellect, le sens interne, ainsi que les facultés de sensation et d'action, sont développés (dans la manifestation) et résorbés (dans le non-manifesté) dans un ordre de succession (logique) semblable, qui est toujours celui des éléments principiels (*tanmâtras*) dont ils procèdent (à l'exception de l'intellect, qui, est développé avant tout autre principe individuel,). Quant à *Purusha* (*âtman*), son émanation n'est pas une naissance, ni une production originale ; on ne peut lui assigner aucune limitation (par quelque condition particulière d'existence), car, étant identifié avec le Suprême *Brahma*, il participe de Son essence infinie (impliquant la possession des attributs divins en tant que cette participation est effective). Il est actif, mais potentiellement (non-agissant), car l'activité ne lui est pas essentielle, mais éventuelle et contingente (relative

---

[110] *Tanmâtra* signifie littéralement une « assignation » (*mâtra*, mesure, détermination, caractère) délimitant un certain domaine (*tan*, racine exprimant l'idée d'extension) dans l'Existence universelle ; nous aurons d'ailleurs l'occasion de revenir plus longuement sur ce point dans une prochaine étude.

[111] Après les trois premiers principes, Kapila énumère successivement les *cinq tanmâtras*, les onze facultés, les cinq éléments corporels, et enfin *Purusha* ou *Pumas*, ce qui fait en tout vingt-cinq principes.

[112] Les *Brahma-Sûtras* (ou *Shârîraka-Mîmânsâ*), attribués à Vyâsa, sont une collection d'aphorismes dans lesquels sont formulés les enseignements fondamentaux du Védanta ; leur auteur est appelé Bâdarâyana et Dwaipâyana.

seulement à ses divers états d'être). Comme le charpentier, ayant ses outils à la main, ses lignes et ses supports, et les mettant de côté, jouit de la tranquillité et du repos, de même l'esprit, dans son union avec ses instruments (par lesquels ses facultés potentielles sont développées en acte dans chacun de ses états de manifestation), est actif, et, en les quittant, il jouit du repos et de la tranquillité[113]. »

Les diverses facultés de sensation et d'action (désignées par le terme *prâna* dans une acception secondaire) sont au nombre de onze : cinq de sensation, cinq d'action, et le sens interne (*manas*). Là où un nombre plus grand (treize) est spécifié, le terme est employé dans son sens le plus compréhensif, en distinguant (dans le *manas*) l'intellect, la conscience individuelle et le « sensorium ». Là où un nombre moindre est mentionné, il est employé dans une acception plus restreinte : ainsi, il est parlé de sept organes sensitifs, relativement aux deux yeux, aux deux oreilles, aux deux narines et à la bouche ou à la langue (de sorte que, dans ce cas, il s'agit seulement des sept ouvertures ou orifices de la tête). Les onze facultés ci-dessus mentionnées (bien que désignées dans leur ensemble par le terme *prâna*) ne sont pas (comme les cinq *vâyus*)[114] de simples modifications de l'acte vital principal (la respiration, avec l'assimilation qui en résulte), mais des principes distincts (au point de vue spécial de l'individualité corporelle)[115].

Le terme *prâna* signifie proprement « souffle vital » ; mais, dans certains textes védiques, ce qui est ainsi désigné est (au sens universel) identifié en principe avec *Brahma* Lui-même, comme lorsqu'il est dit que, dans le sommeil profond, toutes les facultés sont résorbées en lui, car, « pendant qu'un homme dort sans rêver, son esprit est avec *Brahma* »[116].

Quant aux organes de ces facultés, les cinq instruments de sensation sont :

---

[113] *Brahma-Sûtras*, 2e Lecture, 3e chapitre.

[114] Nous expliquerons un peu plus loin ce que sont ces cinq *vâyus*.

[115] *Brahma-Sûtras*, 2e Lecture, 4e chapitre.

[116] Voir plus loin les explications concernant cet état du (sommeil profond) sur lequel, du reste, nous avons déjà dit quelques mots en une autre occasion (*Le Démiurge*, Ire année, n° 3, p 48)

les oreilles (ouïe), la peau (toucher), les yeux (vue), la langue (goût), et le nez (odorat), étant ainsi énumérés dans l'ordre de développement des sens, qui est celui des éléments correspondants[117]. Les cinq instruments d'action sont : les organes d'excrétion, les organes générateurs, les mains, les pieds, et enfin la voix ou l'organe de la parole, qui est énuméré le dixième. Le *manas* doit être regardé comme le onzième, comprenant par sa propre nature la double propriété (comme servant à la fois à la sensation et à l'action), et, par suite participant aux propriétés des uns et des autres[118].

D'après le *Sankhya*, ces facultés (avec les organes correspondants) sont (en distinguant trois principes dans le *manas*) les treize instruments de la Connaissance : trois, internes et dix externes, comparés à trois sentinelles et à dix portes Un sens corporel perçoit, et un organe d'action exécute ; entre les deux, le sens interne (*manas*) examine ; la conscience (*ahankâra*) fait l'application individuelle, et l'intellect (*Buddhi*) transpose dans l'Universel les données des facultés précédentes.

D'autre part, selon le *Vêdânta*, *Purusha* ou *âtman*, se manifestant dans la forme vivante (de l'individu) comme *jîvâtmâ*, est regardé comme se recouvrant d'une série d'enveloppes successives, bien qu'on ne puisse pas dire qu'il y soit contenu en réalité, puisqu'il n'est susceptible d'aucune limitation. La première enveloppe (*vijnâna-maya*) est la Lumière directement réfléchie de la Connaissance (*Jnâna*, la particule *vi* marquant une distinction) ; elle est composée des cinq essences principielles élémentaires (tanmâtras), et consiste dans la jonction de l'intellectuel supérieur (*Buddhi*) aux facultés potentielles de perception dont le développement constituera les cinq sens dans l'individualité corporelle ; ce n'est encore que la forme principielle (*kârana-sharîra*), ce par quoi la forme sera manifestée La seconde enveloppe (*manomaya*), dans laquelle le sens interne (*manas*) est joint avec la précédente explique la conscience mentale, individualisation (en mode réfléchi) de l'intellect supérieur. La troisième enveloppe (*prâna-maya*) comprend les facultés qui procèdent du souffle vital (*prâna*), c'est-à-dire les

---

[117] Nous exposerons cette correspondance lorsque nous traiterons des conditions de l'existence corporelle.

[118] Cf. Lois de Manu, 2e Lecture, slokas 89 à 92.

cinq *vâyus* (modalités de *prâna*), ainsi que les facultés d'action et de sensation (ces dernières existant déjà en puissance dans la première enveloppe, alors que, par contre, il ne pouvait être question d'action d'aucune sorte). L'ensemble de ces trois enveloppes (*koshas*) constitue la forme subtile (*sûkshma-sharîra* ou *linga-sharîra*), par opposition à la forme grossière ou corporelle (*sthûla-sharîra*).

Les cinq fonctions ou actions vitales sont nommées *vâyus*, bien qu'elles ne soient pas à proprement parler l'air ou le vent[119], mais, comme nous venons de le dire, des modalités du souffle vital (*prâna*), considéré principalement dans ses rapports avec la respiration. Ce sont : 1° la respiration, considérée comme ascendante à son début, et attirant les éléments non encore individualisés de l'ambiance cosmique, pour les faire participer à la conscience individuelle, par assimilation ; l'inspiration, considérée ensuite comme descendante, et par laquelle ces éléments pénètrent dans l'individualité ; 3° une phase intermédiaire entre les deux précédentes, consistant, d'une part, dans l'ensemble des actions et réactions réciproques qui se produisent au contact entre l'individu et les éléments ambiants, et, d'autre part, dans les divers mouvements vitaux qui en résultent, et dont la correspondance dans l'organisme corporel est la circulation sanguine ; 4° l'expiration, qui projette le souffle, en le transformant, au-delà des limites de l'individualité restreinte, dans le domaine des possibilités de l'individualité étendue ; 5° la digestion, ou l'assimilation substantielle intime, par laquelle les éléments absorbés deviennent partie intégrante de l'individualité. On voit que tout ceci ne doit pas être compris seulement des fonctions physiologiques analogiquement correspondantes, mais bien de l'assimilation vitale dans son sens le plus étendu.

La forme corporelle (*sthûla sharîra*) est la dernière enveloppe (*kosha*) ; c'est l'enveloppe alimentaire (*anna-maya*), composée des cinq éléments physiques ou corporels. Elle s'assimile les éléments combinés reçus dans la nourriture (*anna*)[120], sécrétant les parties les plus fines (qui demeurent dans

---

[119] C'est là, en effet, le sens propre du mot *vâyu*, qui désigne habituellement l'élément air, ainsi que nous le verrons ailleurs.

[120] Le mot *anna*, nourriture ou aliment, dérive de la racine verbale *ad*, manger (latin *edere*).

la circulation organique) et rejetant les plus grossières (à l'exception de celles qui sont déposées dans les os) : les substances terreuses deviennent la chair ; les substances aqueuses, le sang ; et les substances ignées, la graisse, la moëlle et le système nerveux (matière phosphorée).

Tout être organisé, résidant dans une telle forme corporelle, possède (à un degré plus ou moins complet de développement) les onze facultés dont nous avons parlé précédemment, et, ainsi que nous l'avons vu également, ces facultés sont manifestées dans le corps par le moyen de onze organes correspondants (*avyaya*, désignation qui s'applique d'ailleurs dans l'état subtil aussi bien que dans l'état grossier). On distingue, selon Shankarâchârya, trois classes d'êtres organisés, suivant leur mode de reproduction : I° les vivipares (*jîvaja*), comme l'homme et les mammifères ; 2° les ovipares, (*andaja*), comme les oiseaux et les insectes ; 3° les germinipares (*udbhijja*) qui comprennent les animaux inférieurs et les végétaux, les premiers, mobiles, naissant principalement dans l'eau, tandis que les seconds, qui sont fixés, naissent habituellement de la terre ; cependant, d'après divers passages du *Véda*, la nourriture (*anna*), c'est-à-dire le végétal, procède aussi de l'eau, car la pluie fertilise la terre.

Ici, il faut insister quelque peu sur un point essentiel : tous les principes dont nous avons parlé, qui sont décrits comme distincts, et qui le sont en effet au point de vue individuel, ne sont cependant en réalité qu'autant de modalités (manifestées) de l'Esprit Universel (*Âtmâ*). C'est pourquoi on doit les considérer, dans l'Universel, comme étant *Brahma* Lui-même, qui est sans dualité[121], et hors duquel il n'est rien, ni manifesté ni non-manifesté[122]. « Aucune distinction n'invalide l'unité et l'identité de *Brahma* comme cause et effet ; la mer est la même que ses eaux et n'en est pas différente, bien que les vagues, l'écume, les jaillissements, les gouttes et autres modifications (accidentelles) que subissent ces eaux, diffèrent l'une de l'autre (lorsqu'on les considère en particulier). Un effet n'est pas autre (en essence) que sa cause ;

---

[121] « Allah—qu'Il-soit exalté est exempt de tout semblable ainsi que de tout rival, contraste ou opposant. » (*L'Identité Suprême dans l'Ésotérisme musulman*, 2e année, n° 7, p. 201.)

[122] La parfaite concordance à cet égard, des doctrines islamistes (ésotérique) et védântine, est trop évidente pour qu'il soit nécessaire d'y insister davantage.

Brahma est unique et sans second ; Soi-même, Il n'est pas séparé de Ses modifications (formelles et informelles) ; Il est *Âtmâ*, et *Âtmâ* est Lui. La même terre offre des diamants, des rocs de cristal, de l'orpiment rouge, etc. ; le même sol produit une diversité de plantes ; la même nourriture est convertie en excroissances variées, telles que les cheveux, les ongles, etc. Comme le lait se change en caillé et l'eau en glace (sans changer de nature), ainsi *Brahma* Se modifie diversement (dans la manifestation universelle), sans l'aide d'instruments ou de moyens extérieurs de quelque espèce que ce soit (et sans que Son unité et Son identité en soient affectées)[123]. Ainsi l'araignée forme sa toile de sa propre substance, les êtres subtils prennent des formes diverses, et le lotus croît de marais en marais sans organes de locomotion. Que *Brahma* soit indivisible et sans partie comme Il l'est), n'est pas une objection (à cette conception de la multiplicité universelle dans Son unité) ; ce n'est pas Sa totalité qui est modifiée dans les apparences du Monde (ni quelqu'une, de Ses parties, puisqu'Il n'en a point, mais Lui-même envisagé sous l'aspect spécial de la différenciation). Divers changements (de conditions et de modes d'existence) sont offerts à la même âme (individuelle) rêvant (et percevant les objets internes, qui sont ceux du domaine de la manifestation subtile)[124] ; diverses formes illusoires (correspondant à différentes modalités formelles, autres que la modalité corporelle) sont revêtues par le même être subtil[125]. *Brahma* est tout-puissant (puisqu'Il contient tout en puissance)[126], propre à tout acte (quoique non-agissant), sans organe ou instrument d'action ; tout attribut d'une cause première existe (en principe) en *Brahma*, qui (en Soi-même) est (cependant) dénué de toute qualité (distincte)[127]. »

« Ce qui fut, ce qui est et ce qui sera ; tout est véritablement *Aumkâra*

---

[123] L'unité, considérée en tant qu'elle contient tous les aspects de la Divinité, « est de l'Absolu la surface réverbérante à innombrables facettes qui magnifie toute créature qui s'y mire directement » (voir *Pages dédiées au Soleil*, 2e année n° 2, p. 61).

[124] Voir plus loin l'explication concernant l'état de rêve.

[125] *Mâyâvi-rûpa*, forme illusoire, considérée comme purement accidentelle et n'appartenant pas en propre à l'être qui s'en revêt ; celui-ci doit donc être regardé comme non-affecté par cette modification apparente.

[126] C'est là, en effet, la véritable signification de la toute-puissance divine.

[127] *Brahma-Sûtras*, 2e Lecture, Ier chapitre.

(l'Univers identifié à *Brahma*) ; et toute autre chose, qui n'est pas soumise au triple temps (c'est-à-dire à la condition temporelle envisagée sous ses trois modalités de passé, de présent et de futur), est aussi véritablement *Aumkâra*. Assurément cet *Âtmâ* est Brahma, et cet *Âtmâ* a quatre conditions (*pâdas*)[128] ; en vérité, tout ceci est *Brahma*[129]. »

« Tout ceci » doit s'entendre, comme le montre la suite du texte que nous venons de citer, des différents états de l'être individuel envisagé dans son intégralité aussi bien que des états non individuels de l'être total. Nous allons avoir à considérer ces divers états, de l'individu dans la suite de notre étude ; mais, auparavant, nous devons encore envisager la formation de l'individualité humaine à un point de vue un peu différent de celui que nous avons exposé jusqu'ici.

En effet, certaines écoles hétérodoxes, et notamment les Bouddhistes, ont envisagé la question de la constitution de l'être humain au point de vue exclusif de l'individu, point de vue dont l'imperfection résulte immédiatement de sa relativité ; mais, afin d'en montrer pleinement l'insuffisance conformément à la doctrine védântine, il nous faut d'abord exposer aussi brièvement que possible la conception bouddhiste, et plus particulièrement celle des écoles *Sautrântika*[130] et *Vaibhâshika*[131]. Celles-ci distinguent avant tout les objets externes (*bâhya*) et internes (*abhyantara*) : les premiers sont les éléments (*bhûta*) et ce qui en procède (*bhautika*), à savoir les organes et les qualités sensibles ; les seconds sont la pensée (*chitta*) et tout ce qui en procède (*chaittika*). Les Bouddhistes n'admettent que quatre éléments, ne reconnaissant pas l'Éther (*Âkâsha*) comme un cinquième élément, ni même comme une substance quelconque[132], et ils prétendent que

---

[128] Ceci pourra être mieux compris par la suite de notre exposé.
[129] *Mândukya Upanishad*, shrutis 1 et 2.
[130] *Sautrântika*, école qui base principalement son enseignement sur les *Sûtras* attribués à Shâkya-Muni.
[131] Les *Vaibhâshikas* se distinguent notamment des *Sautrântikas* en ce qu'ils admettent la perception directe des objets extérieurs.
[132] Selon les Bouddhistes, l'Éther (*Âkâsha*) serait non-substantiel, comme appartenant à la catégorie informelle (*nirûpa*), qui ne peut être caractérisée que par des attributions négatives ; c'est là le fondement de la théorie du vide universel (*sarvva-shûnya*), sur

les éléments sont constitués par l'agrégation d'atomes matériels (*anu*) ; nous ferons voir ailleurs l'impossibilité d'admettre ces opinions. D'autre part, selon eux, l'âme individuelle vivante (*jîvâtmâ*) n'est rien qui soit distinct de la pensée consciente (*chitta*), et il n'existe aucune chose (caractérisée par des attributions positives) qui soit irréductible aux catégories énoncées ci-dessus.

Les corps, qui sont les objets des sens, sont composés des éléments ; ils ne sont considérés comme existant en tant qu'objets déterminés qu'autant qu'ils sont perçus par la pensée[133]. Celle-ci, qui réside dans la forme corporelle de l'individu, perçoit les objets externes et conçoit les objets internes, et, simultanément, elle subsiste comme « elle-même » : c'est en cela, mais en cela seulement, qu'elle est « soi-même » (*âtman*), ce qui, comme on le voit dès le premier abord, diffère essentiellement de la conception orthodoxe du Soi.

En ce qui concerne les objets internes, les Bouddhistes établissent cinq branches ou divisions (*skandhas*) : 1° la division des formes (*rûpa-skandha*), qui comprend les organes des sens et leurs objets, considérés uniquement dans leurs rapports avec la conscience individuelle, c'est-à-dire dans leurs qualités perceptibles, abstraction faite de ce qu'ils sont en eux-mêmes ; ces qualités elles-mêmes sont externes en tant qu'elles procèdent des éléments, mais elles sont regardées comme internes en tant qu'elles sont objets de connaissance ; 2° la division de la connaissance distincte (*vijnâna-skandha*), identifiée à la pensée (*chitta*) conçue comme conscience individuelle, et, par suite, à « soi-même » (*âtman*) dans le sens restreint que nous avons indiqué, tandis que les quatre autres divisions comprennent tout ce qui procède de cette même pensée (*chaittika*) et est regardé, pour cette raison, comme « appartenant à soi-même » (*âdhyâtmika*) ; cette dernière désignation, prise dans son sens le plus large, renferme l'ensemble des cinq *skandhas* ; 3° la

---

laquelle nous aurons l'occasion de revenir.

[133] C'est pourquoi les Bouddhistes ont reçu l'épithète de *Sarvva-vainâshikas*, « soutenant la dissolubilité de toutes choses », tandis que les disciples Kanâda, qui prétendent que l'identité cesse pour un être avec chacune de ses modifications, tout en admettant qu'il existe certaines catégories immuables, sont appelés *Arddha-vainâshikas*, « soutenant une demi-dissolubilité », c'est-à-dire une dissolubilité partielle seulement, au lieu de la dissolubilité totale (au point de vue de la substance) qu'enseignent les Bouddhistes.

division des impressions conscientes (*védanâ-skandha*), comprenant le plaisir et la douleur, ou leur absence, et les autres sentiments analogues qui sont produits par la perception ou la conception d'un objet quelconque, soit externe, soit interne ; 4° la division des jugements (*sanjnâ-skandha*) désignant la connaissance qui naît des noms ou mots, ainsi que des symboles ou signes idéographiques ; 5° la division des actions (*sanskâra-skandha*), qui renferme les passions, c'est-à-dire les modifications (par réaction) dont la cause est dans l'activité individuelle.

Quant à la réunion de ces cinq branches (*skandhas*), qui concourent à la formation de l'individualité, les Bouddhistes attribuent comme point de départ à l'existence individuelle l'ignorance (*avidyâ*), qui fait supposer permanent ce qui n'est que transitoire. De là vient l'activité réfléchie ou la passion (*sanskâra*), qui comprend le désir (*kâma*), l'illusion (*mâyâ*) et tout ce qui en résulte, et qui, dans l'être embryonnaire, encore en puissance d'être, fait naître la connaissance distinctive (*vijnâna*), d'abord pure possibilité, mais dont le développement produit la conscience du moi (*ahankâra*). C'est celle-ci qui s'unissant aux éléments (corporels et autres) fournis par les parents, donne à l'être individuel en voie de constitution son nom (*nâma*) et sa forme (*rûpa*), c'est-à-dire l'essence et la substance de son individualité. De là résultent six facultés, qui consistent dans la conscience de la connaissance distinctive principielle, des quatre éléments dans leurs rapports avec l'individualité, et enfin du nom et de la forme, c'est-à-dire de l'individualité elle-même ; à ces six facultés correspondent, dans le corps, six organes qui en sont les sièges respectifs (*shad-âyatana*). L'opération de ces facultés a pour résultat l'expérience (*sparsha*), par laquelle se produit l'impression consciente (*védanâ*) ; celle-ci engendre la soif (*trishnâ*), c'est-à-dire l'aspiration de l'individu à rechercher les impressions agréables et à éviter les impressions désagréables, et c'est cette aspiration qui provoque l'effort (*upadâna*), élément initial de toute l'activité individuelle. C'est là le point de départ de l'existence actuelle (*bhâva*) de l'être, considérée comme commençant à la naissance (*jâtî*) de l'individu, laquelle consiste proprement dans l'agrégation des cinq branches (*skandhas*), et impliquant l'état particulier de l'individu, la condition spéciale qui lui est propre, qui le fait être ce qu'il est, en le distinguant des autres individus, dont chacun possède également sa propre condition spéciale[134]. Les cinq branches comprennent toutes les modalités de l'individu, envisagé dans son extension intégrale ; lorsqu'elles sont arrivées à leur complet développement, leur maturité amène la vieillesse (*jarâ*), qui se termine par leur séparation ; celle-ci est la mort (*marana*), c'est-à-dire la dissolution de l'individualité, à la suite de laquelle l'être passe dans un autre état, pour parcourir, sous des conditions différentes, un autre cycle d'existence.

Selon le Vêdânta, l'agrégat individuel, tel qu'il est défini d'après la conception que nous venons d'exposer, ne peut exister de cette façon, c'est-à-dire en tant qu'il est rapporté à deux sources, l'une externe et l'autre interne, supposées essentiellement différentes, car ceci revient à admettre une dualité fondamentale dans les choses. D'autre part, l'existence même de cet agrégat dépend entièrement des modifications contingentes de l'individu, car il ne peut consister en rien d'autre que l'enchaînement même de ces modifications, à moins que l'on n'admette un être permanent dont cet agrégat lui-même ne constitue qu'un état contingent et accidentel, ce qui est contraire à la théorie bouddhiste suivant laquelle le Soi (*âtman*) n'aurait aucune existence réelle et propre indépendamment de cet agrégat et de sa subsistance. En outre, les modifications de l'individu étant regardées comme momentanées, il ne peut pas y avoir, dans leur succession, la relation de cause à effet, car l'une a cessé d'être avant que l'existence de l'autre ait commencé[135] ; si elles ne sont pas conçues comme simultanées (coexistant en principe) aussi bien que comme successives (se produisant les unes les autres en vertu de l'enchaînement

---

[134] La définition exacte et complète du terme *jâtî* a été donnée dans *L'Archéomètre* (2e année, n° 1, pp. 11 et 12) ; la condition spéciale de chaque être dans son état actuel détermine sa nature individuelle, identifiée à la caste (*varna*) par la doctrine brâhmanique orthodoxe.

[135] Ceci doit être rapproché des arguments (dont nous reparlerons) de certains philosophes grecs contre la possibilité du mouvement, possibilité qui est en effet incompatible avec la théorie de l'« écoulement de toutes choses » (παντα ρεει) ou de la « dissolubilité totale » des Bouddhistes, tant que celle-ci n'est pas conciliée avec la « stabilité de toutes choses » (παντα μενει) dans la « permanente actualité » de l'Univers, qui ne permet d'admettre cet écoulement qu'à titre de point de vue spécial, et seulement en ce qui concerne les relativités appartenant au domaine de la manifestation formelle ; c'est alors le « courant des formes » de la Tradition extrême-orientale.

purement logique des causes et des effets), elles ne sont qu'une « non-entité » (qui ne peut être cause de rien)[136], car ce qui est ne peut pas ne pas être (sous quelque condition que ce soit). « L'entité ne peut pas être un effet de la non-entité : si l'une pouvait procéder de l'autre (par la relation de cause à effet), alors un effet pourrait être produit pour un être étranger (à tout rapport avec cet effet) sans aucune action (causale) de sa part ; ainsi, un laboureur pourrait récolter du blé sans ensemencer ; un potier aurait un vase sans mouler de l'argile ; un tisserand aurait une étoffe sans en ourdir la trame ; aucun être n'appliquerait son activité à l'obtention de la Béatitude Suprême et de l'Éternelle Délivrance[137]. »

Ceci étant établi, nous pouvons aborder maintenant l'étude des différentes conditions de l'être individuel, résidant dans la forme vivante, laquelle, comme nous l'avons expliqué précédemment, comprend, d'une part, la forme subtile (*sûkshma-sharîra* ou *linga-sharîra*), et, de l'autre, la forme grossière ou corporelle (*sthûla-sharîra*). On distingue en général trois de ces états ou conditions : l'état de veille, celui de rêve, et le sommeil profond, auxquels on peut en ajouter un quatrième, celui de la mort, et un cinquième, l'évanouissement extatique, intermédiaire (*sandhya*)[138] entre le sommeil profond et la mort, comme le rêve l'est entre la veille et le sommeil profond ; mais ces deux derniers états ne sont pas essentiellement distincts de celui du sommeil profond, état extra-individuel en réalité, et où l'être rentre également dans la non-manifestation, « l'âme vivante (*jîvâtmâ*) se retirant au sein de l'Esprit Universel (*Âtmâ*) par la voie qui conduit au centre même de l'être, là où est le séjour de *Brahma* »[139].

Pour la description détaillée de ces états, nous n'avons qu'à nous reporter à la suite du texte du *Mândukya Upanishad*, dont nous avons déjà cité le commencement, et dans lequel ces états sont envisagés comme autant de

---

[136] « *Ex nihilo nihi* » : voir *Le Démiurge*, Ire année, n° I, p. 8.

[137] Commentaire de Shankarâchârya sur les *Brahma-Sûtras*.

[138] Ce mot *sandhya* (dérivé de *sandhi*, point de contact ou d'union entre deux choses) désigne aussi le crépuscule, considéré de même comme intermédiaire entre le jour et la nuit.

[139] *Brahma-Sûtras*, 3e Lecture, 2e chapitre.

conditions (*pâdas*) de l'Esprit Universel (*Âtmâ*)[140]. « La première condition est *Vaishwânara*, dont le siège[141] est dans l'état de veille (*jâgarita-sthâna*), qui a la connaissance des objets externes (sensibles), qui a sept membres et dix-neuf bouches, et dont le domaine est le monde de la manifestation grossière[142]. » *Vaishwânara* est l'Homme Universel[143], mais envisagé plus particulièrement dans le développement complet de ses états de manifestation, et sous l'aspect spécial de ce développement ; ici, l'extension de ce terme semble même être restreinte à l'un de ces états, celui de la manifestation corporelle qui constitue le monde physique ; mais cet état particulier peut être pris pour symbole de tout l'ensemble de la manifestation universelle dont il est un élément, et c'est en ce sens qu'il peut être décrit comme le corps de l'Homme Universel, conçu par analogie avec celui de l'homme individuel[144]. C'est ainsi qu'il faut entendre les sept membres dont il a été question, et qui sont les sept parties de ce corps : 1° l'ensemble des sphères lumineuses supérieures (c'est-à-dire des états supérieurs de l'être) est comparé à la partie de la tête qui contient le cerveau ; 2° le Soleil et la Lune (ou plutôt les principes représentés par ces deux astres) sont les deux yeux ; 3° le principe igné est la bouche ; 4° les directions de l'espace sont les oreilles[145] ; 5° l'atmosphère (c'est-à-dire le milieu cosmique dont procède le souffle vital) correspond aux poumons ; 6° la région intermédiaire

---

[140] Le premier shruti de cet Upanishad commence ainsi : « *Aum*, cette syllabe est tout ce qui est ; son explication suit » ; le monosyllabe sacré *Aum* est considéré ici comme le symbole idéographique d'*Âtmâ*, et, de même que cette syllabe à quatre éléments (*mâtras*), dont le quatrième, qui est le monosyllabe lui-même considéré synthétiquement sous son aspect principiel, est « non-exprimé » par un caractère, *Âtmâ* a quatre conditions (*pâdas*) dont la quatrième n'est aucune condition spéciale, mais *Âtmâ* envisagé en Soi-même, indépendamment de toute condition, et qui, comme tel, n'est susceptible d'aucune représentation.

[141] Il est évident que cette expression et celles qui lui sont analogues (séjour, résidence, etc.), doivent toujours être entendues, non pas d'un lieu mais d'une modalité d'existence.

[142] *Mândukya Upanishad*, shruti 3.

[143] C'est d'ailleurs la signification étymologique de ce nom, qui a quelquefois une autre acception un peu différente, comme nous le verrons plus loin.

[144] C'est l'analogie du Macrocosme (*Adhidêvaka*) et du Microcosme (*Adhyâtmika*). — Voir *Commentaires sur le Tableau Naturel de L. -CI. de Saint-Martin*, 2e année, n° 8, p. 227.

[145] Nous aurons l'occasion de revenir sur ce point dans une autre étude.

(*Antarîksha*)[146] qui s'étend entre la Terre et les sphères lumineuses ou les Cieux (*Swarga*) considérée comme le milieu où s'élaborent les formes, encore en pure puissance d'être) correspond à l'estomac ; 7° enfin, la Terre (c'est-à-dire, au sens symbolique, l'aboutissement en acte de toute la manifestation physique) correspond aux pieds[147] ; et les relations de ces membres entre eux et leurs fonctions dans l'ensemble sont analogues (mais non identiques, bien entendu) à celles des parties correspondantes de l'organisme humain. Dans cette condition, *Vaishwânara* prend conscience du monde de la manifestation sensible (*Virâta*), et cela par dix-neuf organes, désignés comme autant de bouches, parce qu'ils sont les entrées de la Connaissance pour tout ce qui se rapporte à ce domaine particulier ; ces dix-neuf organes (en impliquant dans ce terme les facultés correspondantes) sont : les cinq organes de sensation, les cinq organes d'action, les cinq souffles vitaux (*vâyus*), le mental ou le sens interne (*manas*), l'intellect (*Buddhi*), la pensée (*chitta*), conçue comme la faculté qui donne une forme aux idées et qui les associe entre elles, et enfin la conscience individuelle (*ahankâra*) ; chaque organe et chaque faculté de tout être individuel appartenant au domaine considéré procèdent respectivement de l'organe et de la faculté qui leur correspondent en Vaishwânara, organe et faculté dont ils sont un des éléments. L'état de veille, dans lequel s'exerce l'activité de ces organes et de ces facultés, est considéré comme la première des conditions d'*Âtmâ*, bien que la modalité grossière ou corporelle à laquelle il correspond constitue le dernier degré dans l'ordre de développement du manifesté, marquant le terme de ce développement (ceci, bien entendu, par rapport au monde physique seulement) ; la raison en est que c'est dans cette modalité qu'est la base et le point de départ de l'évolution individuelle[148], de sorte que, si l'on se place, comme nous le faisons actuellement, au point de vue de cette évolution, cet état de veille doit être regardé comme précédant les états de rêve et de

---

[146] Sur la signification de ce mot, qui, dans une acception plus étendue comprend aussi l'atmosphère (considérée alors comme milieu de propagation de la lumière), voir *L'Archéomètre*, 2e année, n° 7, p. 192, note 6.

[147] Les pieds sont pris ici comme l'emblème de toute la partie inférieure du corps.

[148] Cette évolution pourrait aussi être regardée comme une involution si l'on se plaçait au point de vue de la manifestation ; puisqu'elle va du manifesté au non-manifesté ; nous reviendrons sur ce point dans la suite.

sommeil profond.

« La seconde condition est *Taijasa* (le Lumineux)[149], dont le siège est dans l'état de rêve (*swapna-sthâna*), qui a la connaissance des objets internes (idéaux), qui a sept membres et dix-neuf bouches, et dont le domaine est le monde de la manifestation subtile[150]. » Dans cet état, les facultés externes, se résorbent dans le sens interne (*manas*) qui est leur source, leur support et leur fin, et qui réside dans les artères lumineuses[151] de la forme subtile, où il est répandu d'une façon indivisée, à la manière d'une chaleur diffuse[152].

Dans l'état de rêve, l'âme vivante individuelle (*jîvâtmâ*) crée, par l'effet de son seul désir (*kâma*), un monde qui procède tout entier d'elle-même, et dont les objets consistent exclusivement dans des conceptions mentales, c'est-à-dire dans des combinaisons d'idées revêtues de formes subtiles (dépendant de la forme subtile de l'individu lui-même, dont ces objets idéaux ne sont en somme qu'autant de modifications accidentelles). Ce monde idéal (identifié à *Hiranyagarbha* dans l'Universel)[153] est conçu par des facultés qui correspondent analogiquement à celles par lesquelles est perçu le monde sensible (ou, si l'on veut, qui sont les mêmes facultés que celles-ci en principe, mais considérées dans un autre état de développement) ; c'est pourquoi *Âtmâ*, dans cet état, a le même nombre de membres et de bouches (ou instruments de connaissance) que dans l'état de veille, et il est d'ailleurs inutile d'en répéter l'énumération, car les définitions que nous en avons données précédemment peuvent s'appliquer également, par transposition, aux deux domaines de la manifestation grossière ou sensible et de la

---

[149] Ce nom dérive de *téjas*, désignation de l'élément igné. — La forme subtile elle-même (*linga-sharîra*), dans laquelle réside *Taijasa*, est assimilée aussi à un véhicule igné, bien que devant être distinguée du feu matériel qui est perçu par les sens de la forme grossière (*sthûla-sharira*) ; sur ce point, cf. l'« assomption » d'Élie dans la Bible hébraïque.

[150] *Mandukya Upanishad*, shruti 4.

[151] Il s'agit évidemment ici de la Lumière intelligible, ou plus exactement de sa réflexion dans la manifestation extra-sensible (idéale).

[152] Sur ce que sont ces artères de la forme subtile, ainsi que sur le processus des divers degrés de résorption des facultés individuelles, nous donnerons d'autres développements dans la suite de la présente étude.

[153] Voir *L'Archéomètre*, Ire année, n° 9, p. 187, note 3.

manifestation subtile ou idéale.

« Quand le dormeur n'éprouve aucun désir et n'est conscient d'aucun rêve, son état est celui du sommeil profond (*sushupta-sthâna*) ; celui-ci (c'est-à-dire Âtmâ lui-même dans cette condition) qui dans cet état est devenu un (sans aucune différenciation), qui s'est identifié soi-même avec un ensemble synthétique (unique) de Connaissance (intégrale) (*Prajnâna-ghana*), qui est rempli de Béatitude, jouissant véritablement de la Béatitude (*Ananda*),et dont la bouche (l'instrument de connaissance) est la Conscience totale (*Chit*) elle-même (sans aucun intermédiaire ni particularisation), est appelé *Prâjna* (Celui qui connaît en dehors et au-delà de toute condition spéciale) ceci est la troisième condition[154]. » Cet état d'indifférenciation, dans lequel toute la connaissance (y compris celle des autres états) est centralisée synthétiquement dans l'unité de l'être, est l'état non-manifesté (*avyakta*), principe et cause de toute la manifestation, dont les objets (tant externes qu'internes) ne sont point détruits, mais subsistent en mode principiel, le Soi : (*âtman*) demeurant conscient par lui-même de sa propre existence dans l'« éternel présent ». Ici, le terme *Chit* doit être entendu, non pas, comme l'a été plus haut son dérivé *chitta*, au sens restreint de la pensée formelle[155], mais au sens universel, comme la Conscience totale du Soi envisagée dans son rapport avec son unique objet (*Ananda* ou la Béatitude), lequel est identique au sujet lui-même (*Sat* ou l'Être dans son essence) et n'en est point réellement distinct : ces trois (*Sat*, *Chit* et *Ananda*) ne sont qu'un seul et même être, et cet « un » est Âtmâ, l'Esprit Universel, considéré en dehors et au-delà de toutes les conditions particulières d'existence qui déterminent chacune de ses diverses modalités de manifestation[156]. « *Prâjna* est le Seigneur (*Îshwara*) de

---

[154] *Mândukya Upanishad*, shruti 5.
[155] Le sens restrictif est marqué par un suffixe dans le dérivé.
[156] Dans cet état, la Lumière intelligible est perçue directement, et non plus par réflexion à travers le mental (*manas*) ; le ternaire que nous venons de considérer est identique à celui que l'on distingue dans l'intellect (*Buddhi*), qui, en dehors du point de vue spécial des états manifestés, n'est point différent d'Âtmâ, mais est celui-ci considéré en tant qu'il se connaît soi-même, connaissance dans laquelle réside proprement la Béatitude (*Ananda*). — Ce ternaire doit encore être rapproché de celui qui est constitué par le Nombre, le Nombrant et le Nombré, et dont il est question au début du *Sépher Ietsirah*.

tout (*sarvva*, mot qui implique ici, dans son extension universelle, l'ensemble de tous les états d'être compris synthétiquement) ; Il est omniscient (car tout Lui est présent dans la Connaissance intégrale, et Il connaît directement tous les effets dans la cause principielle, laquelle n'est point distincte de Lui) ; Il est l'ordonnateur interne (qui, résidant au centre même de l'être, régit et contrôle toutes les facultés correspondant à ses divers états, tout en demeurant Lui-même non-agissant dans la plénitude de Son activité potentielle) ; Il est la source (cause première ou principe) de tout (ce qui existe en quelque modalité que ce soit) ; Il est l'origine (par Son expansion) et la fin (par Son repliement en Soi-même) de l'universalité des êtres (étant Soi-même l'Être Universel)[157]. »

« Les Sages pensent que le Quatrième (*Chaturtha* ou *Turîya*), qui n'est connaissant ni des objets internes ni des objets externes (d'une façon distincte et analytique), ni de l'ensemble des uns et des autres (envisagé synthétiquement), et qui n'est pas (même) un ensemble synthétique de Connaissance (intégrale), n'est ni connaissant ni non-connaissant, est non-perceptible (par quelque faculté que ce soit, sensible ou intellectuelle), non-agissant (dans Son immuable Identité), incompréhensible (puisqu'Il comprend tout), indéfinissable (puisqu'Il est sans aucune limite), impensable (ne pouvant être revêtu d'aucune forme), indescriptible (ne pouvant être qualifié par aucune attribution particulière), l'unique essence de l'Être (Universel, présent dans tous les états), sans aucune trace des conditions spéciales de quelque modalité d'existence que ce soit (manifestée ou non-manifestée), plénitude de la Paix et de la Béatitude, sans dualité (*Shântam Shivam Adwaitam*) : ceci est *Âtmâ* (Lui-même, en dehors et indépendamment de toute condition), (ainsi) Il doit être connu[158]. » En Soi-même, *Âtmâ* n'est donc ni manifesté ni non-manifesté, mais Il est à la fois le principe du manifesté et du non-manifesté : « Lui (le Suprême *Brahma*, auquel *Âtmâ* non-conditionné est identique), l'œil ne Le pénètre point, ni la parole, ni la pensée (ou le sens interne, *manas*)[159] ; nous ne Le reconnaissons

---

[157] *Mândukya Upanishad*, shruti 6.
[158] *Mândukya Upanishad*, shruti 7.
[159] Cf. cette parole du Qorân : « Les regards ne peuvent L'atteindre » (voir *L'Identité Suprême dans l'Ésotérisme musulman*, 2e année, n° 8, p. 222).

point (comme compréhensible), et c'est pourquoi nous ne savons comment enseigner Sa nature (par une description quelconque). Il est supérieur à ce qui est connu (distinctement, ou à l'Univers manifesté), et Il est même au-delà de ce qui n'est pas connu (distinctement, ou de l'Univers non-manifesté) ; tel est l'enseignement que nous avons reçu des Sages d'autrefois. On doit considérer que Ce qui n'est point manifesté par la parole (ni par aucune autre faculté), mais par quoi la parole est manifestée (ainsi que toutes les autres facultés), est *Brahma* (dans Son Infinité), et non ce qui est envisagé (dans ses rapports avec la Divinité et sa participation à Ses attributs) comme « ceci » (un être individuel quelconque) ou « cela » (l'Être Universel lui-même, indépendamment de toute individualisation)[160]. »

Shankarâchârya ajoute à ce dernier passage le commentaire suivant : « Un disciple qui a suivi attentivement l'exposition de la nature de *Brahma*, doit penser qu'il connaît parfaitement *Brahma*; mais, " malgré les raisons apparentes qu'il peut avoir de penser ainsi, ce n'en est pas moins une opinion erronée. En effet, la signification bien établie de tous les écrits sur le *Vêdânta* est que le Soi (*âtman*) de tout être qui possède la Connaissance est identique à *Brahma*. Or, de toute chose qui est susceptible de devenir un objet de connaissance, une connaissance complète et définie est possible ; mais il n'en est pas ainsi de Ce qui ne peut devenir un tel objet. Ceci est *Brahma*, car Il est le Connaisseur (total), et le Connaisseur peut connaître d'autres choses (les renfermant toutes dans Son infinie compréhension), mais non Se faire Lui-même l'objet de Sa Connaissance (car, dans Son Identité sans identification, on ne peut pas même faire, comme dans la condition de *Prâjna*, la distinction principielle d'un sujet et d'un objet qui sont cependant « le même », et Il ne peut pas cesser d'être Soi-même, « tout connaissant », pour devenir « tout-connu », qui serait un autre Soi-même), de la même façon que le feu peut brûler d'autres choses, mais non lui-même (sa nature étant indivisible, de même que *Brahma* est sans dualité)[161]. C'est pourquoi il est dit dans la suite du texte : « Si tu penses que tu connais bien (*Brahma*), ce

---

[160] *Kéna Upanishad*, Ire section.
[161] Cf. *L'Identité Suprême dans l'Ésotérisme musulman*, 2e année, n° 8 p. 222 : « Il comprend Sa propre existence sans (toutefois) que cette compréhension existe d'une façon quelconque. »

que tu connais de Sa nature est en réalité peu de chose ; pour cette raison, *Brahma* doit encore être plus attentivement considéré par toi. (La réponse est celle-ci :) Je ne pense pas que je Le connais ; par ceci je veux dire que je ne Le connais pas bien (comme je connaîtrais un objet susceptible d'être défini) ; et cependant je Le connais (suivant l'enseignement que j'ai reçu concernant Sa nature). Quiconque parmi nous comprend ces paroles (dans leur véritable signification) : « Je ne Le connais pas, et cependant je Le connais), celui-là Le connaît en vérité. Par celui qui pense que *Brahma* est non-compris (par une faculté quelconque), *Brahma* est compris (car, par la Connaissance de *Brahma*, celui-là est devenu identique à *Brahma* Lui-même) ; mais celui qui pense que *Brahma* est compris (par quelque faculté sensible ou intellectuelle) ne Le connaît point. *Brahma* (en Soi-même, dans Son incommunicable Essence) est inconnu à ceux qui Le connaissent (à la façon d'un objet quelconque de connaissance, que ce soit un être particulier ou l'Être Universel), et Il est connu à ceux qui ne Le connaissent pas (comme « ceci » ou « cela »)[162]. »

Après cette digression, nécessaire pour que notre étude soit complète, nous devons aborder une question dont nous n'avons encore rien dit, mais dont la solution résulte presque immédiatement des considérations précédentes : cette question est celle de l'évolution posthume de l'être humain.

Il faut remarquer, avant tout, que. le mot « évolution » ne doit pas être pris ici dans le sens d'un développement individuel, puisqu'il s'agit, au contraire, d'une résorption de l'individualité dans l'état non-manifesté Ce serait donc plutôt une « involution » au point de vue spécial de l'individu ; mais, pour l'être réel, c'est bien une « évolution » au sens de passage à un état supérieur quoique, en ce qui concerne cet être envisagé dans sa totalité, il ne puisse évidemment être question ni d'évolution ni d'involution, puisque son identité n'est jamais altérée par les modifications particulières et contingentes qui affectent seulement tel ou tel de ses états de manifestation.

L'exposé qui va suivre n'est pas une traduction littérale des *Brahma-*

---

[162] *Kéna Upanishad*, 2e section.

Sûtras[163] il en est à la fois un résumé et un commentaire, car, sans commentaire, le résumé demeurerait à peu près incompréhensible, ainsi qu'il arrive le plus souvent lorsqu'il s'agit de l'interprétation des textes orientaux[164].

« La parole d'un homme mourant, suivie du reste des dix facultés extérieures (manifestées par le moyen des organes corporels, mais non confondues avec ces organes eux-mêmes), est absorbée dans le sens interne (*manas*), car l'activité des organes extérieurs cesse avant celle de ce sens intérieur[165]. Celui-ci, de la même manière, se retire dans le souffle vital (*prâna*), accompagné pareillement de toutes les fonctions vitales (les cinq *vâyus*)[166], car elles sont les compagnes inséparables de la vie ; et la même retraite du sens intérieur se remarque aussi dans le sommeil profond et dans l'évanouissement extatique (avec cessation complète de toute manifestation extérieure de la conscience)[167]. Le souffle vital, accompagné semblablement de toutes les autres fonctions, est retiré dans l'âme vivante (*jîvâtmâ*, manifestation du Soi, *âtman*, au centre de l'individualité humaine actuelle, ainsi que nous l'avons expliqué)[168], qui gouverne les facultés individuelles, comme les serviteurs d'un roi s'assemblent autour de lui lorsqu'il est sur le point d'entreprendre un voyage, car toutes les fonctions vitales se rassemblent autour de l'âme vivante (et sont réabsorbées en elle, de qui elles procèdent toutes) au dernier moment, lorsqu'elle va se retirer hors de sa forme

---

[163] Brahma-Sûtras, 4e Lecture, 2e chapitre. — Le 1er chapitre de cette Lecture est consacré à l'exposition des fruits de la Connaissance Divine.

[164] Voir *L'Identité Suprême dans l'Ésotérisme musulman*, 2e année, n° 7, p. 201, note 2. — Colebrooke a donné ce résumé dans ses *Essais sur la Philosophie des Hindous*, traduits en français par G. Pauthier (IVe Essai) ; mais ceux de nos lecteurs qui s'y reporteront pourront constater combien son interprétation est défectueuse au point de vue métaphysique.

[165] *Chhândogya Upanishad*.

[166] Pour la définition des cinq *vâyus*, voir précédemment, 2e année, n° 9, p. 243.

[167] Cette cessation n'implique cependant pas toujours la suspension totale de la sensibilité corporelle, sorte de conscience organique, quoique la conscience individuelle proprement dite n'ait alors aucune part dans les manifestations de celle-ci, avec laquelle elle ne communique plus ; c'est ce que montrent en particulier certains faits bien connus des chirurgiens.

[168] Voir 2e année, n° 9, p. 238.

corporelle[169]. L'âme vivante, ainsi accompagnée de toutes ses facultés, se retire dans une essence individuelle lumineuse, composée des cinq essences élémentaires idéales (*tanmâtras*), dans un état subtil[170]. Le souffle vital est par conséquent dit se retirer dans la Lumière, n'entendant pas par là le principe igné d'une manière exclusive (mais une réflexion individualisée de la Lumière intelligible), ni une transition immédiate, car un voyageur est allé d'une cité dans une autre, quoiqu'il soit passé par une ou plusieurs villes intermédiaires.

« Cette retraite ou cet abandon de la forme corporelle est commun au peuple ignorant et vulgaire comme au Sage contemplatif, jusqu'à ce que l'un et l'autre procèdent plus loin dans leurs voies respectives ; et l'immortalité (mais non l'Éternité, qui n'est impliquée que par l'Union immédiate avec le Suprême Brahma) est le fruit de la simple méditation, alors que les entraves individuelles (*pâsha*) ne peuvent être complètement écartées.

« Tant qu'il est dans cette condition (encore individuelle), l'esprit (c'est-à-dire le Soi, *âtman*) de celui qui a pratiqué la méditation reste uni à la forme subtile (*linga-sharîra*, que l'on peut aussi envisager comme le prototype formel de l'individu), dans laquelle il est associé avec les facultés vitales (potentielles), et il peut demeurer ainsi jusqu'à la dissolution extérieure (*pralaya*, rentrée dans l'état indifférencié) des mondes manifestés (du cycle actuel), à laquelle il est plongé (avec l'ensemble des êtres de ces mondes) dans le sein de la Suprême Divinité. Cette forme subtile est (par rapport à la forme corporelle ou grossière, *sthûla-sharîra*) imperceptible aux sens quant à ses dimensions (ou à ses conditions spéciales d'existence) aussi bien que quant à sa consistance (ou à sa substance propre), et, par conséquent, elle n'affecte pas la perception corporelle de ceux qui sont présents lorsqu'elle se sépare du corps ; elle n'est pas non plus atteinte par la combustion ou d'autres, traitements que le corps subit après la mort (laquelle est le résultat de cette séparation). Elle est sensible seulement par sa chaleur animatrice (sa qualité

---

[169] *Brihad-Aranyaka Upanishad.*

[170] Il s'agit ici de la forme subtile(*linga-sharîra*), regardée comme lumineuse et assimilée à un véhicule igné, ainsi que nous l'avons fait remarquer à propos de *Taijasa*, la seconde condition d'*Âtmâ* (2e année, n°10, p. 265, note 2).

propre en tant qu'elle est assimilée au principe igné)[171] aussi longtemps qu'elle habite avec la forme grossière (ou corporelle), qui devient froide (inerte en tant qu'ensemble organique) dans la mort, lorsqu'elle l'a abandonnée, et qui était échauffée (vivifiée) par elle tandis qu'elle y faisait son séjour[172].

« Mais celui qui a obtenu la vraie Connaissance de Brahma ne passe pas par tous les mêmes degrés de retraite (de l'état de manifestation grossière à celui de manifestation subtile, puis à l'état non-manifesté), mais procède directement (dans ce dernier état) à l'Union (déjà réalisée au moins virtuellement dans la vie) avec l'Être Suprême[173] auquel il est identifié, comme un fleuve, à son embouchure, se confond (par pénétration intime) avec les flots de la mer. Ses facultés vitales et les éléments dont était constitué son corps (tous considérés en principe et dans leur essence idéale), les seize parties, composantes de la forme humaine, passent complètement à l'état de non-manifestation : le nom (*nâma*) et la forme (*rûpa*)[174] cessent également, et, sans les parties ou membres qui composaient sa forme terrestre (à l'état manifesté), il est affranchi des conditions de l'existence individuelle[175]. » Plusieurs commentateurs des *Brahma-Sûtras*, pour marquer le caractère de cette transformation (au sens étymologique de passage au-delà de la forme), la comparent à la disparition de l'eau dont on a arrosé une pierre brûlante : cette eau est transformée au contact de la pierre, mais sans qu'on puisse dire qu'elle a été absorbée par elle (puisqu'elle s'est évaporée dans l'atmosphère, où elle demeure dans un état imperceptible à la vue)[176].

« L'âme vivante (*jîvâtmâ*), ainsi que les facultés vitales résorbées en elle (passées à l'état potentiel), s'étant retirée dans son propre séjour (le centre de

---

[171] Cette chaleur animatrice, représentée comme un feu interne, est quelquefois identifiée à *Vaishwânara*, considéré comme le Régent du Feu (voir plus loin).
[172] *Kathavallî Upanishad*.
[173] Il s'agit ici du *Jîvanmukta*, c'est-à-dire de celui qui a obtenu la Délivrance (*Moksha*) dans la vie actuelle ; nous y reviendrons un peu plus loin.
[174] L'essence et la substance de la manifestation individuelle (voir précédemment, 2° année, n° 10, p 261).
[175] *Kanwa, Mâdhyandina, Prashna Upanishads*.
[176] Commentaires de Ranganâtha sur les *Brahma-Sûtras*.

l'individualité, désigné symboliquement comme le cœur, et où elle réside en tant que, dans son essence et indépendamment de ses conditions de manifestation, elle est identique à *Purusha*)[177], le sommet (la portion la plus sublimée) de cet organe subtil étincelle[178] et illumine le passage par lequel l'âme doit partir : la couronne de la tête, si l'individu est un Sage, et une autre région de l'organisme, s'il est un ignorant. Cent et une artères (également subtiles, et non les artères corporelles de la circulation sanguine) sortent du centre vital (comme les rais d'une roue sortent de son moyeu), et l'une de ces artères (subtile) passe par la couronne de la tête (considérée comme correspondant aux états supérieurs de l'être) ; elle est nommée *sushumnâ*. Par ce passage, en vertu de la Connaissance acquise et de la conscience de la Voie méditée, l'âme du Sage, régénérée par les Eaux Vives (seconde naissance) et douée de la Grâce spirituelle (*Prasâda*) de *Brahma*[179], qui réside dans ce centre vital (par rapport à l'individu humain qui réalise l'Union et obtient par là la Délivrance), cette âme s'échappe et rencontre un rayon solaire (c'est-à-dire, symboliquement, ce que nous avons appelé ailleurs le « Rayon Céleste », émanation du Soleil spirituel, qui est Brahma Lui-même, envisagé dans l'Universel)[180] ; c'est par cette route qu'elle se dirige, soit la nuit ou le jour, l'hiver ou l'été[181]. Le contact d'un rayon du Soleil (spirituel) avec l'artère (subtile) *sushumnâ* est constant aussi longtemps que le corps subsiste : les rayons de la lumière (intelligible), émanés de ce Soleil, parviennent à cette artère, et réciproquement (en mode réfléchi), s'étendent de l'artère au Soleil. La préférence de l'été, dont on cite en exemple le cas de Bhishma, qui attend le retour de cette heureuse saison pour mourir, ne concerne pas le Sage qui, dans la contemplation de Brahma, a pratiqué l'incantation (*mantra*) comme étant prescrite par les Védâs, et qui a, par conséquent, acquis la perfection de la Connaissance Divine ; mais elle concerne ceux qui ont suivi les observances

---

[177] Ce centre vital a été décrit au début de la présente étude (2e année, n° 9, pp. 237 et 238).

[178] Il est évident que ce mot doit être entendu symboliquement, puisqu'il ne s'agit point ici du feu sensible, mais bien d'une modification de la Lumière intelligible.

[179] Voir *L'Archéomètre*, Ire année, n° 11, p. 248, note 2 ; 2e année, n° 1, p.12, note 1, et n° 7, p 190 ; ainsi que le présent n°, p. 314.

[180] Sur le " Rayon Céleste ", identique à *Buddhi* ou *Mahat*, voir *Le Symbolisme de la Croix*, 2e année, n°5, pp. 148 et suivantes.

[181] *Brihad-Aranyaka, Chhândogya Upanishads.*

enseignées par le *Sânkhya* ou le. *Yoga-Shâstra*, d'après lequel le temps du jour et celui de la saison de l'année ne sont pas indifférents, mais ont (pour la libération de l'être sortant de l'état individuel terrestre) une action effective en tant qu'éléments (symboliques) du rite[182].

La suite du voyage divin (*dêva-yâna*) de l'esprit délivré, depuis la terminaison de l'artère coronale (*sushumnâ*, communiquant avec un rayon du Soleil spirituel, jusqu'à sa destination finale, s'effectue en suivant la Voie qui est marquée par le trajet de ce rayon parcouru en sens inverse (suivant sa direction réfléchie) jusqu'à sa source, qui est cette destination même[183]. Ce voyage, qui est décrit symboliquement en divers passages du *Véda*[184], se rapporte à l'identification du centre de l'individualité, où toutes les facultés ont été précédemment résorbées à l'état potentiel dans l'âme vivante (*jîvâtmâ*), laquelle n'est plus distinguée du Soi (*âtman*), avec le centre même de l'être total, résidence de l'Universel *Brahma* Suivant le symbolisme védique, l'esprit, ayant quitté la Terre (*Prithvî*, c'est-à-dire ici le monde corporel), est d'abord conduit au Royaume du Feu (*Téjas*), dont le Régent est *Vaishwânara*, dans une signification spéciale de ce nom, puis aux divers domaines des régents ou distributeurs du jour, des demi-lunaisons, des six mois de l'été, et de l'année, tout ceci devant s'entendre de la correspondance de ces divisions du temps transposées dans l'Universel[185]. De là, il passe au Royaume de l'Air (*Vâyu*), dont le Régent le dirige du côté de la Sphère du Soleil (*Sûrya*)[186], depuis les limites de son domaine, par un passage : comparé au moyeu de la roue d'un chariot ; il passe ensuite dans la Sphère de la Lune

---

[182] Voir *La Prière et l'Incantation*, 2e année, n° 1.

[183] On ne doit pas oublier qu'il s'agit toujours du "Rayon Célest " ; sur ce point, voir *Le Symbolisme de la Croix*, 2e année, n° 4, p. 120.

[184] *Chhândogya Kaushîtakî Brihad-Aranyaka Upanishads.*

[185] Il pourrait être intéressant d'établir la concordance de cette description symbolique de l'évolution posthume de l'être humain, selon le *Vêdânta*, avec celle qui est contenue dans *Pistis-Sophia* ; nous laisserons à d'autres, plus spécialisés que nous-même dans l'étude particulière du Gnosticisme, le soin de faire cette comparaison.

[186] Il est bien entendu que, lorsqu'il est question des Sphères du Soleil et de la Lune, il ne s'agit jamais du soleil et de la lune en tant qu'astres matériels, mais bien des principes qu'ils représentent, car les divers Mondes, qui sont décrits symboliquement comme autant de régions, ne sont en réalité que des états différents de l'être.

(*Chandra*)[187], d'où il monte à la région de l'éclair, au-dessus de laquelle est le Royaume de l'Eau (*Apa*), dont le Régent est *Varuna* [188] (comme, analogiquement, la foudre éclate au-dessous des nuages de pluie). Enfin, le reste du voyage s'effectue par la région lumineuse intermédiaire (*Antarîksha*) [189], qui est le Royaume d'Indra, jusqu'au Centre spirituel universel, où réside *Prajâpati*, qui est *Brahma* Lui-même, l'Être Suprême et Universel[190].

C'est bien, en effet, de l'Être Universel qu'il s'agit ici, et non de sa détermination comme Brahmâ, lequel est considéré comme « effet de la Volonté Créatrice (en puissance) de *Brahma* » (*Kârya-Brahma*)[191], et est identique à *Hiranyagarbha*, principe de la manifestation subtile ; mais ce n'est pas seulement de l'Être Universel, c'est de *Brahma* Lui-même dans Sa totale Infinité, comprenant à la fois l'Être (ou les possibilités de manifestation) et le Non-Être (ou les possibilités de non-manifestation), et principe de l'un et de l'autre, suivant l'enseignement qui a été rapporté plus haut[192] ; c'est en ce sens que Son séjour est même, « au-delà du Soleil spirituel », comme il est au-delà

---

[187] Sur la Sphère de la Lune, considérée comme le Monde de la Formation, voir *Le Démiurge*, Ire année, n° 3, p. 47.

[188] Il s'agit ici des Eaux supérieures ou célestes (l'ensemble des possibilités informelles, par opposition aux Eaux inférieures, qui représentent l'ensemble des possibilités formelles) : voir *Le Symbolisme de la Croix*, 2e année, n° 5, p. 149, note 1. —Le nom de *Varuna* est identique au grec Ουρανος (voir traduction des *Philosophumena*, p. 28, note 5).

[189] Se reporter à la description des sept membres de *Vaishwânara* 2e année, n° 10, p. 264).

[190] *Brahma Sûtras*, 4e Lecture, 3e chapitre. —Il existe quelques variations dans l'ordre d'énumération des stations intermédiaires ; mais nous ne pouvons, sans allonger cette étude outre mesure, nous étendre ici sur l'explication détaillée de tout ce symbolisme, qui est, d'ailleurs, assez clair par lui-même, et dont l'interprétation est rendue facile par toutes les considérations que nous avons exposées.

[191] *Kârya*, effet ; dérivé de *kri*, faire, et du suffixe *ya*, marquant une obligation future : "ce qui doit être fait" ; ce terme implique donc une idée de "deveni ".

[192] Voir 2e année, n° 10, pp. 267 à 269. —Voir aussi *L'Identité Suprême dans l'Ésotérisme musulman*, 2e année, n° 8, p. 221 : "Cette immense pensée (de l'Identité Suprême) ne peut convenir qu'à celui dont l'âme est plus vaste que les deux mondes (manifesté et non-manifesté). Quant à. celui dont l'âme n'est qu'aussi vaste que les deux mondes, elle ne lui convient pas. Car, en vérité, cette pensée est plus grande que le monde sensible (ou manifesté) et le monde hypersensible (ou non-manifesté), tous les deux pris ensemble."

de toutes les sphères des états particuliers d'existence, individuels ou extra-individuels.

Telle est donc la finalité de l'esprit délivré, affranchi des conditions de l'existence individuelle, ainsi que de toutes autres conditions particulières comme autant, de liens (*pâsha*)[193]. Lorsque l'homme est ainsi délivré, le Soi (*âtman*) est, suivant Audulomi, une conscience omniprésente, par laquelle se manifestent les attributs divins, en tant qu'elle-même participe de l'Essence Suprême, ainsi que l'enseigne aussi Jaimini. Quant à ceux dont la contemplation n'a été que partielle, quoique active, ou a été purement passive (mystique), ils jouissent de certains états spirituels, mais sans pouvoir arriver dès lors à l'Union Parfaite (*Yoga*)[194].

La Délivrance (*Moksha*), avec les facultés et les pouvoirs qu'elle implique « par surcroît », peut être obtenue par le *Yogi* (ou plutôt par celui qui devient tel par cette obtention) au moyen des observances indiquées dans le *Sânkhya*, ou le *Yoga-Shâstra* de Patanjali ; mais elle n'est effective, qu'autant qu'elle implique (essentiellement) la parfaite Connaissance de *Brahma* et ; conséquemment, la réalisation de l'Identité Suprême avec Sa Divinité.

« L'esprit (*âtman*) de celui qui est arrivé à la perfection de la Divine Connaissance (*Brahma-Vidyâ*), et qui a, par conséquent, obtenu la Délivrance finale (*Moksha*), monte, en quittant sa forme corporelle, (et sans passer par des états intermédiaires), à la Suprême Lumière (spirituelle) qui est *Brahma*, et s'identifie avec Lui, d'une manière conforme et indivisée, comme l'eau pure, absorbée dans le lac limpide, devient en tout conforme à lui[195]. »

---

[193] De là vient le mot *pashu*, qui, étymologiquement, signifie, un être vivant quelconque, mais qui est pris le plus, souvent dans une acception spéciale, pour désigner une victime animale du sacrifice (*yâga* ou *médha*), laquelle est d'ailleurs "délivrée" par le sacrifice même.

[194] Pour la distinction des différents degrés auxquels il est fait allusion ici, voir *La Prière et l'Incantation*, 2e année, n° 1, pp. 26 à 28.

[195] *Brahma-Sûtras*, 4e Lecture, 4e chapitre.

La Délivrance, dans le cas dont nous avons parlé précédemment, est proprement la libération hors de la forme (*vidéha-mukti*), obtenue à la mort, et qui est distinguée de la libération obtenue par le *Yogi* dès la vie actuelle (*jîvan-mukti*). « Maître de plusieurs états par le simple effet de sa volonté, le Yogi n'en occupe qu'un seul, laissant les autres vides du souffle animateur (*prâna*) ; il peut animer plus d'une forme, de la même manière qu'une seule lampe peut alimenter plus d'une mèche[196]. » Mais ce serait une erreur de croire que la libération hors de la forme (*vidéha-mukti*) soit plus complète que la libération dans la vie (*jîvan-mukti*), puisque le Yogi a véritablement réalisé la Transformation (c'est-à-dire le passage au-delà de la forme) en soi-même, sinon extérieurement ; peu lui importe alors que l'apparence formelle subsiste, puisque, pour lui, elle ne peut exister autrement qu'en mode illusoire, son être étant désormais « non-affecté » par les contingences[197].

Il n'y a aucun degré spirituel humain qui soit supérieur à celui du *Yogi* (le Pneumatique, qui est parvenu à l'Union Parfaite) ; dans les hiérarchies des divers centres initiatiques, les grades supérieurs sont purement administratifs, et ne comportent aucune initiation particulière. On peut envisager trois grades initiatiques, dont chacun pourrait d'ailleurs se subdiviser en une multiplicité indéfinie de stades ou de degrés spéciaux[198] : 1° le *Brahmachârin*, c'est-à-dire l'étudiant, qui aspire à l'initiation ou seconde naissance ; 2° le *Dwija* (deux fois, né), qui a reçu cette initiation, par laquelle se confère le caractère d'*Ârya* (qualificatif réservé aux hommes des trois premières castes)[199] ; cependant, en fait, l'état de *Brahmachârin* se poursuit le plus souvent pendant un certain nombre d'années après l'initiation, qui, dans ce cas, n'est pas pleinement effective tout d'abord (bien que le rite possède pourtant en lui-même une efficacité ou une « influence spirituelle »), mais doit plutôt être regardée comme n'étant, dans une certaine mesure, que le symbole de la seconde naissance, un peu de la même façon, mais cependant

---

[196] Commentaire de Bhavadêva-Mishra sur les *Brahma-Sûtras*.

[197] Sur l'état du *Yogi*. voir les citations du *Traité de la Connaissance de l'Esprit*. (*Âtmâ-Bodha*) de Shankarâchârya, dans notre étude sur *Le Démiurge* (Ire année, n°s 3 et 4).

[198] Cf. *La Gnose et la Franc-Maçonnerie*, Ire année, n° 5, et *Les Hauts Grades Maçonniques*, Ire année, n° 7.

[199] Sur la signification du mot *Ârya*, voir *L'Archéomètre*, 2e année, n° I, p 10.

avec quelque chose de plus, que les trois grades de la Maçonnerie symbolisent ceux de l'initiation véritable ; 3° le *Yogi*, qui, considéré dans cet état, est, comme nous l'avons dit, *Jîvanmukta* (délivré dans la vie). Le *Yogi*, peut, d'ailleurs, accomplir différentes fonctions : le *Pandit* est celui qui enseigne, et alors il a plus particulièrement le caractère de *Guru* (Maître spirituel) par rapport au *Brahmachârin* qui est son *Chéla* (disciple régulier), le *Muni* est le Solitaire, non au sens vulgaire et matériel du mot[200], mais celui qui, concentré en soi-même, réalise dans la plénitude de son être la Solitude Parfaite qui ne laisse subsister en l'Unité Suprême aucune distinction de l'extérieur et de l'intérieur, ni aucune diversité extra-principielle quelconque : c'est là le dernier des Quatre Bonheurs désignés par la Tradition extrême-orientale.

De ces Quatre Bonheurs, les deux premiers sont la Longévité, qui en réalité, n'est pas autre chose que l'immortalité (individuelle), et la Postérité, qui consiste dans les prolongements indéfinis de l'individu à travers toutes ses modalités d'existence[201]. Ces deux Bonheurs ne concernent donc que l'individualité étendue, tandis que les deux suivants se rapportent aux états supérieurs et extra-individuels de l'être, et, par conséquent, constituent les attributs propres du *Yogi*, correspondant respectivement à ses deux fonctions de *Pandit* et de *Muni* : ce sont le Grand Savoir ; c'est-à-dire l'intégralité de la

---

[200] C'est ce qu'a fait croire à tort l'identité de racine de ce mot avec le grec $\mu o \nu o \varsigma$, seul, d'où dérive le mot " moine " ; mais celui-ci a pris une signification toute différente, qui n'aurait aucune raison d'être en Orient pour tous ceux qui suivent la Tradition régulière.

[201] Sur la Postérité, entendue au sens spirituel, voir l'analogie du gland et du chêne (Les *Néo-Spiritualistes*, 2e année, n° II, p. 297). —À la note de cette même p. 297, nous ajouterons ceci, pour préciser la notion de la génération de chaque cycle par celui qui, logiquement, lui est immédiatement antécédent : les *Pitris* peuvent être considérés (collectivement) comme exprimant (à un degré quelconque) le Verbe Universel dans le cycle spécial par rapport auquel ils remplissent le rôle formateur, et l'expression de l'Intelligence Cosmique, réfraction du Verbe dans la formulation mentale de leur pensée individualisante (par adaptation aux conditions particulières du cycle considéré), constitue la Loi (*Dharma*) du *Manu* de ce cycle (voir *L'Archéomètre*, Ire année, n° 9, p. 181, notes I et 2). Si l'on envisage l'Univers dans son ensemble, c'est-à-dire en dehors de toutes les conditions spéciales qui déterminent cette réfraction dans chaque état d'être, c'est le Verbe Éternel Lui-même (*Swayambhû*, "Celui qui subsiste par Soi") qui est l'Ancien des Jours (*Purâna-Purusha*), le Suprême Générateur et Ordonnateur des Cycles et des Âges.

Connaissance Divine, et la Solitude Parfaite, dont nous venons de parler. Ces Quatre Bonheurs obtiennent leur plénitude dans le Cinquième, qui les contient tous en principe et les unit synthétiquement dans leur essence unique et indivisible ; ce Cinquième Bonheur n'est point nommé, ne pouvant être l'objet d'aucune connaissance distinctive, mais il est facile de comprendre que ce dont il s'agit ici n'est autre que l'Identité Suprême, obtenue dans et par la réalisation complète et totale de l'Homme Universel.

T Palingénius.

LA PRIÈRE ET L'INCANTATION[202]

Dans une précédente étude (*La Religion et les religions*, 1ère année, n° 10), nous avons dit que les religions ne sont que des déviations de la Religion primordiale, des déformations de la Doctrine traditionnelle, et que, par le mélange à celle-ci de considérations d'ordre moral et social, elles ont établi une déplorable confusion entre le domaine métaphysique et le domaine sentimental, et finalement donné à celui-ci la prépondérance, tout en conservant des prétentions doctrinales que rien ne justifie plus. Comme le sentiment est chose essentiellement relative et individuelle (voir *L'erreur métaphysique des religions à forme sentimentale*, par Matgioi, 1ère année, n° 9), il en résulte que les religions sont des particularisations de la Doctrine, par rapport à laquelle elles constituent des hérésies à divers degrés, puisqu'elles s'écartent toutes plus ou moins de l'Universalisme (on pourrait dire du Catholicisme, si ce mot avait conservé son sens étymologique, au lieu de prendre, lui aussi, la signification spéciale qu'on lui connaît).

Nous disons des hérésies à divers degrés, car on peut être hérétique de bien des façons et pour des raisons multiples ; mais, toujours, les opinions hétérodoxes procèdent d'une tendance de plus en plus accentuée au particularisme, à l'individualisme[203], substituant la diversité des croyances illusoires à l'unité de la certitude fondée sur la Connaissance métaphysique, seule admise par l'orthodoxie. Pour cette dernière, l'infaillibilité n'appartient qu'à la seule Doctrine, universelle et impersonnelle, qui ne s'incarne jamais dans un homme, et n'est représentée que par de purs symboles ; elle ne peut à aucun titre être attribuée à des individus, et les hommes n'y participent qu'en tant qu'ils parlent au nom de la Doctrine ; mais les religions,

---

[202] *La Gnose* - Janvier 1911, N° 1 - Deuxième Année.

[203] Il est bien entendu qu'il ne s'agit ici de l'individualisme qu'au point de vue doctrinal, et nullement au point de vue social ; les deux domaines doivent, comme toujours, rester profondément séparés.

méconnaissant celle-ci, ont prétendu revêtir une individualité du caractère infaillible, puis, après avoir confondu l'Autorité spirituelle avec le Pouvoir matériel, elles ont été jusqu'à accorder la première à tous les hommes indistinctement et au même degré[204]. En même temps, les Livres sacrés ont été traduits dans les langues vulgaires, et ces traductions, devenant d'autant plus fausses qu'elles s'éloignent davantage du texte primitif, aboutissent, par l'anthropomorphisme, (conception tout individualiste), au matérialisme et à la négation de l'ésotérisme, c'est-à-dire de la vraie Religion.

Mais le caractère le plus important peut-être, celui que l'on découvre à l'origine et au fond de toutes les religions, c'est le sentimentalisme, dont l'exagération constitue ce qu'on appelle habituellement le mysticisme ; c'est pourquoi on ne saurait trop protester contre cette tendance, aussi dangereuse, quoique d'une autre façon, que la mentalité des critiques et des exégètes modernes (laquelle résulte de la défiguration profane des Écritures traditionnelles, dont on n'a plus laissé subsister que la lettre matérielle et grossière). C'est le sentimentalisme que nous trouvons, en particulier, joint d'ailleurs à l'anthropomorphisme dont il ne se sépare guère, comme point de départ de la prière telle qu'elle est comprise dans les religions exotériques : sans doute, il est tout naturel que les hommes cherchent à obtenir, s'il est possible, certaines faveurs individuelles, tant matérielles que morales ; mais ce qui l'est beaucoup moins, c'est que, au lieu de s'adresser pour cela à des institutions sociales, ils aillent demander ces faveurs à des entités extra-terrestres.

Ceci nécessite quelques explications, et nous devons surtout, sur ce point, établir une distinction très nette entre la prière et ce que nous appellerons l'incantation, employant ce terme à défaut d'un autre plus précis, et nous réservant de le définir exactement plus loin. Nous devons exposer d'abord de quelle façon il nous est possible de comprendre la prière, et dans quelles

---

[204] Ainsi, l'anarchie, alors même qu'elle se présente comme une réaction contre l'absolutisme, n'est pourtant, au point de vue intellectuel, qu'un produit des mêmes erreurs poussées jusqu'à leurs conséquences extrêmes ; on pourrait en dire autant du matérialisme envisagé par rapport au mysticisme, auquel il prétend s'opposer, tandis qu'en réalité il n'en est souvent qu'une simple transposition.

conditions elle peut être admise par l'orthodoxie.

Considérons une collectivité quelconque, soit religieuse, soit simplement sociale : chaque membre de cette collectivité lui est lié dans une certaine mesure, déterminée par l'étendue de la sphère d'action de la collectivité, et, dans cette même mesure, il doit logiquement participer en retour à certains avantages, entièrement matériels dans quelques cas (tels que celui des nations actuelles, et des associations basées sur la solidarité pure et simple), mais qui peuvent aussi, dans d'autres cas, se rapporter à des modalités non matérielles de l'individu (consolations ou autres faveurs d'ordre sentimental, et même quelquefois d'un ordre plus élevé, comme nous le verrons par la suite), ou, tout en étant matériels, s'obtenir par des moyens en apparence immatériels (l'obtention d'une guérison par la prière est un exemple de ce dernier cas). Nous parlons des modalités de l'individu seulement, car ces avantages ne peuvent jamais dépasser le domaine individuel, le seul qu'atteignent les collectivités, quel que soit leur caractère, qui ne se consacrent pas exclusivement à l'enseignement de la Doctrine pure, et qui se préoccupent des contingences et des applications spéciales présentant un intérêt pratique à un point de vue quelconque.

On peut donc regarder chaque collectivité comme disposant, en outre des moyens d'action purement matériels au sens ordinaire du mot, d'une force constituée par les apports de tous ses membres passés et présents, et qui, par conséquent, est d'autant plus considérable que la collectivité est plus ancienne et se compose d'un plus grand nombre de membres. Chacun de ceux-ci pourra, lorsqu'il en aura besoin, utiliser à son profit une partie de cette force, et il lui suffira pour cela de mettre son individualité en harmonie avec l'ensemble de la collectivité dont il fait partie, résultat qu'il obtiendra en observant les rites, c'est-à-dire les règles établies par celle-ci et appropriées aux diverses circonstances qui peuvent se présenter. Donc, si l'individu formule alors une demande, il l'adressera à l'esprit de la collectivité, qu'on peut appeler, si l'on veut, son dieu ou son entité suprême, mais à la condition de ne pas regarder ces mots comme désignant un être qui existerait indépendamment et en dehors de la collectivité elle-même.

Parfois, la force dont nous venons de parler peut se concentrer en un lieu et sur un symbole déterminé, et y produire des manifestations sensibles, comme celles que rapporte la Bible hébraïque au sujet du Temple de Jérusalem et de l'Arche d'Alliance, qui jouèrent ce rôle pour le peuple d'Israël. C'est aussi cette force qui, à des époques plus récentes, et de nos jours encore, est la cause des prétendus miracles des religions, car ce sont là des faits qu'il est ridicule de chercher à nier contre toute évidence, comme beaucoup le font, alors qu'il est facile de les expliquer d'une façon toute naturelle, par l'action de cette force collective[205]. Ajoutons que l'on peut créer des circonstances particulièrement favorables à cette action, que provoqueront, pour ainsi dire à leur gré ceux qui sont les dispensateurs de cette force, s'ils en connaissent les lois et s'ils savent la manier, de la même façon que le physicien ou le chimiste manient d'autres forces, en se conformant aux lois respectives de chacune d'elles. Il importe de remarquer qu'il ne s'agit ici que de phénomènes purement physiques, perceptibles par un ou plusieurs des cinq sens ordinaires ; de tels phénomènes sont d'ailleurs les seuls qui puissent être constatés par la masse du peuple ou des croyants, dont la compréhension ne s'étend pas au-delà des limites de l'individualité corporelle Les avantages obtenus par la prière et la pratique des rites d'une collectivité sociale ou religieuse (rites n'ayant aucun caractère initiatique, sont essentiellement relatifs, mais ne sont nullement négligeables pour l'individu ; celui-ci aurait donc tort de s'en priver volontairement, s'il appartient à quelque groupement capable de les lui procurer. Ainsi, il n'est nullement blâmable, même pour celui qui est autre chose qu'un simple croyant, de se conformer, dans un but intéressé (puisque individuel), et en dehors de toute considération doctrinale, aux prescriptions d'une religion quelconque, pourvu qu'il ne leur attribue que leur juste importance. Dans ces conditions, la prière, adressée à l'entité collective, est parfaitement licite, même au regard de la plus rigoureuse orthodoxie ; mais elle ne l'est plus lorsque, comme c'est le cas le plus fréquent, celui qui prie croit s'adresser à un être extérieur et possédant une existence indépendante, car la prière devient alors un acte de superstition.

---

[205] Il est bien entendu que les faits dits miraculeux ne peuvent en aucune façon être contraires aux lois naturelles ; la définition ordinaire du miracle, impliquant cette contradiction, est une absurdité.

*

* *

Les indications qui précèdent feront mieux comprendre ce que nous dirons maintenant au sujet de l'incantation ; mais, tout d'abord, nous devons faire remarquer que ce que nous appelons ainsi n'a rien de commun avec les pratiques magiques auxquelles on donne parfois le même nom, car ce qui constitue en réalité un acte magique, c'est, dans les conditions que nous avons dites, la prière ou l'accomplissement d'autres rites équivalents. L'incantation dont nous parlons, au contraire, n'est point une demande, et ne suppose l'existence d'aucune chose extérieure, parce que l'extériorité ne peut se comprendre que par rapport à l'individu ; elle est une aspiration de l'être vers l'Universel, dans le but d'obtenir ce que nous pourrions appeler, dans un langage quelque peu théologique, une grâce spirituelle, c'est-à-dire une illumination intérieure, qui sera plus ou moins complète suivant les cas. Si nous employons ce terme d'incantation, c'est parce qu'il est celui qui traduit le moins improprement l'idée exprimée par le mot sanscrit *mantra*, qui n'a pas d'équivalent exact dans les langues occidentales. Par contre, il n'y a en sanscrit, non plus que dans la plupart des autres langues orientales, aucun mot répondant à l'idée de prière, et cela est facile à comprendre, puisque, là où les religions n'existent pas, l'obtention des avantages individuels, même à l'aide de certains rites appropriés, ne relève que des institutions sociales.

L'incantation, que nous avons définie comme tout intérieure en principe, peut cependant, dans un grand nombre de cas, être exprimée extérieurement par des paroles ou des gestes, constituant certains rites initiatiques, et que l'on doit considérer comme déterminant des vibrations qui ont une répercussion à travers un domaine plus ou moins étendu dans la série indéfinie des états de l'être. Le résultat obtenu peut, comme nous l'avons déjà dit, être plus ou moins complet ; mais le but final à atteindre est la réalisation en soi de l'Homme Universel, par la communion parfaite de la totalité des états de l'être, harmoniquement et conformément hiérarchisés, en épanouissement intégral dans les deux sens de l'ampleur et de l'exaltation[206].

Ceci nous amène à établir une autre distinction, en considérant les divers degrés auxquels on peut parvenir suivant l'étendue du résultat obtenu en tendant vers ce but, et que l'on pourrait considérer en quelque sorte comme autant de degrés initiatiques. Et tout d'abord, au bas et en dehors de cette hiérarchie, il faut mettre la foule des profanes, c'est-à-dire de tous ceux qui, comme les simples croyants des religions, ne peuvent obtenir de résultats que par rapport à leur individualité corporelle, et dans les limites de cette portion d'individualité, puisque leur conscience ne va ni plus loin ni plus haut que le domaine renfermé dans des limites restreintes. Pourtant, parmi les croyants, il en est, en petit nombre d'ailleurs, qui acquièrent quelque chose de plus (et c'est là le cas de quelques mystiques, que l'on pourrait considérer comme plus intellectuels que les autres) : sans sortir de leur individualité corporelle, ils perçoivent indirectement certaines réalités d'ordre supérieur, non pas telles qu'elles sont en elles-mêmes, mais traduites symboliquement et sous forme sensible. Ce sont encore là des phénomènes (c'est-à-dire des apparences, relatives et illusoires en tant que formelles), mais des phénomènes hyperphysiques, qui ne sont pas constatables pour tous, et qui entraînent parfois chez ceux qui les perçoivent quelques certitudes, toujours incomplètes, mais pourtant supérieures à la croyance pure et simple à laquelle elles se substituent. Ce résultat, que l'on peut appeler une initiation symbolique au sens propre du terme (pour la distinguer de l'initiation réelle et effective dont nous allons parler), s'obtient passivement, c'est-à-dire sans intervention de la volonté, et par les moyens ordinaires qu'indiquent les religions, en particulier par la prière et l'accomplissement des œuvres

---

[206] Cette phrase contient l'expression de la signification ésotérique du signe de la croix, symbole de ce double épanouissement de l'être, horizontalement, dans l'ampleur ou l'extension de l'individualité intégrale (développement indéfini d'une possibilité particulière, qui n'est pas limitée à la partie corporelle de l'individualité), et verticalement, dans la hiérarchie indéfinie des états multiples (correspondant à l'indéfinité des possibilités particulières comprises dans l'Homme Universel). — Ceci montre en même temps comment doit être comprise dans son principe la Communion, qui est un rite éminemment initiatique, et dont la figuration symbolique elle-même n'a pu perdre ce caractère que par suite d'une regrettable confusion qu'ont commise les religions exotériques, et qui constitue à proprement parler une profanation.

prescrites[207].

À un degré plus élevé se placent ceux qui, ayant étendu leur conscience jusqu'aux limites extrêmes de l'individualité intégrale, arrivent à percevoir directement les états supérieurs de leur être, mais sans y participer effectivement ; c'est là une initiation réelle, mais encore toute théorique, puisqu'elle n'aboutit pas à la possession de ces états supérieurs. Elle produit des certitudes plus complètes et plus développées que la précédente, car elle n'appartient plus au domaine phénoménique ; mais, ici encore, ces certitudes ne sont reçues qu'au gré des circonstances, et non par un effet de la volonté consciente de celui qui les acquiert. Celui-ci peut donc être comparé à un homme qui ne connaît la lumière que par les rayons qui parviennent jusqu'à lui (dans le cas précédent, il ne la connaissait que par des reflets, ou des ombres projetées dans le champ de sa conscience individuelle restreinte, comme les prisonniers de la caverne symbolique de Platon), tandis que, pour connaître parfaitement la lumière dans sa « réalité intime », il faut remonter jusqu'à sa source, et s'identifier avec cette source même.

Ce dernier cas est celui qui correspond à la plénitude de l'initiation réelle et effective, c'est-à-dire à la prise de possession consciente et volontaire de la totalité des états de l'être, selon les deux sens que nous avons indiqués. C'est là le résultat complet et final de l'incantation, bien différent, comme l'on voit, de tous ceux que les mystiques peuvent atteindre par la prière, car il n'est pas autre chose que la compréhension et la certitude parfaites, impliquant la Connaissance métaphysique intégrale. Le Yogi véritable est celui qui est parvenu à ce degré suprême, et qui a ainsi réalisé dans son être la totale possibilité de l'Homme Universel.

---

[207] En sanscrit, on donne le nom de *Bhakti-Yoga* à une forme inférieure et incomplète de *Yoga*, qui se réalise, soit par les œuvres (*karma*), soit par tout autre moyen d'acquérir des mérites, c'est-à-dire de réaliser un développement individuel. Bien que ne pouvant dépasser le domaine de l'individualité, cette réalisation est quelque chose de plus que celle dont nous venons de parler, car elle s'étend à l'individualité intégrale, et non plus seulement a l'individualité corporelle ; mais elle ne peut jamais être équivalente à la communion totale dans l'Universel, qui est la *Râdja-Yoga*.

René Guénon

Palingénius.

La Terre Sainte et le Cœur du Monde[208]

Nous parlions, en terminant notre dernier article, de la *Shekinah*, qui est, dans la tradition hébraïque, la présence réelle de la Divinité ; le terme qui la désigne dérive de *zhakan*, qui signifie « habiter » ou « résider ». C'est la manifestation divine en ce monde, ou, en quelque sorte, Dieu habitant parmi les hommes ; de là son rapport très étroit avec le Messie, qui est *Emmanuel*, « Dieu avec nous » : *Et habitavit in nobis*, dit saint Jean (1, 14). Il faut d'ailleurs remarquer que les passages de l'Écriture où il est fait tout spécialement mention de la *Shekinah* sont surtout ceux où il s'agit de l'institution d'un centre spirituel : la construction du Tabernacle, qui est lui-même appelé en hébreu *mishkan*, mot de même racine et signifiant proprement l'habitacle divin ; l'édification du Temple de Salomon, puis de celui de Zorobabel., Un tel centre, en effet, était essentiellement destiné à être la résidence de la *Shekinah*, c'est-à-dire le lieu de la manifestation divine ; toujours représentée comme « Lumière » ; et la *Shekinah* est parfois désignée comme la « Lumière du Messie » : *Erat Lux vera quæ illuminat omnem hominem venientem in hunc mundum*, dit encore saint Jean (1, 9) ; et le Christ dit de lui-même : « Je suis la Lumière du monde » (*ibid.*, VIII, 12).

Cette illumination dont parle saint Jean se produit au centre de l'être, qui est représenté par le Cœur, ainsi que nous l'avons déjà expliqué[209], et qui est le point de contact de l'individu avec l'Universel, ou, en d'autres termes, de l'humain avec le Divin. La *Shekinah* « porte ce nom, dit l'hébraïsant Louis Cappel[210], parce qu'elle habite dans le cœur des fidèles, laquelle habitation fut symbolisée par la Tabernacle où Dieu est censé résider ». À la vérité, ce

---

[208] *Regnabit*, sept.-oct. 1926.

[209] On pourra se reporter notamment à notre article sur *Le Cœur rayonnant et le Cœur enflammé* (avril 1926).

[210] *Critlca sacra*, p. 311, édition d'Amsterdam, 1689 ; cité par M. P. Vulliaud, *La Kabbale juive*, T. t, p. 493.

symbole est en même temps une réalité, et l'on peut parler de la résidence de la *Shekinah*, non seulement dans le cœur des fidèles, mais aussi dans le Tabernacle, qui, pour cette raison, était considéré comme le « Cœur du Monde ». Il y a ici, en effet, plusieurs points de vue à distinguer ; mais, tout d'abord, nous pouvons remarquer que ce qui précède suffirait en somme à justifier entièrement le culte du Sacré-Cœur. En effet, si nous appliquons au Christ, en lui donnant la plénitude de sa signification, ce qui, en un certain sens et au moins virtuellement, est vrai de tout être humain (l'*omnem hominem* de saint Jean en est la déclaration explicite), nous pouvons dire que la « Lumière du Messie » était en quelque sorte concentrée dans son Cœur, d'où elle s'irradiait comme d'un foyer resplendissant ; et c'est ce qu'exprime précisément la figure du « Cœur rayonnant ». D'autre part, nous voyons aussi, par ce qui vient d'être dit, que le Sacré-Cœur est pour ainsi dire le lieu où se réalise proprement le mystère de l'être théandrique, où s'opère l'union des deux natures divine et humaine dans la personne du Christ. Dans l'Évangile, l'humanité du Christ est comparée au Temple[211] : « Détruisez le Temple de Dieu et je le rebâtirai en trois jours » (*St Jean*, II, 19 ; cf. *St Matthieu*, XXVI, 61, et *St Marc*, XIV, 58) ; et le Cœur est, dans son humanité, ce qu'est dans le Temple le Tabernacle ou le « Saint des Saints ».

Revenons maintenant à la distinction à laquelle nous faisions allusion tout à l'heure : elle résulte immédiatement de ce que la religion, au sens propre et étymologique de ce mot, c'est-à-dire « ce qui relie » l'homme à son Principe divin, concerne non seulement chaque homme en particulier, mais aussi l'humanité envisagée collectivement ; autrement dit, elle a à la fois un aspect individuel et un aspect social[212]. La résidence de la *Shekinah* dans le cœur du fidèle correspond au premier de ces deux points de vue ; sa résidence dans le Tabernacle correspond au second. Du reste, le nom d'*Emmanuel* signifie également ces deux choses : « Dieu en nous », c'est-à-dire dans le cœur de l'homme, et « Dieu avec nous », c'est-à-dire au milieu des hommes ; et le *In nobis* de saint Jean, que nous rappelions plus haut, peut s'interpréter aussi

---

[211] Nous disons l'humanité du Christ, et non pas seulement son corps, parc que c'est effectivement le composé humain qui, comme tel, est détruit par la mort.

[212] Il y a même un troisième aspect, qui concerne l'humanité en tant que nature spécifique, et qui, par suite, se réfère directement à l'ordre cosmique.

dans ces deux sens. C'est au second point de vue que se place la tradition judaïque lorsqu'elle dit que, « quand deux personnes s'entretiennent des mystères divins, la *Shekinah se* tient entre elles » ; et le Christ a dit exactement la même chose, et presque dans les mêmes termes : « Quand deux ou trois sont assemblés en mon nom, je me trouve au milieu d'eux » (*St Matthieu,* XVIII, 20). Cela est d'ailleurs vrai, comme le précise le texte évangélique, « en quelque lieu qu'ils se trouvent assemblés ; mais ceci, au point de vue judaïque, ne se rapporte qu'à des cas spéciaux, et, pour le peuple d'Israël en tant que collectivité organisée (et organisée théocratiquement, dans l'acception la plus vraie de ce terme), le lieu où la *Shekinah* résidait d'une façon constante, normale en quelque sorte, était le Temple de Jérusalem ; c'est pourquoi les sacrifices, constituant le culte public, ne pouvaient être offerts nulle part ailleurs.

Comme centre spirituel, le Temple, et plus spécialement la partie appelée le « Saint des Saints », était une image du Centre du Monde », que la Kabbale décrit comme le « Saint Palais » ou « Palais intérieur », ainsi que nous l'avons vu dans notre précédent article ; et nous avons fait remarquer alors que ce « Saint Palais » était aussi appelé le « Saint des Saints ». Du reste, comme nous l'avons déjà dit dans notre étude sur l'*Omphalos* (juin 1926), la « maison de Dieu », le lieu de la manifestation divine, quel qu'il soit, s'identifie naturellement au « Centre du Monde », qu'il représente symboliquement, mais aussi réellement.

Le centre spirituel, pour un certain peuple, n'est d'ailleurs pas forcément un lieu fixe ; il ne peut l'être que si ce peuple est lui-même établi à demeure dans un pays déterminé. Lorsqu'il s'agit d'un peuple nomade, les conditions sont tout autres, et son centre spirituel doit se déplacer avec lui, tout en demeurant cependant toujours le même au cours de ce déplacement ; tel fut précisément le cas du Tabernacle tant qu'Israël fut errant. Voici ce que dit à ce sujet M. Vulliaud, dans l'ouvrage que nous avons déjà cité : « Jusqu'à la venue d'Abraham, d'Isaac et de Jacob, les patriarches, en attirant le *Shekinah* ici-bas, lui préparèrent trois trônes. Mais sa résidence n'était pas fixe. Dès lors Moïse construisit le Tabernacle, mais elle était pérégrine comme son peuple. Aussi dit-on qu'elle ne résidait pas ici-bas (en un lieu déterminé), mais au milieu des Israélites. Elle n'eut de fixité que le jour où le Temple fut construit, pour lequel David avait préparé l'or, l'argent, et tout ce qui était nécessaire à Salomon pour parachever l'ouvrage[213]. Le Tabernacle de la Sainteté de *Jéhovah*, la résidence de la *Shekinah*, est le Saint des Saints qui est le cœur du Temple, qui est lui-même le centre de Sion (Jérusalem), comme la sainte Sion est le centre de la Terre d'Israël, comme la Terre d'Israël est le centre du monde »[214]. L'expression de « Cœur du Monde », appliquée à Sion, se trouve notamment dans le Zohar, et aussi dans le *Kuzari* de Jehudah Halévi[215] ; et, dans la dernière phrase que nous venons de citer, on peut remarquer qu'il-y-a comme une série d'extensions données graduellement à l'idée du centre dans les applications qui en sont faites successivement.

On peut aussi prendre les choses dans l'ordre inverse, et même en les poussant encore plus loin que ce qui vient d'être dit : non seulement tout ce qui a été énuméré, c'est-à-dire la Terre d'Israël, la montagne de Sion, le Temple, le Saint des Saints ou le Tabernacle, mais encore, après celui-ci, l'Arche d'Alliance qui était dans le Tabernacle, et enfin, sur l'Arche d'Alliance elle-même, le lieu précis de la manifestation de la *Shekinah*, situé entre les deux *Kerubim*, représentent comme autant d'approximations successives de ce que nous pouvons appeler le « Pôle spirituel », suivant un symbolisme commun à toutes les traditions et que nous avons déjà eu l'occasion d'indiquer précédemment[216] : c'est, pourrait-on dire, comme le point de contact du Ciel[217] et de la Terre. Nous avons expliqué ailleurs que Dante, de son côté, a présenté précisément Jérusalem comme le « Pôle spirituel » de notre monde ; c'est qu'elle l'est encore en un autre sens, et plus effectivement que jamais, depuis le Christianisme, comme étant le lieu où s'est élevée la croix du Sauveur, qui s'identifie à l'« Arbre de Vie » c'est-à-dire à l'« Axe du

---

[213] Certaines des expressions qui sont employées ici évoquent (peut-être à l'insu de l'auteur qui rapporte ces choses) l'assimilation qui a été fréquemment établie entre la construction du Temple, envisagée dans sa signification idéale, et le « Grand Œuvre » des hermétistes.
[214] *La Kabbale juive*, T. I, p. 509.
[215] *Ibid., T. I, p. 353.*
[216] Voir notre article sur *L'idée du Centre dans les traditions antiques* (mai 1926).
[217] Dans notre étude sur *L'Ésotérisme de Dante*.

Monde »[218] son rôle, qui jadis se rapportait spécialement au peuple hébreu, s'est en quelque sorte universalisé par là même que s'y est accompli le mystère de la Rédemption.

Nous venons de voir que l'appellation de « Cœur du Monde » ou de « Centre du Monde » est étendue à la Terre d'Israël tout entière, en tant que celle-ci est considérée comme la « Terre Sainte » ; et il faut noter aussi qu'elle reçoit, sous le même rapport, diverses autres dénominations, parmi lesquelles celle de « Terre des Vivants » est une des plus remarquables. Il est parlé de « la Terre des Vivants comprenant sept terres », et M. Vulliaud observe que « cette Terre est Chanaan dans lequel il y avait sept peuples »[219], ce qui est exact au sens littéral, bien qu'une interprétation symbolique soit également possible ; et c'est pourquoi il est dit : « Je marcherai devant le Seigneur dans les Terres des Vivants (*be-aretsoth ha-hayim*) » (*Ps.*, *CXVI, 9*). On sait que la liturgie catholique applique cette appellation de « Terre des Vivants » au séjour céleste des élus[220], qui était en effet figuré par la Terre promise, puisque Israël, en pénétrant dans celle-ci, devait voir la fin de ses tribulations ; et, à un autre point de vue encore, la Terre Sainte, en tant que centre spirituel, était une image du Ciel, car, selon la tradition judaïque, « tout ce que font les Israélites sur terre est accompli d'après les types de ce qui se passe dans le monde céleste »[221].

On doit d'ailleurs remarquer que le peuple d'Israël n'est pas le seul qui ait assimilé son pays au « Cœur du Monde » et qui l'ait regardé comme une image du Ciel, deux idées qui, du reste, n'en font qu'une en réalité ; l'usage du même symbolisme se retrouve chez d'autres peuples qui possédaient également une « Terre Sainte », c'est-à-dire un pays où était établi un centre

---

[218] Voir notre article sur *Les Arbres du Paradis* (mars 1926). — il y a une allusion très nette à cette identification de la croix à l'« Axe du Monde » dans la devise des Chartreux : *Stat Crux dum votvitur orbis.*

[219] *La Kabbale juive*, T. II, p 116.

[220] L'expression de « Terre des Vivants », d'ailleurs, est effectivement synonyme de « séjour d'immortalité » ; aussi est-elle, originairement, une des désignations du Paradis terrestre, qui est la « Terre Sainte » par excellence.

[221] *Ibid*, T. I, p. 501.

spirituel ayant pour eux un rôle comparable à celui du Temple de Jérusalem pour les Hébreux. Nous pouvons répéter à ce propos ce que nous avons déjà dit au sujet de l'*Omphalos, qui* était toujours l'image visible du « Centre du Monde » pour le peuple habitant la région où il était placé ; et nous renverrons aussi à ce que nous ajoutions alors (juin 1926, p : 46) sur les différentes traditions particulières et leur rattachement à la Tradition primordiale. On pourra comprendre par là que des contrées diverses aient été qualifiées symboliquement de « Cœur du Monde », les centres spirituels correspondants ayant tous d'ailleurs une constitution analogue, et souvent jusque dans des détails très précis, comme étant autant d'images d'un même Centre unique et suprême.

Le symbolisme dont il s'agit se rencontre notamment chez les anciens Égyptiens ; en effet, suivant Plutarque, « les Égyptiens donnent à leur contrée le nom de *Chémia*[222], et la comparent à un cœur »[223]. La raison qu'en donne cet auteur est assez étrange : « Cette contrée est chaude en effet, humide, contenue dans les parties méridionales de la terre habitée, étendue au Midi, comme dans le corps de l'homme le cœur s'étend à gauche », car « les Égyptiens considèrent l'Orient comme le visage du monde le Nord comme en étant la droite, et le Midi, la gauche »[224]. Ce ne sont là que des similitudes assez superficielles, et la vraie raison doit être tout autre, puisque la même comparaison avec le cœur a été appliquée également à toute terre à laquelle était attribué un caractère sacré et « central », au sens spirituel, quelle que soit sa situation géographique. D'ailleurs, ce qui, justifie encore l'interprétation que nous envisageons, c'est que, au rapport de Plutarque lui-même, le cœur, qui représentait l'Égypte, représentait en même temps le Ciel : « Les

---

[222] *Kêmi*, en langue égyptienne, signifie « terre noire » ; de ce mot est venu celui *d'alchimie* (*al* n'étant que l'article en arabe), qui désignait originairement la science hermétique, c'est-à-dire la science sacerdotale de l'Égypte.

[223] *Isis et Osiris*, 33 ; traduction Mario Meunier, p. 116.

[224] *Ibid.*, 32, p. *12.* — Dans l'Inde, c'est au contraire le Midi qui est désigné comme le « côté de la droite », *dakshina* ; mais, en dépit des apparences, cela revient au même, car il faut entendre par là le côté qu'on a à sa droite quand on se tourne vers l'Orient, et il est facile de se représenter le côté gauche du monde comme s'étendant vers la droite de celui qui le contemple, et inversement, ainsi que cela a lieu pour deux personnes placées l'une en face de l'autre.

Égyptiens, dit-il, figurent le Ciel, qui ne saurait vieillir puisqu'il est éternel, par un cœur posé sur un brasier dont la flamme entretient l'ardeur »[225]. Ainsi, tandis que le cœur est lui-même figuré hiéroglyphiquement par le vase[226], il est à son tour, et simultanément, l'hiéroglyphe de l'Égypte et celui du Ciel[227].

Nous avons encore à noter, à cette occasion, une curieuse remarque sur le symbolisme de l'ibis, qui était un des emblèmes de *Thoth* (appelé *Hermès* par les Grecs), c'est-à-dire de la Sagesse. Élien, indiquant les diverses raisons qui contribuaient à donner à cet oiseau un caractère sacré, dit que, « quand l'ibis ramène sa tête et son cou sous ses ailes, il prend la figure d'un cœur, et c'est par un cœur que les Égyptiens représentaient hiéroglyphiquement l'Égypte »[228]. Enfin, puisque nous sommes revenu sur cette question du cœur dans l'antique Égypte, rappelons encore un dernier texte de Plutarque, déjà cité ici par M. Charbonneau-Lassay[229] : « De toutes les plantes qui croissent en Égypte, le perséa, dit-on, est celle qui est particulièrement consacrée à Isis, parce que son fruit ressemble à un cœur, et sa feuille à une langue »[230] ; et

---

[225] *Ibid.*, 10, p. 49. — On remarquera que ce symbole, avec la signification qui lui est donnée ici, semble pouvoir être rapproché de celui du phénix.

[226] Voir l'article de M. Charbonneau-Lassay sur Le Cœur humain et la notion du Cœur de Dieu dans la religion de l'ancienne Égypte (novembre 1924), et aussi notre article sur Le Sacré-Cœur et la légende du Saint Graal (août-septembre 1925).

[227] M. G. Ferrero (*Les Lois psychologiques du Symbolisme*, p. 142) dit que « Wilkinson donne un curieux dessin d'une maison égyptienne, sur la façade de laquelle il y a une croix latine sortant d'un cœur dessiné grossièrement et extrêmement semblable à ceux qu'on trouve dans certains tableaux catholiques ». Nous nous bornons à noter ce fait, ne pouvant l'interpréter sûrement en l'absence de données plus précises.

[228] *De Natura a animalium*, X, 28 ; cité par M. Mario Meunier dans une note de sa traduction d'*Isis et Osiris*, p. 218.

— M. Charbonneau-Lassay, à qui nous avons signalé ce texte, a fait un rapprochement avec le dessin d'un vieux bijou, semblant de provenance espagnole, où est figuré, au milieu d'un médaillon ellipsoïde comme les sceaux ecclésiastiques médiévaux, un héron ou une cigogne, équivalent occidental de l'ibis, disposé de telle façon que sa forme schématique rappelle celle de certains vases antiques, d'ailleurs voisine de celle d'un cœur ; et ceci fait penser encore à l'assimilation symbolique du vase et du cœur chez les Égyptiens.

[229] *Le Cœur et la Lyre* (février 1926, pp. 209-210).

[230] *Isis et Osiris*, 68 p. 198. — On notera spécialement l'assimilation établie entre le cœur et le fruit ; nous avons déjà fait allusion à une telle comparaison dans notre dernier article,

rapprochons-en ce que M. Charbonneau-Lassay indiquait aussi précédemment à propos de l'inscription funéraire d'un prêtre de Memphis, de laquelle « il ressort que les théologiens de l'école de Memphis distinguaient dans l'œuvre du Dieu Créateur le rôle de la pensée créatrice, qu'ils appellent la part du Cœur, et celui de l'instrument de la création, qu'ils appellent la part de la Langue »[231]. Ce Cœur et cette Langue, c'est exactement ce que les textes kabbalistiques que nous reproduisions dans notre dernier article appellent la Pensée et la Voix, c'est-à-dire les deux aspects intérieur et extérieur du Verbe ; il y a là, entre la tradition hébraïque et la tradition égyptienne, une similitude aussi parfaite que possible. Cette concordance des traditions, que l'on pourrait assurément établir de même sur bien d'autres points, n'explique-t-elle pas qu'Hébreux et Égyptiens aient pu avoir, chacun l'appliquant spécialement à son propre pays, la même idée de la « Terre Sainte » comme « Cœur du Monde » et image du Ciel ?

---

en nous réservant d'ailleurs d'y revenir plus tard.
[231] *Le Cœur humain et la notion da Cœur de Dieu dans la religion de l'ancienne Égypte* (novembre 1924, p. 380).

LE CENTRE DU MONDE DANS LES DOCTRINES EXTRÊME-ORIENTALES[232]

Nous avons eu déjà, au cours de nos précédentes études, l'occasion de faire allusion, à propos des symboles du Centre, aux doctrines traditionnelles de l'Extrême-Orient, et plus spécialement au Taoïsme, qui en est la partie proprement métaphysique, tandis que le Confucianisme, beaucoup plus généralement connu, concerne uniquement les applications d'ordre social[233]. Cette division de la doctrine en deux branches nettement séparées, l'une intérieure, réservée à une élite assez restreinte, et l'autre extérieure, commune à tous sans distinction, est un des traits caractéristiques de la civilisation chinoise, tout au moins depuis le VIe siècle avant l'ère chrétienne, époque où, d'une réadaptation de la tradition antérieure à des conditions nouvelles, naquirent à la fois ces deux formes doctrinales que l'on désigne d'ordinaire sous les noms de Taoïsme et de Confucianisme.

Même dans le Confucianisme, l'idée du Centre joue un rôle qui est loin d'être négligeable : il y est fréquemment question, en effet, de l'« invariable milieu » (*tchoung-young*), qui est le lieu de l'équilibre parfait, et, en même temps, le point où se reflète directement l'« Activité du Ciel ». Il faut d'ailleurs remarquer que ce n'est pas précisément du Centre universel qu'il s'agit alors, le point de vue du Confucianisme étant limité à un ordre contingent ; cet « invariable milieu » est proprement le point de rencontre de l'« Axe du Monde » (selon la direction duquel s'exercé l'« Activité du Ciel ») avec le domaine des possibilités humaines ; en d'autres termes, c'est seulement le centre de l'état humain, qui n'est qu'une image réfléchie du Centre universel.

---

[232] *Regnabit*, mai 1927.
[233] Voir *L'Omphnlos, symbole du Centre*, juin 1926.

Ce centre du domaine humain, en somme, n'est pas autre chose que le Paradis terrestre, ou l'état qui y correspond, ce qu'on peut appeler l'« état édénique » ; et la tradition extrême-orientale attache précisément une importance considérable à l'« état primordial », autre désignation équivalente à celle-là. D'autre part, ce même centre peut, sous un certain rapport, être regardé comme s'identifiant, virtuellement ou effectivement selon les cas, au véritable « Centre du Monde », entendu au sens universel ; mais ceci exige une transposition qui dépasse le point de vue spécial du Confucianisme. Pour le Taoïsme, au contraire, en raison de son caractère purement métaphysique, c'est du Centre universel qu'il s'agit constamment ; aussi est-ce à cette doctrine que nous allons maintenant nous référer d'une façon à peu près exclusive.

Un des symboles les plus fréquemment employés par le Taoïsme, aussi bien que par beaucoup d'autres doctrines traditionnelles, est celui de la « roue cosmique », dont le mouvement est la figure du changement continuel auquel sont soumises toutes choses manifestées[234]. La circonférence tourne autour de son centre, qui seul ne participe pas à cette rotation, mais demeure fixe et immuable ; symbole de l'immutabilité absolue du Principe, dont l'équilibre, tel que l'envisage le Confucianisme, n'est que le reflet dans l'ordre de la manifestation. Ce centre est l'équivalent du « moteur immobile » d'Aristote ; il dirige toutes choses par son « activité non-agissante » (*wei wou-wei*), qui, bien que non-manifestée, ou plutôt parce que non-manifestée, est en réalité la plénitude de l'activité, puisque c'est celle du Principe dont sont dérivées toutes les activités particulières. C'est ce que Lao-tseu exprime en ces termes : « Le Principe est toujours non-agissant, et cependant tout est fait par lui »[235].

Le sage parfait, selon la doctrine taoïste, est celui qui est parvenu au point central et qui y demeure en union indissoluble avec le Principe, participant de son immutabilité et imitant son « activité non-agissante » : « Celui qui est

---

[234] Voir *L'idée du Centre dans les traditions antiques*, mai 1926. - La figure octogonale des huit koua ou « trigrammes » de Fo-hi, qui est un des symboles fondamentaux de la tradition extrême-orientale, équivaut à certains égards à la roue à huit rayons, ainsi qu'au lotus à huit pétales.

[235] Tao-te-king, ch. XXXVII.

arrivé au maximum du vide, dit Lao-tseu, celui-là sera fixé solidement dans le repos... Retourner à sa racine (c'est-à-dire au Principe, à la fois origine première et fin dernière de tous les êtres)[236], c'est entrer dans l'état de repos »[237]. Le « vide » dont il s'agit ici, c'est le détachement complet à l'égard de toutes les choses manifestées, transitoires et contingentes, détachement par lequel l'être échappe aux vicissitudes du « courant des formes », à l'alternance des états de « vie » et de « mort », de « condensation » et de « dissipation » (Aristote, dans un sens semblable, dit « génération » et « corruption »), passant de la circonférence de la « roue cosmique » à son centre, qui est désigné lui-même comme « le vide (le non-manifesté) qui unit les rayons et en fait une roue »[238]. La paix dans le vide, dit Lie-tseu, est un état indéfinissable ; on ne la prend ni ne la donne ; on arrive à s'y établir »[239]. « À celui qui demeure dans le non-manifesté, tous les êtres se manifestent.... Uni au Principe, il est en harmonie, par lui, avec tous les êtres. Uni au Principe, il connaît tout par les raisons générales supérieures, et n'use plus, par suite, de ses divers sens, pour connaître en particulier et en détail. La vraie raison des choses est invisible, insaisissable, indéfinissable, indéterminable. Seul l'esprit rétabli dans l'état de simplicité parfaite, peut l'atteindre dans la contemplation profonde »[240]. On voit ici la différence qui sépare la connaissance transcendante du sage du savoir ordinaire ou « profane » ; et la dernière phrase doit tout naturellement rappeler cette parole de l'Évangile : « Quiconque ne recevra point le Royaume de Dieu comme un enfant, n'y entrera point »[241]. Du reste, les allusions à cette « simplicité », regardée comme caractéristique de l'« état primordial », ne sont pas rares dans le Taoïsme ; et de même, dans les doctrines hindoues, l'état d'« enfance » (en

---

[236] Le mot *Tao*, littéralement « Voie », qui désigne le Principe (et on se souviendra ici que le Christ a dit : « je suis la Voie »), est représenté par un caractère idéographique qui réunit les signes de la tête et des pieds, ce qui équivaut au symbole de l'alpha et de l'oméga.

[237] Tao-te-King, ch. XVI.

[238] Tao-te-king, ch. XI. -Cf. *L'Omphalos, symbole du Centre*, juin 1926, Pp. 45-46.

[239] Lie-tseu, ch. 1er — Nous citons les textes de Lie-tseu et de Tchoang-tseu d'après la traduction du R. P. Léon Wieger, S. j.

[240] Lie-tseu, ch. IV.

[241] St Luc, XV 111, 17. — Cf. aussi St Matthieu, X1, 25, et St Luc, X, 2 : « Tandis que vous avez caché ces choses aux savants et aux prudents, vous les avez révélées aux simples et aux petits. »

sanscrit *bâlya*), entendu au sens spirituel, est considéré comme une condition préalable pour l'acquisition de la connaissance par excellence.

Placé au centre de la « roue cosmique », le sage parfait la meut invisiblement[242], par sa seule présence, et sans avoir à se préoccuper d'exercer une action quelconque ; son détachement absolu le rend maître de toutes choses, parce qu'il ne peut plus être affecté par rien. « Il a atteint l'impassibilité parfaite ; la vie et la mort lui étant également indifférentes, l'effondrement de l'univers ne lui causerait aucune émotion. À force de scruter, il est arrivé à la vérité immuable, la connaissance du Principe universel unique. Il laisse évoluer les êtres selon leurs destinées, et se tient, lui, au centre immobile de toutes les destinées[243]... Le signe extérieur de cet état intérieur, c'est l'imperturbabilité ; non pas celle du brave qui fonce seul, pour l'amour de la gloire, sur une armée rangée en bataille ; mais celle de l'esprit qui, supérieur au ciel, à la terre, à tous les êtres[244], habite dans un corps auquel il ne tient pas, ne fait aucun cas des images que ses sens lui fournissent, connaît tout par connaissance globale dans son unité immobile. Cet esprit-là, absolument indépendant, est maître des hommes ; s'il lui plaisait de les convoquer en masse, au jour fixé tous accourraient ; mais il ne veut pas se faire servir »[245]. L'indépendance de celui qui, dégagé de toutes les choses contingentes, est parvenu à la connaissance de la vérité immuable, est également affirmée dans l'Évangile : « Vous connaîtrez la vérité, et la vérité vous rendra libres »[246] ; et l'on pourrait aussi, d'autre part, faire un rapprochement entre ce qui précède et cette autre parole évangélique : « Cherchez d'abord le Royaume de Dieu et sa justice, et tout le reste vous sera

---

[242] C'est la même idée qui est exprimée d'autre part, dans la tradition hindoue, par le terme Chakravartî, littéralement « celui qui fait tourner la roue ». — Voir aussi, à ce sujet, ce que nous avons dit précédemment sur le swastika comme « signe du Pôle » (*L'idée du Centre dans les traditions antiques*, mai 1926, pp. 482-485).

[243] Suivant le commentaire traditionnel de Tcheng-tseu sur le Yi-king, le mot « destinée » « désigne la véritable raison d'être des choses » le « centre de toutes les destinées », c'est donc le Principe en tant que tous les êtres ont en lui leur raison suffisante.

[244] Le Principe ou le Centre, en effet, est avant toute distinction, y compris celle du ciel et de la terre, qui représente la première dualité.

[245] Tchoang-tseu, ch. V.

[246] St Jean, VIII, 32.

donné par surcroît »[247].

Au point central, toutes les distinctions inhérentes aux points de vue extérieurs sont dépassées ; toutes les oppositions ont disparu et sont résolues dans un parfait équilibre. « Dans l'état primordial, ces oppositions n'existaient pas. Toutes sont dérivées de la diversification des êtres (inhérente à la manifestation et contingente comme elle), et de leurs contacts causés par la giration universelle. Elles cesseraient, si la diversité et le mouvement cessaient. Elles cessent d'emblée d'affecter l'être qui a réduit son moi distinct et son mouvement particulier à presque rien[248]. Cet être n'entre plus en conflit avec aucun être, parce qu'il est établi dans l'infini, effacé dans l'indéfini. Il est parvenu et se tient au point de départ des transformations, point neutre où il n'y a pas de conflits. Par concentration de sa nature, par alimentation de son esprit vital, par rassemblement de toutes ses puissances, il s'est uni au principe de toutes les genèses. Sa nature étant entière, son esprit vital étant intact, aucun être ne saurait l'entamer »[249]. Le point neutre où tous les contrastes et toutes les antinomies se résolvent dans l'unité première, c'est le lieu central que certaines écoles d'ésotérisme musulman appellent « station divine » (*maqâmul-ilahi*), et qu'elles représentent comme l'intersection des branches de la croix, suivant un symbolisme auquel nous avons déjà fait quelques allusions[250].

Ce point central et primordial est également identique au « Saint Palais » ou « Palais intérieur » de la Kabbale hébraïque, qui est au centre des six directions de l'espace, lesquelles, d'ailleurs, forment aussi une croix à trois

---

[247] St Matthieu, VI, 33 ; St Luc, XII, 31. — Il faut se souvenir ici du rapport étroit qui existe entre l'idée de justice et celles d'équilibre et d'harmonie (voir *L'idée du Centre dans les traditions antiques*, mai 1926, p. 481).

[248] Cette réduction du « moi distinct » est la même chose que le « vide » dont il a été question plus haut ; il est d'ailleurs manifeste, d'après le symbolisme de la roue, que le « mouvement » d'un être est d'autant plus réduit que cet être est plus rapproché du centre.

[249] Tchoang-tseu, ch : XIX. — La dernière phrase se rapporte encore aux conditions de l'« état primordial » : c'est l'immortalité de l'homme avant la chute, recouvrée par celui qui, revenu au « Centre du Monde », s'alimente à l'« Arbre de Vie ».

[250] *L'idée du Centre dans Les traditions antiques*, mai 1926, p. 481 ; *Cœur et Cerveau*, janvier 1927, p. 157.

dimensions[251]. En lui-même, ce point n'est pas situé, car il est absolument indépendant de l'espace, qui n'est que le résultat de son expansion ou de son développement indéfini en tous sens, et qui, par conséquent, procède entièrement de lui : « Transportons-nous en esprit, en dehors de ce monde des dimensions et des localisations, et il n'y aura plus lieu de vouloir situer le Principe »[252]. Mais, l'espace étant réalisé, le point primordial, tout en demeurant toujours essentiellement « non-localisé », se fait le centre de cet espace (c'est-à-dire, en transposant ce symbolisme, le centre de toute la manifestation universelle) ; c'est de lui que partent les six directions (qui, s'opposant deux à deux, représentent tous les contraires), et c'est aussi à lui qu'elles reviennent, par le mouvement alternatif d'expansion et de concentration qui constitue les deux phases complémentaires de toute manifestation[253]. C'est la seconde de aces phases, le mouvement de retour vers l'origine, qui marque la voie suivie par le sage pour parvenir à l'union avec le Principe : la « concentration de sa nature », le « rassemblement de toutes ses puissances », dans le texte que nous citons tout à l'heure, l'indiquent aussi nettement que possible ; et la « simplicité », dont il a déjà été question, correspond à l'unité « sans dimensions » du point primordial. « L'homme absolument simple fléchit par cette simplicité tous les êtres, si bien que rien ne s'oppose à lui dans les six régions de l'espace, que rien ne lui est hostile, que le feu et l'eau ne le blessent pas »[254]. En effet, il se tient au centre, dont les six directions sont issues par rayonnement, et où elles viennent, dans le mouvement de retour, se neutraliser deux à deux, de sorte que, en ce point unique, leur triple opposition cesse entièrement, et que rien de ce qui en résulte ou s'y localise ne peut atteindre l'être qui demeure dans l'unité immuable. Celui-ci ne s'opposant à rien, rien non plus ne saurait s'opposer à lui, car l'opposition est nécessairement une relation réciproque, qui exige deux termes en présence, et qui, par conséquent, est incompatible avec l'unité principielle ; et l'hostilité, qui n'est qu'une conséquence ou une manifestation extérieure de l'opposition, ne peut exister à l'égard d'un être qui est en dehors et au-delà de toute opposition. Le feu et l'eau, qui sont le type des contraires

---

[251] Voir *Le Cœur du Monde dans la Kabbale hébraïque*, juillet-août 1926.

[252] Tchoang-tseu, ch. XXII.

[253] Voir encore *L'idée du Centre dans les traditions antiques*, mai 1926, p. 485.

[254] Lie-tseu, ch. II.

dans le « monde élémentaire », ne peuvent le blesser, car, à vrai dire, ils n'existent même plus pour lui en tant que contraires, étant rentrés, en s'équilibrant et se neutralisant l'un l'autre par la réunion de leurs qualités complémentaires, dans l'indifférenciation de l'éther primordial.

Pour celui qui se tient au centre, tout est unifié, car il voit toutes choses dans l'unité du Principe ; tous les points de vue particuliers (ou, si l'on veut, « particularistes ») et analytiques, qui ne sont fondés que sur des distinctions contingentes, et dont naissent toutes les divergences des opinions individuelles, ont disparu pour lui, résorbés dans la synthèse totale de la connaissance transcendante, adéquate à la vérité une et immuable. « Son point de vue à lui, c'est un point d'où ceci et cela, oui et non, paraissent encore non-distingués. Ce point est le pivot de la norme ; c'est le centre immobile d'une circonférence sur le contour de laquelle roulent toutes les contingences, les distinctions et les individualités ; d'où l'on ne voit qu'un infini, qui n'est ni ceci ni cela, ni oui ni non. Tout voir dans l'unité primordiale non encore différenciée ; ou d'une distance telle que tout se fond en un, voilà la vraie intelligence »[255]. Le « pivot de la norme », c'est ce que presque toutes les traditions appellent le « Pôle »[256], c'est-à-dire le point fixe autour duquel s'accomplissent les révolutions du monde, selon la norme ou la loi qui régit toute manifestation, et qui n'est elle-même que l'émanation directe du centre, l'expression de la « Volonté du Ciel » dans l'ordre cosmique[257].

On remarquera qu'il y a, formulée d'une façon particulièrement explicite

---

[255] Tchoang-tseu, ch. II.

[256] La « Grande Unité » (Tai-i) est représentée comme résidant dans l'étoile polaire, qui est appelée *Tien-ki*, c'est-à-dire littéralement « faîte du ciel ».

[257] La « Rectitude » (Te), dont le nom évoque l'idée de l'« Axe du Monde », est, dans la doctrine de Lao-tseu, ce qu'on pourrait appeler une « spécification » de la « Voie » (Tao) par rapport à un être ou à un état d'existence déterminé : c'est la direction que cet être doit suivre pour que son existence soit selon la « Voie », ou, en d'autres termes, en conformité avec le Principe (direction prise dans le sens ascendant, tandis que, dans le sens descendant, cette même direction est celle de l'« Activité du Ciel »), — Ceci peut être rapproché de ce que nous avons indiqué précédemment au sujet de la signification symbolique de l'orientation rituelle (L'idée du Centre dans les traditions antiques, mai 1926, p. 485).

dans le dernier texte que nous venons de citer, une image beaucoup plus juste que celle dont s'est servi Pascal lorsqu'il a parlé d'« une sphère dont le centre est partout et la circonférence nulle part ». À première vue, on pourrait presque croire que les deux images sont comparables, sinon identiques ; mais, en réalité, elles sont exactement inverses l'une de l'autre ; Pascal, en effet, s'est ici laissé entraîner par son imagination de géomètre, qui l'a amené à renverser les véritables rapports, tels qu'on doit les envisager au point de vue métaphysique. C'est le centre qui n'est proprement nulle part, puisque, comme nous le disions plus haut, il est « non-localisé » ; il ne peut être trouvé en aucun lieu, de la manifestation, étant absolument transcendant par rapport à celle-ci, tout en étant intérieur à toutes choses. Il est au-delà de tout ce qui peut être atteint par les sens et par les facultés qui procèdent de l'ordre sensible : « Le Principe ne peut être atteint ni par la vue ni par l'ouïe.... Le Principe ne peut pas être entendu ; ce qui s'entend, ce n'est pas lui. Le Principe ne peut pas être vu ; ce qui se voit, ce n'est pas lui. Le Principe ne peut pas être énoncé ; ce qui s'énonce, ce n'est pas lui.... Le Principe, ne pouvant pas être imaginé, ne peut pas non plus être décrit »[258]. Tout ce qui peut être vu, entendu, imaginé, énoncé ou décrit, appartient nécessairement à la manifestation ; c'est donc, en réalité, la circonférence qui est partout, puisque tous les lieux de l'espace, ou, plus généralement, toutes les choses manifestées (l'espace n'étant ici qu'un symbole de la manifestation universelle), « toutes les contingences, les distinctions et les individualités ne sont que des éléments du « courant des formes », des points de la circonférence de la roue cosmique ».

Nous nous sommes borné à reproduire et à expliquer quelques textes choisis parmi beaucoup d'autres du même genre, et empruntés surtout aux grands commentateurs taoïstes du IVe siècle avant notre ère, Lie-tseu et Tchoang-tseu. L'orientaliste G. Pauthier, qui, sans avoir pénétré jusqu'au sens profond des doctrines traditionnelles, avait du moins entrevu plus de choses que beaucoup de ceux qui sont venus après lui, appelait le. Taoïsme « un Christianisme primitif » ; ce n'était pas sans raison, et les considérations que

---

[258] Tchoang-tseu, ch XXII. — Voir le « post-scriptum » de notre, article de mars 1927, pp. 350-351.

nous avons exposées aideront peut-être à le comprendre. On pourra, notamment, reconnaître qu'il existe une concordance des plus frappantes entre l'idée du sage qui, se tenant au « Centre du Monde », uni au Principe, y demeure dans la paix, soustrait à toutes les vicissitudes du monde extérieur, et l'idée de l'« habitat spirituel » dans le Cœur du Christ, dont il a déjà été parlé ici à diverses reprises[259]. C'est là encore une preuve de l'harmonie des traditions antiques avec le Christianisme, harmonie qui, pour nous, trouve précisément sa source et son explication au « Centre du Monde », nous voulons dire au Paradis terrestre : comme les quatre fleuves sont issus de la fontaine unique qui est au pied de l'« Arbre de Vie », ainsi tous les grands courants traditionnels sont dérivés de la Révélation primitive.

---

[259] À ce propos de cette question, nous avons encore relevé dernièrement une référence intéressante : dans les Révélations de l'Amour divin à Julienne de Norwich, recluse du XIVe siècle, dont une traduction française vient d'être publiée par Dom G. Meunier, la dixième révélation montre toute la portion du genre humain qui sera sauvée, placée dans « le divin Cœur percé par la lance ».

Le Symbolisme de la Croix[260]

Nous avons montré, dans notre étude sur *La Prière et l'Incantation*, que le signe de la Croix symbolise l'épanouissement intégral de l'être dans les deux sens de l'ampleur et de l'exaltation, c'est-à-dire la réalisation complète de l'Homme Universel[261]. C'est pourquoi, d'ailleurs, la Kabbale caractérise l'Adam Kadmon par le Quaternaire, qui est le nombre de l'Émanation, et qui produit le Dénaire, totale manifestation de l'Unité principielle, qu'il contenait en puissance, étant lui-même l'expansion de cette Unité ; le Quaternaire en action est, en effet, représenté par la Croix[262]. Ceci prouve clairement que la Croix n'est pas seulement, comme certains auteurs l'ont prétendu, « un symbole de la jonction cruciale que forme l'écliptique avec l'équateur », et « une image des équinoxes, lorsque le Soleil, dans sa course annuelle, couvre successivement ces deux points »[263]. Elle est cela sans doute, mais elle est bien autre chose aussi ; et même, si elle est cela, c'est que les phénomènes astronomiques doivent eux-mêmes être considérés comme des symboles, et qu'on peut y retrouver, comme en toutes choses, et en particulier dans l'homme corporel, la similitude de l'Homme Universel, chacune des parties de l'Univers, monde ou être individuel, étant analogue au Tout[264].

---

[260] *LA GNOSE* - Février 1911, N° 2 - Deuxième Année ; - Mars 1911, N° 3 - Deuxième Année ; - Avril 1911, N° 4 - Deuxième Année ; - Mai 1911, N° 5 - Deuxième Année ; - Juin 1911, N° 6 - Deuxième Année.

[261] Voir la note de la p. 26 (2e année, n° 1). — Pour compléter ce que nous y avons dit au sujet du rite de la Communion, nous pouvons ajouter ceci : la Hiérurgie ou la Messe n'est, en réalité, ni une prière ni un acte magique, mais elle constitue à proprement parler une incantation, dans le sens que nous avons donné à ce mot.

[262] Voir nos *Remarques sur la production des Nombres* (1re année, n° 8, p. 1 56).

[263] Ragon, *Rituel du Grade de Rose-Croix*, pp. 25 à 28.

[264] Pour ce qui concerne la signification astronomique de la Croix, voir l'étude sur *l'Archéomètre*, en particulier p. 187 (1re année, n° 9) et p. 245 (1re année, n°11). - Il est bon de rappeler que c'est cette interprétation, insuffisante quand elle est exclusive, qui a

D'autre part, nous avons dit que l'individualité corporelle n'est qu'une portion, une modalité de l'individualité intégrale, et que celle-ci est susceptible d'un développement indéfini, se manifestant dans des modalités dont le nombre est également indéfini. Chaque modalité est déterminée par un ensemble de conditions dont chacune, considérée isolément, peut s'étendre au-delà du domaine de cette modalité, et se combiner alors avec des conditions différentes pour constituer les domaines d'autres modalités, faisant partie de la même individualité intégrale, chacun de ces domaines pouvant d'ailleurs contenir des modalités analogues appartenant à une indéfinité d'autres individus, dont chacun, de son côté, est un état d'un des êtres de l'Univers. L'ensemble des domaines contenant toutes les modalités d'une individualité, domaines qui, comme nous venons de le dire, sont en nombre indéfini, et dont chacun est encore indéfini, cet ensemble, disons-nous, constitue un degré de l'Existence universelle, lequel, dans son intégralité, contient une indéfinité d'individus.

Nous pouvons représenter ce degré de l'Existence par un plan horizontal, s'étendant indéfiniment suivant deux dimensions, qui correspondent aux deux indéfinités que nous avons ici à considérer : d'une part, celle des individus, que l'on peut représenter par l'ensemble des droites parallèles à l'une des dimensions, définie, si l'on veut, par la direction de l'intersection du plan horizontal avec un plan vertical de front ; et, d'autre part, celle des domaines particuliers aux différentes modalités des individus, qui sera alors représentée par l'ensemble des droites du plan horizontal perpendiculaires à la direction précédente, c'est-à-dire parallèles à l'axe visuel ou antéro-postérieur, dont la direction définit l'autre dimension. Chacune de ces deux catégories comprend une indéfinité de droites parallèles, toutes indéfinies ; chaque point du plan sera déterminé par l'intersection de deux droites appartenant respectivement à ces deux catégories, et représentera, par conséquent, une modalité particulière d'un des individus compris dans le degré considéré.

L'Existence universelle, bien qu'unique en elle-même, est multiple dans

---

donné naissance à la trop fameuse théorie du "mythe solaire", reproduite jusque aujourd'hui par les principaux représentants de la "science des religions".

ses manifestations, et comporte une indéfinité de degrés, dont chacun pourra être représenté, dans une étendue à trois dimensions, par un plan horizontal. Nous venons de voir que la section d'un tel plan par un plan vertical de front représente un individu, ou plutôt, pour parler d'une façon plus générale et en même temps plus exacte, un état d'un être, état qui peut être individuel ou non individuel, suivant les conditions du degré de l'Existence auquel il appartient. Ce plan vertical de front peut donc être regardé comme représentant un être dans sa totalité ; cet être comprend un nombre indéfini d'états, figurés alors par toutes les droites horizontales du plan, dont les verticales sont formées par les ensembles de modalités qui se correspondent dans tous ces états. D'ailleurs, il y a une indéfinité de tels plans représentant l'indéfinité des êtres contenus dans l'Univers total.

On voit donc que, dans cette représentation géométrique à trois dimensions, chaque modalité d'un état d'être n'est indiquée que par un point ; elle est cependant susceptible, elle aussi, de se développer dans le parcours d'un cycle de manifestation comportant une indéfinité de modifications pour la modalité corporelle de notre individualité humaine actuelle, par exemple, ces modifications seront tous les moments de son existence, ou, ce qui revient au même, tous les gestes qu'elle accomplira au cours de cette existence. Il faudrait, pour représenter ces modifications, figurer la modalité considérée, non par un point, mais par une droite entière, dont chaque point serait une de ces modifications, en ayant bien soin de remarquer que cette droite, quoique indéfinie, est limitée, comme l'est d'ailleurs tout indéfini, et même, si l'on peut s'exprimer ainsi, toute puissance de l'indéfini. L'indéfinité simple étant représentée par la ligne droite, la double indéfinité, ou l'indéfini à la seconde puissance, le sera par le plan, et la triple indéfinité, ou l'indéfini à la troisième puissance, par l'étendue à trois dimensions. Si donc chaque modalité est figurée par une droite, un état d'être, comportant une double indéfinité, sera maintenant figuré, dans son intégralité, par un plan horizontal, et un être, dans sa totalité, le sera par une étendue à trois dimensions.

Dans cette nouvelle représentation ; plus complète que la première, nous voyons tout d'abord que par chaque point de l'étendue considérée passent trois droites respectivement parallèles à ses trois dimensions ; chaque point pourrait donc être pris comme sommet d'un trièdre trirectangle, constituant un système de coordonnées auquel toute l'étendue serait rapportée, et dont les trois axes formeraient une croix à trois dimensions. Supposons que l'axe vertical de ce système soit déterminé ; il rencontrera chaque plan horizontal en un point, qui sera l'origine des coordonnées rectangulaires auxquelles le plan sera rapporté, et dont les deux axes formeront une croix à deux dimensions. On peut dire que ce point est le centre du plan et que l'axe vertical est le lieu des centres de tous les plans horizontaux ; toute verticale, c'est-à-dire toute parallèle à cet axe, contient aussi des points qui se correspondent dans ces mêmes plans. Si, outre l'axe vertical, on détermine un plan horizontal particulier, le trièdre trirectangle dont nous venons de parler sera également déterminé par là-même. Il y aura une croix à deux dimensions, formée par deux des trois axes, dans chacun des trois plans de coordonnées dont l'un est le plan horizontal considéré, et dont les deux autres sont deux plans orthogonaux passant chacun par l'axe vertical et par un des deux axes horizontaux ; et ces trois croix auront pour centre commun le sommet du trièdre, qui est le centre de la croix à trois dimensions, et que l'on peut considérer aussi comme le centre de l'étendue. Chaque point pourrait être centre, et on peut dire qu'il l'est en puissance ; mais en fait, il faut qu'un point particulier soit déterminé, nous dirons comment par la suite, pour qu'on puisse tracer la croix, c'est-à-dire mesurer toute l'étendue, ou, analogiquement, réaliser la compréhension totale de l'être.

Dans cette nouvelle représentation à trois dimensions, ou nous avons considéré seulement un être, la direction horizontale suivant laquelle se développent les modalités de tous les états de cet être implique, ainsi que les plans verticaux qui lui sont parallèles, une idée de succession logique, tandis que les plans verticaux qui lui sont perpendiculaires correspondent corrélativement, à l'idée de simultanéité logique. Si on projette toute l'étendue sur celui des trois plans de coordonnées qui est dans ce dernier cas, chaque modalité de chaque état d'être se projettera suivant un point d'une droite horizontale, et l'état dont le centre coïncide avec celui de l'être total sera figuré par l'axe horizontal situé dans le plan sur lequel se fait la projection. Nous sommes ainsi ramenés à notre première représentation, celle où l'être est situé dans un plan vertical ; un plan horizontal pourra alors de nouveau être un degré de l'Existence universelle, comprenant le développement entier d'une possibilité particulière, dont la manifestation constitue, dans son ensemble, ce qu'on peut appeler un Macrocosme, tandis que, dans l'autre représentation, il est seulement le développement de cette même possibilité dans un être, ce qui constitue un état de celui-ci, individualité intégrale ou état non individuel, que l'on peut, dans tous les cas, appeler un Microcosme. Mais le Macrocosme lui-même, comme le Microcosme, n'est, lorsqu'on l'envisage isolément, qu'un des éléments de l'Univers, comme chaque possibilité particulière n'est qu'un élément de la Possibilité totale.

Celle des deux représentations qui se rapporte à l'Univers peut être appelée, pour simplifier le langage, la représentation macrocosmique, et celle qui se rapporte à un être, la représentation microcosmique. Nous avons vu comment, dans cette dernière, est tracée la croix à trois dimensions : il en sera de même dans la représentation macrocosmique, si l'on y détermine les éléments correspondants, c'est-à-dire un axe vertical, qui sera l'axe de l'Univers, et un plan horizontal, qu'on pourra désigner, par analogie, comme son équateur ; et nous devons faire remarquer que chaque Macrocosme a ici son centre sur l'axe vertical, comme l'avait chaque Microcosme dans l'autre représentation.

On voit, par ce qui vient d'être exposé, l'analogie qui existe entre le Macrocosme et le Microcosme, chaque partie de l'Univers étant analogue aux autres parties, et ses propres parties lui étant analogues aussi parce que toutes sont analogues à l'Univers total, comme nous l'avons dit au début. Il en résulte que ; si nous considérons le Macrocosme, chacun des domaines définis qu'il comprend lui est analogue ; de même, si nous considérons le Microcosme, chacune de ses modalités lui est aussi analogue. C'est ainsi que, en particulier, la modalité corporelle ou physique de notre individualité humaine actuelle peut symboliser cette même individualité envisagée intégralement, si l'on fait correspondre ses trois parties, tête, poitrine et abdomen, respectivement aux trois éléments dont est composée l'individualité : élément pneumatique ou intellectuel, élément psychique ou émotif, élément hylique ou matériel[265]. C'est là la division la plus générale de l'individualité, et on pourrait l'appliquer au Macrocosme comme au Microcosme, selon la loi des analogies ; mais il ne faut pas oublier que chacun de ces trois éléments comporte un nombre indéfini de modalités coexistantes, de même que chacune des trois parties du corps se compose d'un nombre indéfini de cellules, dont chacune aussi a son existence propre.

Ceci étant établi, si nous considérons un état d'être, figuré par un plan horizontal de la représentation microcosmique, il nous reste maintenant à dire à quoi correspond le centre de ce plan, ainsi que, l'axe vertical qui passe par ce centre. Mais, pour en arriver là, il nous faudra avoir encore recours à une autre représentation géométrique, un peu différente de la précédente, et dans laquelle nous ferons intervenir, non plus seulement, comme nous l'avons fait jusqu'ici, le parallélisme ou la correspondance, mais encore la continuité de toutes les modalités de chaque état d'être entre elles, et aussi de tous les états d'être entre eux, dans la constitution de l'être total.

Au lieu de représenter les différentes modalités d'un même état d'être par des droites parallèles, comme nous l'avons fait précédemment, nous pouvons les représenter par des cercles concentriques tracés dans le même plan horizontal, et ayant pour centre commun le centre même de ce plan, c'est-à-dire, selon ce que nous avons établi, son point de rencontre avec l'axe vertical. De cette façon, on voit bien que chaque modalité est finie, limitée, puisqu'elle est figurée par une circonférence, qui est une courbe fermée ; mais, d'autre part, cette circonférence est formée d'un nombre indéfini de points, représentant l'indéfinité des modifications que comporte la modalité considérée. De plus, les cercles concentriques doivent ne laisser entre eux aucun intervalle, si ce n'est la distance infinitésimale de deux points immédiatement voisins (nous reviendrons un peu plus loin sur cette question), de sorte que leur ensemble comprenne tous les points du plan, ce qui suppose qu'il y a continuité entre tous ces cercles ; mais, pour qu'il y ait

---

[265] Voir, dans l'étude sur l'*Archéomètre* (2e année, n° 1, p. 17), la correspondance de ces mêmes éléments de l'individualité avec les divisions de la société humaine, que l'on peut regarder comme une individualité collective, et comme un des analogues, dans le Macrocosme, de ce qu'est dans le Microcosme une de ses modalités.

vraiment continuité, il faut que la fin de chaque circonférence coïncide, avec le commencement de la circonférence suivante, et, pour que ceci soit possible sans que les deux circonférences successives soient confondues, il faut que ces circonférences, ou plutôt les courbes que nous avons considérées comme telles, soient en réalité des courbes non fermées.

D'ailleurs, nous pouvons aller plus loin : il est matériellement impossible de tracer une courbe fermée, et, pour le prouver, il suffit de remarquer que, dans l'espace où est située notre modalité corporelle, tout est toujours en mouvement (par la combinaison des conditions espace et temps), de telle façon que, si nous voulons tracer un cercle, et si nous commençons ce tracé en un certain point de l'espace, nous nous trouverons en un autre point lorsque nous l'achèverons, et nous ne repasserons jamais par le point de départ. De même, la courbe qui symbolise le parcours d'un cycle évolutif quelconque ne devra jamais passer deux fois par un même point, ce qui revient à dire qu'elle ne doit pas être une courbe fermée (ni une courbe contenant des points multiples). Cette représentation montre qu'il ne peut pas y avoir deux possibilités identiques dans l'Univers, ce qui reviendrait d'ailleurs à une limitation de la Possibilité totale, limitation impossible, puisque, devant comprendre la Possibilité, elle ne pourrait y être comprise[266]. Deux possibilités qui seraient identiques ne différeraient par aucune de leurs conditions ; mais, si toutes les conditions sont les mêmes, c'est aussi la même possibilité, et ce raisonnement peut s'appliquer à tous les points de notre représentation, chacun de ces points figurant une modification particulière qui réalise une possibilité déterminée[267].

Le commencement et la fin de l'une quelconque des circonférences que

---

[266] Une limitation de la Possibilité universelle est, au sens propre du mot une impossibilité ; nous verrons par ailleurs que ceci exclut la théorie réincarnationniste, au même titre que le « retour éternel », de Nietzsche, et que la répétition simultanée, dans l'espace, d'individus supposés identiques, comme l'imagina Blanqui.

[267] Nous envisageons ici la possibilité dans son acception la plus restreinte et la plus spécialisée ; il s'agit, non d'une possibilité particulière susceptible d'un développement indéfini, mais seulement de l'un quelconque des éléments que comporte ce développement.

nous avons à considérer ne sont donc pas le même point, mais deux points consécutifs d'un même rayon, et, en réalité, ils n'appartiennent pas à la même circonférence : l'un appartient à la circonférence précédente, dont il est la fin, et l'autre à la circonférence suivante, dont il est le commencement, ceci peut s'appliquer, en particulier, à la naissance et à la mort de notre modalité corporelle. Ainsi, les deux modifications extrêmes de chaque modalité ne coïncident pas, mais il y a simplement correspondance entre elles dans l'ensemble de l'état d'être dont cette modalité fait partie, cette correspondance étant indiquée par la situation de leurs points représentatifs sur un même rayon issu du centre du plan. Par suite, le même rayon contiendra les modifications extrêmes de toutes les modalités de l'état d'être considéré, modalités qui ne doivent d'ailleurs pas être regardées comme successives à proprement parler (car elles peuvent tout aussi bien être simultanées), mais simplement comme s'enchaînant logiquement. Les courbes qui figurent ces modalités, au lieu d'être des circonférences comme nous l'avions supposé tout d'abord, sont les spires successives d'une spirale indéfinie tracée dans le plan horizontal, d'une spire à l'autre, le rayon varie d'une quantité infinitésimale, qui est la distance de deux points consécutifs de ce rayon, distance qu'il est d'ailleurs impossible de considérer comme nulle, puisque les deux points ne sont pas confondus.

On peut dire que cette distance de deux points immédiatement voisins est la limite de l'étendue dans le sens des quantités indéfiniment décroissantes elle est la plus petite étendue possible, ce après quoi il n'y a plus d'étendue c'est-à-dire plus de condition spatiale. Donc, lorsqu'on divise l'étendue indéfiniment (mais non à l'infini, ce qui serait une absurdité, la divisibilité étant nécessairement une qualité propre à un domaine limité, puisque la condition spatiale, dont elle dépend, est elle-même limitée), ce n'est pas au point qu'on aboutit ; c'est à la distance élémentaire entre deux points, d'où il résulte que, pour qu'il y ait étendue ou condition spatiale, il faut qu'il y ait deux points, et l'étendue (à une dimension) ou la distance est le troisième élément qui unit ces deux points. Cependant, l'élément primordial, celui qui existe par lui-même, c'est le point : on peut dire qu'il contient une potentialité d'étendue, qu'il ne peut développer qu'en se dédoublant d'abord, puis en se multipliant indéfiniment, de telle sorte que l'étendue manifestée procède de sa différenciation (ou, plus exactement, de lui en tant qu'il se différencie). Le point, considéré en lui-même, n'est pas soumis à la condition spatiale ; au contraire, c'est lui qui réalise l'espace, qui crée l'étendue par son acte, lequel, dans la condition temporelle, se traduit par le mouvement ; mais, pour réaliser l'espace, il faut qu'il se situe lui-même dans cet espace, qu'il remplira tout entier du déploiement de ses potentialités. Il peut, successivement dans la condition temporelle, ou simultanément hors de cette condition (ce qui nous ferait d'ailleurs sortir de l'espace ordinaire à trois dimensions), s'identifier, pour les réaliser, à tous les points virtuels de cette étendue, celle-ci étant envisagée statiquement, comme la potentialité totale du point, le lieu ou le contenant des manifestations de son activité. Le point qui réalise toute l'étendue comme nous venons de l'indiquer s'en fait le centre, en la mesurant selon toutes ses dimensions, par l'extension indéfinie des branches de la Croix vers les points cardinaux de cette étendue ; c'est l'Homme Universel, mais non l'homme individuel (celui-ci ne pouvant rien atteindre en dehors de son propre état d'être), qui est, suivant la parole d'un philosophe grec, la mesure de toutes choses. Nous aurons à revenir, dans une autre étude, sur la question des limitations de la condition spatiale (ainsi que des autres conditions de l'existence corporelle), et nous montrerons alors comment, de la remarque que nous venons de faire, se déduit la démonstration de l'absurdité de la théorie atomiste.

Revenons à la nouvelle représentation géométrique qui nous a induit en cette digression : il est à remarquer qu'elle équivaut à remplacer par des coordonnées polaires les coordonnées rectangulaires du plan horizontal de notre précédente représentation microcosmique. Toute variation du rayon correspond à une variation équivalente sur l'axe traversant toutes les modalités, c'est-à-dire perpendiculaire à la direction suivant laquelle s'effectuait le parcours de chaque modalité. Quant aux variations sur l'axe parallèle à cette dernière direction, elles sont remplacées par les positions différentes qu'occupe le rayon en tournant autour du pôle, c'est-à-dire par les variations de son angle de rotation, mesuré à partir d'une certaine position prise pour origine. Cette position, qui sera la normale au départ de la spirale (celle-ci partant du centre tangentiellement à la position perpendiculaire du rayon), sera celle du rayon qui contient, comme nous l'avons dit, les modifications extrêmes (commencement et fin) de toutes les modalités.

Mais, dans ces modalités, il n'y a pas que le commencement et la fin qui se correspondent, et chaque modification ou élément d'une modalité a sa correspondance dans toutes les autres modalités, les modifications correspondantes étant toujours représentées par des points situés sur un même rayon. Si on prenait ce rayon, quel qu'il soit, comme normale à l'origine de la spirale, on aurait toujours la même spirale, mais la figure aurait tourné d'un certain angle. Pour représenter la parfaite continuité qui existe entre toutes les modalités, il faudrait supposer que la figure occupe simultanément toutes les positions possibles autour du pôle, toutes ces figures similaires s'interpénétrant, puisque chacune d'elles comprend tous les points du plan ; ce n'est qu'une même figure dans une indéfinité de positions différentes, positions qui correspondent à l'indéfinité des valeurs de l'angle de rotation, en supposant que celui-ci varie d'une façon continue jusqu'à ce que le rayon, après une révolution complète, soit revenu se superposer à sa position première. On aurait alors l'image exacte d'un mouvement vibratoire se propageant indéfiniment, en ondes concentriques, autour de son point de départ, dans un plan horizontal tel que la surface libre (théorique) d'un liquide ; et ce serait aussi le symbole géométrique le plus exact que nous puissions donner de l'intégralité d'un état d'être. Nous pourrions même montrer que la réalisation de cette intégralité correspondrait à l'intégration de l'équation différentielle exprimant la relation qui existe entre les variations correspondantes du rayon et de son angle de rotation, l'un et l'autre variant d'une façon continue, c'est-à-dire de quantités infinitésimales. La constante arbitraire qui figure dans l'intégrale serait déterminée par la position du rayon prise pour origine, et cette même quantité, qui n'est constante que pour une position déterminée de la figure, devrait varier d'une façon continue de 0 à 2π pour toutes ses positions, de sorte que, si l'on considère celles-ci comme pouvant être simultanées (ce qui revient à supprimer la condition temporelle, qui donne à l'activité de manifestation la forme du mouvement), il faut laisser la constante indéterminée entre ces deux valeurs extrêmes.

Cependant, on doit avoir bien soin de remarquer que ces représentations géométriques sont toujours imparfaites, comme l'est d'ailleurs toute représentation ; en effet, nous sommes obligés de les situer dans un espace particulier, dans une étendue déterminée, et l'espace, même envisagé dans toute son extension, n'est qu'une condition contenue dans un des degrés de l'Existence universelle, et à laquelle (unie d'ailleurs à d'autres conditions) sont soumis certains des domaines multiples compris dans ce degré de l'Existence, domaines dont chacun est, dans le Macrocosme, ce qu'est dans le Microcosme la modalité correspondante de l'état d'être situé dans ce même degré. La représentation est nécessairement imparfaite, par là même qu'elle est enfermée dans des limites plus restreintes que ce qui est représenté (s'il en était autrement, elle serait inutile)[268] ; mais elle est d'autant moins imparfaite que, tout en étant comprise dans les limites du concevable actuel, elle devient cependant moins limitée, ce qui revient à dire qu'elle fait intervenir une puissance plus élevée de l'indéfini[269]. Ceci se traduit, dans les représentations spatiales, par l'adjonction d'une dimension ; d'ailleurs, cette question sera encore éclaircie par la suite de notre exposé.

Mais, dans notre nouvelle représentation, nous n'avons considéré jusqu'ici qu'un plan horizontal, et il nous faut maintenant figurer la continuité de tous les plans horizontaux, qui représentent l'indéfinie multiplicité des états de l'être. Cette continuité s'obtiendra géométriquement d'une façon analogue : au lieu de supposer le plan horizontal fixe dans l'étendue à trois dimensions (hypothèse que le fait du mouvement rend aussi irréalisable matériellement que le tracé d'une courbe fermée), on suppose qu'il se déplace insensiblement, parallèlement à lui-même, de façon à rencontrer successivement l'axe vertical en tous ses points consécutifs, le passage d'un point à un autre correspondant au parcours d'une des spires que nous avons considérées (le mouvement spiroïdal étant supposé isochrone

---

[268] C'est pourquoi le supérieur ne peut symboliser l'inférieur, mais est, au contraire, toujours symbolisé par celui-ci, comme le montre d'ailleurs Saint-Martin dans le chapitre X du *Tableau Naturel* ; et ceci suffit pour renverser la théorie astro-mythologique de Dupuis. — Ajoutons que, selon la loi de l'analogie, l'inférieur, c'est-à-dire le symbole, est toujours *inversé* par rapport au supérieur ou à ce qui est symbolisé.

[269] Dans les quantités infinitésimales, il y a quelque chose qui correspond (en sens inverse à ces puissances (croissantes) de l'indéfini : c'est ce qu'on appelle les différents ordres (décroissants) de quantités infinitésimales.

pour simplifier la représentation, et, en même temps, pour traduire l'équivalence des multiples modalités de l'être en chacun de ses états, lorsqu'on les envisage dans l'Universalité), Nous pouvons même, pour plus de simplicité, considérer de nouveau et provisoirement chacune de ces spires comme nous l'avions déjà envisagée tout d'abord dans le plan horizontal fixe, c'est-à-dire comme une circonférence. Cette fois encore, la circonférence ne se fermera pas, car, lorsque le rayon qui la décrit reviendra se superposer à lui-même (ou plutôt à sa position initiale), il ne sera plus dans le même plan horizontal (supposé fixe comme parallèle à une direction de coordonnées et marquant la situation sur l'axe perpendiculaire à cette direction) ; la distance élémentaire qui séparera les deux extrémités de cette circonférence, ou plutôt de la courbe supposée telle, sera mesurée, non plus sur un rayon issu du pôle, mais sur une parallèle à l'axe vertical. Ces points extrêmes n'appartiennent pas au même plan horizontal, mais à deux plans horizontaux superposés, parce qu'ils marquent la continuité de chaque état d'être avec celui qui le précède et celui qui le suit immédiatement dans la hiérarchisation de l'être total. Si l'on considère les rayons qui contiennent les extrémités des modalités de tous les états d'être, leur superposition forme un plan vertical dont ils sont les droites horizontales, et ce plan vertical est le lieu de tous les points extrêmes dont nous venons de parler, et qu'on pourrait appeler des points-limites pour les différents états d'être, comme ils l'étaient précédemment, à un autre point de vue, pour les diverses modalités de chaque état d'être. La courbe que nous avions provisoirement considérée comme une circonférence est en réalité une spire, de hauteur infinitésimale, d'une hélice tracée sur un cylindre de révolution dont l'axe n'est autre que l'axe vertical de notre représentation. La correspondance entre les points des spires successives est ici marquée par leur situation sur une même génératrice du cylindre, c'est-à-dire sur une même verticale ; les points correspondants, à travers la multiplicité des états d'être, paraissent confondus lorsqu'on les envisage, dans la totalité de l'étendue à trois dimensions, en projection verticale sur un plan de base du cylindre, c'est-à-dire, en d'autres termes, en projection orthogonale sur un plan horizontal déterminé.

Pour compléter notre représentation, il suffit maintenant d'envisager simultanément, d'une part, ce mouvement hélicoïdal, s'effectuant sur un système cylindrique vertical constitué par une indéfinité de cylindres circulaires concentriques (le rayon de base ne variant de l'un à l'autre que d'une quantité infinitésimale), et, d'autre part, le mouvement spiroïdal que nous avons considéré précédemment dans chaque plan horizontal supposé fixe. Par suite, la base plane du système vertical ne sera autre que la spirale horizontale équivalant à une indéfinité de circonférences concentriques non fermées ; mais, en outre, pour pousser plus loin l'analogie des considérations relatives respectivement aux étendues à deux et trois dimensions, et aussi pour mieux symboliser la parfaite continuité de tous les états d'être entre eux, il faudra envisager la spirale, non pas dans une seule position, mais dans toutes les positions qu'elle peut occuper autour de son centre, ce qui donne une indéfinité de systèmes verticaux tels que le précédent, ayant le même axe, et s'interpénétrant tous lorsqu'on les regarde comme coexistants, puisque chacun d'eux comprend tous les points d'une même étendue à trois dimensions, dans laquelle ils sont tous situés ; ce n'est que le même système considéré simultanément dans toutes les positions qu'il occupe en accomplissant une rotation autour de l'axe vertical.

Nous verrons cependant que, en réalité, l'analogie n'est pas encore tout à fait complète ainsi ; mais, avant d'aller plus loin, remarquons que tout ce que nous venons de dire pourrait s'appliquer à la représentation macrocosmique, aussi bien qu'à la représentation microcosmique. Alors, les spires successives de la spirale indéfinie tracée dans un plan horizontal, au lieu de représenter les diverses modalités d'un état d'être, représenteraient les domaines multiples d'un degré de l'Existence universelle, tandis que la correspondance verticale serait celle de chaque degré de l'Existence, dans chacune des possibilités d'être déterminées qu'il comprend, avec tous les autres degrés. Cette concordance entre les deux représentations (macrocosmique et microcosmique) sera d'ailleurs également vraie pour tout ce qui va suivre.

Si nous revenons au système vertical complexe que nous avons considéré en dernier lieu, nous voyons que, autour du point pris pour centre de l'étendue à trois dimensions que remplit ce système, cette étendue n'est pas isotrope, ou, en d'autres termes, que, par suite de la détermination d'une direction particulière, qui est celle de l'axe du système, c'est-à-dire la direction verticale, la figure n'est pas homogène dans toutes les directions à partir de ce point. Au contraire, dans le plan horizontal, lorsque nous considérions simultanément toutes les positions de la spirale autour du centre, ce plan, était envisagé d'une façon homogène et sous un aspect isotrope par rapport à ce centre. Pour qu'il en soit de même dans l'étendue à trois dimensions, il faut remarquer que toute droite passant par le centre pourrait être prise pour axe d'un système tel que celui dont nous venons de parler, de sorte que toute direction peut jouer le rôle de la verticale ; de même, tout plan qui passe par le centre étant perpendiculaire à l'une de ces droites, il en résulte que toute direction de plans pourra jouer le rôle de la direction horizontale, et même celui de la direction parallèle à l'un quelconque des trois plans de coordonnées. En effet, tout plan passant par le centre peut devenir l'un de ces trois plans dans une indéfinité de systèmes de coordonnées trirectangulaires, car il contient une indéfinité de couples de droites orthogonales se coupant au centre (ce sont tous les rayons issus du pôle dans la figuration de la spirale), qui peuvent tous former deux quelconques des trois axes d'un de ces systèmes. De même que chaque point de l'étendue est centre en puissance[270], toute droite de cette même étendue est axe en puissance, et, même lorsque le centre aura été déterminé, chaque droite passant par ce point sera encore, en puissance, l'un quelconque des trois axes ; quand on aura choisi l'axe central (ou principal) d'un système, il restera à fixer les deux autres axes dans le plan perpendiculaire au premier et passant également par le centre ; mais, ici aussi, il faut que les trois axes soient déterminés pour que la Croix puisse être tracée effectivement, c'est-à-dire pour que l'étendue tout entière puisse être réellement mesurée selon ses trois dimensions.

On peut envisager comme coexistants (car ils le sont en effet à l'état potentiel, et, d'ailleurs, cela n'empêche nullement de choisir ensuite trois axes de coordonnées déterminés, auxquels on rapportera toute l'étendue) tous les systèmes tels que notre représentation verticale, ayant respectivement pour axes centraux toutes les droites passant par le centre ; ici encore, ce ne sont en réalité que les différentes positions du même système, lorsque son axe prend toutes les directions possibles autour du centre, et ils s'interpénètrent

---

[270] Voir le numéro précédent, p. 57.

pour la même raison que précédemment, c'est-à-dire parce que chacun d'eux comprend tous les points de l'étendue. On peut dire que c'est le point-principe dont nous avons parlé (représentant l'être en soi) qui crée ou réalise cette étendue, jusqu'alors virtuelle (comme une pure possibilité de développement), en remplissant le volume total, indéfini à la troisième puissance, par la complète expansion de ses potentialités dans toutes les directions[271]. Comme, avec cette nouvelle considération, ces directions jouent toutes le même rôle, le déploiement qui s'effectue à partir du centre peut être regardé comme sphérique, ou mieux sphéroïdal : le volume total est un sphéroïde qui s'étend indéfiniment dans tous les sens, et dont la surface ne se ferme pas, non plus que les courbes que nous avons décrites auparavant ; d'ailleurs, la spirale plane, envisagée simultanément dans toutes ses positions, n'est pas autre chose qu'une section de cette surface par un plan passant par le centre. Nous avons vu que la réalisation de l'intégralité d'un plan se traduisait par le calcul d'une intégrale simple ; ici, comme il s'agit d'un volume, et non plus d'une surface, la réalisation de la totalité de l'étendue se traduirait par le calcul d'une intégrale double[272] ; les deux constantes arbitraires qui s'introduiraient dans ce calcul pourraient être déterminées par le choix de deux axes de coordonnées, le troisième axe se trouvant fixé par là même. Nous devons encore remarquer que le déploiement de ce sphéroïde n'est, en somme, que la propagation indéfinie d'un mouvement vibratoire (ou ondulatoire), non plus seulement dans un plan horizontal, mais dans toute l'étendue à trois dimensions, dont le point de départ de ce mouvement peut être actuellement regardé comme le centre ; et, si l'on considère cette étendue comme un symbole géométrique (c'est-à-dire spatial) de la Possibilité totale (symbole nécessairement imparfait, puisque limité), la représentation à laquelle nous avons ainsi abouti sera la figuration de la Voie, (vortex

---

[271] La parfaite homogénéité s'obtient précisément dans la plénitude de l'expansion ; sur cette corrélation, voir *Pages dédiées au Soleil*, dans le précédent numéro, p. 61.

[272] Un point qu'il importe de retenir, c'est qu'une intégrale ne peut jamais se calculer en prenant ses éléments un à un, analytiquement ; l'intégration ne peut s'effectuer que par une unique opération synthétique ; ceci montre encore que, comme nous l'avons déjà dit à diverses reprises, l'analyse ne peut en aucun cas conduire à la synthèse.

sphérique universel)[273].

Mais insister plus longuement sur ces considérations et leur donner ici tout le développement qu'elles pourraient comporter nous entraînerait trop loin du sujet que nous nous sommes actuellement proposé de traiter, et dont, jusqu'à présent, nous ne nous sommes d'ailleurs écarté qu'en apparence. C'est pourquoi, après avoir poussé jusqu'à ses extrêmes limites concevables l'universalisation de notre symbole géométrique, en y introduisant graduellement, en plusieurs phases successives (ou du moins présentées successivement dans notre exposé), une indétermination de plus en plus grande (correspondant à ce que nous avons appelé des puissances de plus en plus élevées de l'indéfini, mais toutefois sans sortir de l'étendue à trois dimensions), c'est pourquoi, disons-nous, il nous va maintenant falloir refaire en quelque sorte le même chemin en sens inverse, pour rendre à la figure la détermination de tous ses éléments, détermination sans laquelle, tout en existant en puissance d'être, elle ne peut être tracée effectivement. Mais cette détermination, qui, à notre point de départ, n'était qu'hypothétique (c'est-à-dire envisagée comme une pure possibilité), deviendra maintenant réelle, car nous pourrons marquer la signification de chacun des éléments constitutifs du symbole crucial.

Tout d'abord, nous envisagerons, non l'universalité des êtres, mais un seul être dans sa totalité ; nous supposerons que l'axe vertical soit déterminé et ensuite que soit également déterminé le plan passant par cet axe et contenant les points extrêmes des modalités de chaque état d'être ; nous reviendrons ainsi au système vertical ayant pour base plane la spirale horizontale considérée dans une seule position, système que nous avions déjà décrit précédemment[274]. Ici, les directions des trois axes de coordonnées sont déterminées, mais l'axe vertical seul est effectivement déterminé en position ; l'un des deux axes horizontaux sera situé dans le plan vertical dont nous venons de parler, et l'autre lui sera naturellement perpendiculaire ; mais le plan horizontal qui contiendra ces deux droites rectangulaires reste encore

---

[273] Voir la note de Matgioi placée à la suite de nos *Remarques sur la production des Nombres* (Ire année, n° 9, p. 194).
[274] Voir le numéro précédent, p. 98.

indéterminé. Si nous le déterminions, nous déterminerions aussi par là même le centre de l'étendue, c'est-à-dire l'origine du système de coordonnées auquel cette étendue est rapportée, puisque ce point n'est autre que l'intersection du plan horizontal de coordonnées avec l'axe vertical ; tous les éléments de la figure seraient alors déterminés en effet, ce qui permettrait de tracer la Croix à trois dimensions, mesurant l'étendue dans sa totalité.

Nous devons encore rappeler que nous avions eu à considérer, pour constituer notre système représentatif de l'être total, d'abord une spirale horizontale, et ensuite une hélice cylindrique verticale. Si nous considérons isolément une spire quelconque d'une telle hélice, nous pourrons, en négligeant la différence élémentaire de niveau entre ses extrémités, la regarder comme une circonférence tracée dans un plan horizontal ; on pourra de même prendre pour une circonférence chaque spire de l'autre courbe, la spirale horizontale, si l'on néglige la variation élémentaire du rayon entre ses extrémités. Par suite, toute circonférence tracée dans un plan horizontal et ayant pour centre le centre même de ce plan (c'est-à-dire son intersection avec l'axe vertical) pourra être, avec les mêmes approximations, envisagée comme une spire appartenant à la fois à une hélice verticale et à une spirale horizontale[275] ; il résulte de là que la courbe que nous représentons comme une circonférence n'est, en réalité, ni fermée ni plane.

Une telle circonférence représentera une modalité quelconque d'un état d'être également quelconque, envisagée suivant la direction de l'axe vertical, qui se projettera lui-même horizontalement en un point, centre de la circonférence. Si on envisageait celle-ci suivant la direction de l'un ou de l'autre des deux axes horizontaux, elle se projetterait en un segment, symétrique par rapport à l'axe vertical, d'une droite horizontale formant la croix (à deux dimensions) avec ce dernier, cette droite horizontale étant la trace, sur le plan vertical de projection, du plan dans lequel est tracée la circonférence considérée.

La circonférence avec le point central est la figure du Dénaire, envisagé

---

[275] Cette circonférence est la même chose que celle qui limite la figure de l'Yn-yang (voir plus loin).

comme le développement complet de l'Unité, ainsi que nous l'avons vu dans une précédente étude[276] ; le centre et la circonférence correspondent respectivement aux deux principes actif et passif (l'Être et sa Possibilité), représentés aussi par les deux chiffres 1 et 0 qui forment le nombre 10. Il est à remarquer, d'autre part, que, dans la numération chinoise, le même nombre est représenté par la croix, dont la barre verticale et la barre horizontale correspondent alors respectivement (comme dans la figuration cruciale du Tétragramme hébraïque יהוה)[277] aux deux mêmes principes actif et passif, ou masculin et féminin. Nous avons d'ailleurs, dans la même étude[278], indiqué aussi le rapport qui existe entre le Quaternaire et le Dénaire, ou entre la croix et la circonférence, et qui s'exprime par l'équation de la « circulature du quadrant » :

$$1 + 2 + 3 + 4 = 10^{279}$$

De ceci, nous déduisons déjà que, dans notre représentation géométrique, le plan horizontal (que l'on suppose fixe, et qui, comme nous l'avons dit, est quelconque) jouera un rôle passif par rapport à l'axe vertical, ce qui revient à dire que l'état d'être correspondant se réalisera dans son développement intégral sous l'action du principe qui est représenté par l'axe ; ceci sera beaucoup mieux compris par la suite, mais il importait de l'indiquer dès maintenant. Nous voyons en même temps que la Croix symbolise bien, comme on l'a dit assez souvent l'union des deux principes complémentaires, du masculin et du féminin ; mais, ici encore, comme lorsqu'il s'agissait de la signification astronomique[280], nous devons répéter que cette interprétation, si elle devenait exclusive et systématique, serait à la fois insuffisante et fausse ; elle ne doit être qu'un cas particulier du symbolisme de l'« union des contrastes et des antinomies »[281]. Avec cette restriction, on peut regarder la

---

[276] *Remarques sur la production des Nombres*, Ire année, n° 9, p. 193.

[277] Voir la figure de la p. 172 (Ire année, n° 8).

[278] Ire année, n° 8, p. 156.

[279] Voir aussi le chapitre XVIII du *Tableau Naturel* de L. -Cl. de Saint-Martin, où l'on trouvera d'autres considérations sur ce sujet envisagé à un point de vue différent.

[280] 2e année, n° 2, p. 55.

[281] Voir *Pages dédiées au Soleil*, 2r année, n° 2, pp. 60 et 61.

Croix (de même que la circonférence avec le point central), à un certain point de vue, comme l'équivalent du symbole qui unit le *Linga* et la *Yoni* ; mais il est bien entendu que ce symbole doit être pris dans une acception purement spirituelle, comme il l'est chez les Hindous[282], et non dans le sens d'un grossier naturalisme, qui est totalement étranger aux conceptions orientales.

Pour en revenir à la détermination de notre figure, nous n'avons en somme à considérer particulièrement que deux choses : d'une part, l'axe vertical, et, d'autre part, le plan horizontal de coordonnées. Nous savons qu'un plan horizontal représente un état d'être, dont chaque modalité correspond à une spire plane que nous avons confondue avec une circonférence, d'un autre côté, les extrémités de cette spire, en réalité, ne sont pas contenues dans le plan de la courbe, mais dans deux plans immédiatement voisins, car cette même courbe, envisagée dans le système cylindrique vertical, est "une spire, une fonction d'hélice, mais dont le pas est infinitésimal. C'est pourquoi, étant donné que nous vivons, agissons et raisonnons à présent sur des contingences, nous pouvons et devons même considérer le graphique de l'évolution individuelle[283] comme une surface. Et, en réalité, elle en possède tous les attributs et qualités, et ne diffère de la surface que considérée de l'Absolu[284]. Ainsi, à notre plan, le "circulus vital" est une vérité immédiate, et le cercle est bien la représentation du cycle individuel humain[285]. "Mais, bien entendu," il ne faut jamais perdre de vue que, si, pris à part, l'*Yn-yang*[286] peut être considéré comme un cercle, il est, dans la succession des modifications individuelles[287], un élément d'hélice : toute modification individuelle est essentiellement un "vortex" à trois dimensions ; il n'y a qu'une seule stase humaine (individuelle), et l'on ne

---

[282] C'est un des principaux symboles du Shivaïsme.

[283] Soit pour une modalité particulière de l'individu, soit en envisageant l'individualité intégrale isolément dans l'être ; lorsqu'on ne considère qu'un seul état, la représentation doit être plane.

[284] En envisageant l'être dans sa totalité.

[285] Matgioi, *La Voie Métaphysique*, p. 128.

[286] Le symbole cyclique de l'évolution individuelle.

[287] Considérées simultanément dans les différents états d'être.

repasse jamais par le chemin déjà parcouru[288]."

Les deux extrémités de la spire d'hélice de pas infinitésimal sont, comme nous l'avons dit, deux points immédiatement voisins sur une génératrice du cylindre, une parallèle à l'axe vertical (d'ailleurs située dans un des plans de coordonnées). Ces deux points n'appartiennent pas à l'individu, ou, d'une façon plus générale, à l'état d'être représenté par le plan horizontal que l'on considère. "L'entrée dans l'*Yn-yang* et la sortie de l'*Yn-yang* ne sont pas à la disposition de l'individu ; car ce sont deux points qui appartiennent, bien qu'à l'*Yn-yang*, à la spire d'hélice inscrite sur la surface latérale du cylindre, et qui sont soumis à l'attraction de la Volonté du Ciel. Et, en réalité, en effet, l'homme n'est pas libre de sa naissance ni de sa mort[289]...n'est libre d'aucune des conditions de ces deux actes : la naissance le lance invinciblement sur le circulus d'une existence qu'il n'a ni demandée ni choisie ; la mort le retire de ce circulus et le lance invinciblement dans un autre, prescrit et prévu par la Volonté du Ciel, sans qu'il puisse rien en modifier. Ainsi, l'homme terrestre est esclave quant à sa naissance et quant à sa mort, c'est-à-dire par rapport aux deux actes principaux de sa vie individuelle, aux seuls qui résument en somme son évolution spéciale au regard de l'Infini[290]. »

Par conséquent, le pas de l'hélice, élément par lequel les extrémités d'un cycle individuel échappent au domaine de l'individu, est la mesure mathématique de "la force attractive de la Divinité"[291] ; l'action de la Volonté du Ciel dans l'évolution de l'être se mesure donc parallèlement à l'axe vertical. Celui-ci représente alors le lieu métaphysique de la manifestation de la Volonté du Ciel, et il traverse chaque plan horizontal en son centre, c'est-à-dire au point où se réalise l'équilibre en lequel réside cette manifestation, ou, en d'autres termes, l'harmonisation complète de tous les éléments constitutifs de l'état d'être correspondant : c'est l'Invariable Milieu, où se reflète, en se

---

[288] Ibid., p. 131, note.
[289] Ibid., p. 132.
[290] Ibid., p. 133 —Mais, entre sa naissance et sa mort, l'individu est libre dans l'émission et dans le sens de tous ses actes terrestres ; dans le « circulus vital » de l'espèce et de l'individu, l'attraction de la Volonté du Ciel ne se fait pas sentir.
[291] Ibid., p. 95.

manifestant, l'Unité suprême, qui, en elle-même, est la Perfection Active, la volonté du Ciel non manifestée[292]. Nous pouvons donc dire que l'axe vertical est le symbole de la Voie personnelle, qui conduit à la Perfection, et qui est une spécialisation de la Voie universelle, représentée précédemment par une figure sphéroïdale ; cette spécialisation s'obtient, d'après ce que nous avons dit, par la détermination d'une direction particulière dans l'étendue.

Cet axe est donc déterminé comme expression de la Volonté du Ciel dans l'évolution totale de l'être, ce qui détermine en même temps la direction des plans horizontaux, représentant les différents états d'être, et la correspondance horizontale et verticale de ceux-ci, établissant leur hiérarchisation. Par suite de cette correspondance, les points-limites de ces états d'être sont déterminés comme extrémités des modalités particulières ; le plan vertical qui les contient est un des plans de coordonnées, ainsi que celui qui lui est perpendiculaire suivant l'axe ; ces deux plans verticaux tracent dans chaque plan horizontal une croix (à deux dimensions), dont le centre est dans l'Invariable Milieu. Il ne reste donc plus qu'un seul élément indéterminé : c'est la position du plan horizontal particulier qui sera le troisième plan de coordonnées ; à ce plan correspond, dans l'être total, un certain état, dont la détermination permettra de tracer la Croix symbolique à trois dimensions, c'est-à-dire de réaliser la totalisation même de l'être.

Remarquons en passant qu'on pourrait expliquer par là la parole de l'Évangile selon laquelle le Verbe (la Volonté du Ciel en action) est (par rapport à nous) "la Voie, la Vérité et la Vie". Si nous reprenons pour un instant notre représentation microcosmique du début[293], et si nous considérons ses trois axes de coordonnées, la "Voie" sera représentée, comme ici, par l'axe vertical ; des deux axes horizontaux, l'un représentera la "Vérité", et l'autre la "Vie". Tandis que la "Voie" se rapporte à l'Homme Universel (Mda)auquel s'identifie le *Soi*, la "Vérité" se rapporte à l'homme intellectuel (sya), et la "Vie" à l'homme corporel (swna) ; de ces deux derniers, qui appartiennent au domaine d'un état d'être particulier (celui dans lequel nous

---

[292] Sur l'Invariable Milieu (*Tchoung-young*), voir *Remarques la Notation mathématique*, Ire année, n° 7, p. 142.

[293] 2e année, n° 2, p. 58.

sommes actuellement), le premier doit ici être assimilé à l'individualité intégrale, dont l'autre n'est qu'une modalité. La "Vie" sera donc représentée par l'axe parallèle à la direction suivant laquelle se développe chaque modalité, et la "Vérité" le sera par l'axe qui réunit toutes les modalités en les traversant perpendiculairement à cette même direction. Ceci suppose, d'ailleurs, que le tracé de la Croix à trois dimensions est rapporté à l'individualité humaine terrestre, car c'est par rapport à celle-ci seulement que nous venons de considérer ici la "Vie" et la "Vérité" ; ce tracé figure l'action du Verbe dans la réalisation de l'être total et son identification avec l'Homme Universel.

Si nous considérons la superposition des plans horizontaux représentatifs de tous les états d'être, nous pouvons dire encore que l'axe vertical symbolise, par rapport à ceux-ci, envisagés séparément ou dans leur ensemble, le Rayon Céleste "qui constitue l'élément supérieur non incarné de l'homme, et qui lui sert de guide à travers les phases de l'évolution universelle"[294]. Le cycle universel, représenté par l'ensemble de notre figure, et "dont l'humanité (au sens individuel) ne constitue qu'une phase, a un mouvement propre[295], indépendant de notre humanité, de toutes les humanités, de tous les plans, dont il forme la Somme indéfinie (qui est l'Homme Universel). Ce mouvement propre, qu'il tient de l'affinité essentielle du Rayon Céleste vers son origine, l'aiguille invinciblement vers sa Fin, qui est identique à son Commencement, avec une force directrice ascensionnelle et divinement bienfaisante. C'est ce que la Gnose connaît sous le nom de Voie

---

[294] Simon et Théophane, *Les Enseignements secrets de la Gnose*, p. 10.

[295] Indépendant d'une volonté individuelle quelconque (particulière ou collective), qui ne peut agir que dans son plan spécial : « L'homme, en tant qu'homme, ne saurait disposer de mieux et de plus que de son destin hominal, dont il est libre d'arrêter, en effet, la marche individuelle. Mais cet être contingent, doué de vertus et de possibilités contingentes, ne saurait se mouvoir, ou s'arrêter, ou s'influencer soi-même en dehors du plan contingent spécial où, pour l'heure, il est placé et exerce ses facultés. Il est déraisonnable de supposer qu'il puisse modifier, à fortiori arrêter la marche éternelle du cycle universel. » (*Ibid.*, p. 50). —Voir aussi ce qui a été dit précédemment au sujet des deux points extrêmes du cycle individuel (2e année n° 4, p. 119).

Rédemptrice[296]."

Le Rayon Céleste traverse tous les états d'être, marquant le point central de chacun d'eux par sa trace sur le plan correspondant, ainsi que nous l'avons déjà dit[297] ; mais cette action n'est effective que s'il produit, par sa réflexion sur un de ces plans une vibration, qui, se propageant et s'amplifiant dans la totalité de l'être, illumine son chaos, cosmique ou humain. Nous disons cosmique ou humain, car ceci peut s'appliquer au Macrocosme aussi bien qu'au Microcosme ; le plan de réflexion, dont le centre (point d'incidence du Rayon Céleste) sera le point de départ de cette vibration indéfinie, sera alors plan central dans l'ensemble des états d'être, c'est-à-dire le plan horizontal de coordonnées dans notre représentation géométrique, et c'est ce plan central, où sont tracées les branches horizontales de la Croix qui est représenté dans toutes les traditions comme la surface des Grandes Eaux[298]. Par l'opération de l'Esprit, projetant le Rayon Céleste qui se réfléchit à travers le miroir des Eaux[299], au sein de celle-ci est enfermée une étincelle divine, germe spirituel incréé, Verbe fragmentaire, si l'on peut ainsi s'exprimer, qui, se développant pour s'identifier en acte au Verbe total, auquel il est en effet identique en puissance, réalisera dans son expansion le parfait épanouissement de toutes

---

[296] *Ibid.*, p. 50.

[297] Le lieu de ces points centraux est l'Invariable Milieu (voir 2e année, n° 4, p. 120)

[298] Ou le plan de séparation des Eaux inférieures et des Eaux supérieures, c'est-à-dire des deux chaos, formel et informel, individuel et principiel, des états manifestés et des états non-manifestés dont l'ensemble constitue la Possibilité totale de l'Homme Universel. L'Océan des Grandes Eaux, la Mer symbolique, est, selon Fabre d'Olivet, l'image de la Passivité Universelle : *Mare, Mariah, Mâyâ* (voir aussi *L'Archéomètre*). C'est la Grande Nature primordiale (*Moûla-Prakriti* ou Racine procréatrice, *Bhoûta-Yoni* ou Matrice des êtres), manifestation du Principe féminin, image réfléchie, c'est-à-dire inversée (selon la loi de l'analogie), de la Vierge de Lumière : celle, ci, « Océan spirituel d'en haut, de tous ses effluves dégage les êtres de l'Océan sentimental d'en bas » (*Ibid.*, p. 58).

[299] « L'Esprit ne se meut pas dans le chaos ; il se meut au-dessus des Eaux, c'est-à-dire au-dessus d'un plan de réflexion, agissant à la façon d'un miroir, sur lequel l'image renversée du mouvement de l'Esprit (ou de l'Activité du Ciel) se révèle au chaos. Cette révélation produit immédiatement le *Fiat Lux*, —Dans le chaos cosmique, le Fiat Lux se traduit par la vibration lumineuse capable de déterminer les formes. Dans le chaos humain, le *Fiat Lux* se traduit par la vibration sentimentale capable d'engendrer le désir de sortir de l'agnosticisme. » (*Ibid.*, p. 9.).

les possibilités de l'être. Ce principe divin involué dans les êtres, c'est le Verbe Rédempteur[300], *Christos*, "conçu du Saint-Esprit et né de la Vierge Marie"[301] ; c'est Agni[302] se : manifestant au centre du *Swastika*, qui est la croix tracée dans le plan horizontal, et qui, par sa rotation autour de ce centre, génère le cycle évolutif constituant chacun des éléments du cycle universel[303]. Le centre, seul point restant immobile dans ce mouvement de rotation, est, en raison même de son immobilité, le moteur de la "roue d'existence" ; il est la Loi (c'est-à-dire l'expression ou la manifestation de la Volonté du Ciel) pour le cycle correspondant au plan horizontal dans lequel s'effectue cette rotation, et son action se mesure par le pas de l'hélice évolutive à axe vertical[304].

La réalisation des possibilités de l'être par l'action du Verbe (action toujours intérieure, puisqu'elle s'exerce à partir du centre de chaque plan) est figurée dans les différents symbolismes par l'épanouissement d'une fleur à la

---

[300] C'est du moins sous cet aspect qu'on l'envisage plus particulièrement par rapport à l'être humain ; mais, lorsqu'il s'agit de l'organisation du chaos cosmique, il est considéré sous son aspect de Créateur (*Brahmâ*).

[301] Ces paroles du *Credo* catholique s'expliquent d'elles-mêmes par ce qui vient d'être dit ; mais il est bien entendu, et nous tenons à le déclarer formellement pour éviter toute méprise que cette interprétation symbolique n'a rien à faire avec les doctrines du Catholicisme actuel, pour lequel il n'y a pas et il ne peut pas y avoir d'ésotérisme, ainsi que nous l'expliquerons dans une autre étude.

[302] Il est figuré comme un principe igné (de même d'ailleurs que le Rayon lumineux qui le fait naître), le feu étant l'élément actif par rapport à l'eau, élément passif.

[303] Pour la figure du *Swastika*, voir 1ere année, n° 11, p. 45.

[304] « Il n'y a pas de moyen direct d'apprécier cette mesure on ne la connaîtrait que par analogie (principe d'harmonie), si l'Univers, dans sa modification présente, se souvenait de sa modification passée, et pouvait ainsi juger de la quantité métaphysique acquise, et, par suite, pouvait mesurer la force ascensionnelle. Il n'est pas dit que la chose soit impossible ; mais elle n'est pas dans les facultés de la présente humanité. —On voit ainsi que ceux qui prennent le *cercle* pour symbole de l'Évolution font donc simplement oubli de la *cause première*. » (*La Voie Métaphysique*, pp. 95 et 96.) — Le pas de l'hélice est la distance verticale entre les deux extrémités d'une spire, distance qui, dans la totalité de l'évolution, doit être regardée comme infinitésimale (voir numéro précédent, pp. 118 et 119). Cet élément « est dû expressément à la somme d'une mort ou d'une naissance, et à la coïncidence de cette mort et de cette naissance » ; d'ailleurs, « ces phénomènes mort et naissance, considérés en eux-mêmes et en dehors des cycles, sont parfaitement égaux » (*La Voie Métaphysique*, pp. 138 et 139).

surface des Eaux : cette fleur symbolique est ordinairement le lotus dans la tradition orientale, la rose dans la tradition occidentale[305]. Considéré d'abord dans le plan central (plan horizontal de réflexion du Rayon Céleste), comme l'intégration de l'état d'être correspondant, cet épanouissement pourra être figuré pour le Microcosme, par celui d'une fleur à cinq pétales, formant le Pentagramme ou l'Étoile Flamboyante, et, pour le Macrocosme, par celui d'une fleur à six pétales, formant le double triangle du Sceau de Salomon[306] ;

---

[305] Quelquefois aussi le lis (à six pétales) : voir L'Archéomètre, Ire année, n° 10, p. 218, note 3. - Le lis est un symbole macrocosmique comme le lotus, tandis que la rose est le plus souvent un symbole microcosmique.

[306] Cependant, le lotus a le plus habituellement huit pétales ; dans tous les cas, il en a toujours un nombre pair ; mais nous ne pouvons entrer dans l'explication détaillée de ce symbolisme. Nous rappellerons seulement que 8 est le nombre de l'équilibre parfait ; les huit pétales du Lotus peuvent aussi être rapportées aux huit *Koua*, c'est-à-dire aux huit trigrammes de Fo-hi (voir *La Voie Métaphysique* pp. 39 et 40). D'autre part, « 5, qui est le nombre de la chute, est aussi le nombre de la volonté, laquelle est l'instrument de la réintégration », c'est-à-dire de la réalisation de l'Homme Universel (voir *Commentaires. sur le Tableau, Naturel de L. -Cl de Saint-Martin*, Ire année, n° 8, p. 173) et 6 est le nombre de la Création (voir *Remarques sur la production des Nombres*, Iere année, n°8, p. 173). / Remarquons encore que ces nombres 5 et 6, qui correspondent respectivement aux symboles du Microcosme et du Macrocosme, sont les valeurs numériques des lettres hébraïques h et w, les deux lettres médianes du Tétragramme qui, prises dans l'ordre inverse, en sont aussi les deux dernières. En arabe, les deux lettres correspondantes forment le pronom *Hôa*, « Lui », dont le nombre est ainsi égal à 11 (sur ce nombre 11 voir *L'Archéomètre*, 2eme année, n° 31 p. 88, note 2). En hébreu, le même pronom (qui s'emploie aussi comme verbe, pour signifier « Il est ») s'écrit awh joignant à ces deux lettres, qui représentent ici l'union (ou l'unification), du Microcosme et du Macrocosme, la lettre a, qui, par son nombre 1, correspond au centre de l'épanouissement de l'être ; par sa forme, cette même lettre rappelle le symbole du *Swastika*. Le pronom hébraïque awh a pour nombre total 12 ; sans étudier ici les diverses significations de ce nombre, nous remarquerons seulement que la lettre l, dont il marque le rang alphabétique, exprime hiéroglyphiquement les idées, d'expansion et de développement, ainsi que l'involution du Principe spirituel (voir la douzième lame du Tarot) et que ce même nombre s'écrit ordinairement by (10+2), unissant les initiales des noms des deux Colonnes du Temple, ce qui symbolise l'Union des deux principes complémentaires masculin (y) et féminin (b) en, l'Androgynité de l'Adam Qadmon. Nous avons vu que ces deux principes sont aussi représentés dans la Croix par les directions verticale et horizontale (2e année, n°4 p. 118) ; enfin, 12=3×4 représente encore l'expansion de la Croix, symbole du quaternaire, selon les trois dimensions de l'espace.

mais il s'étendra alors de ce plan, à la totalité des états d'être, suivant le développement indéfini, dans toutes les directions à partir du point central, du vortex sphérique universel, dont nous avons parlé précédemment[307].

Avant de terminer cette étude déjà longue, nous devons insister sur un point qui, pour nous, est d'une importance capitale : c'est que notre conception diffère essentiellement, dans son principe même et par ce principe, de toutes les conceptions anthropomorphiques et géocentriques sur lesquelles reposent les religions occidentales[308]. Nous pourrions même dire qu'elle en diffère infiniment, et ce ne serait point là un abus de langage, mais au contraire une expression plus juste que toute autre, et plus adéquate à la conception à laquelle nous l'appliquons. En effet, il ne peut évidemment y avoir aucune commune mesure entre, d'une part, le Soi, envisagé comme la totalisation de l'être s'intégrant suivant les trois dimensions de la Croix, pour se réintégrer finalement en son Unité première, réalisée dans cette plénitude même de l'expansion que symbolise l'espace tout entier, et, d'autre part, une modification individuelle quelconque, représentée par un élément infinitésimal du même espace, ou même l'intégralité d'un état d'être, dont la figuration plane (avec les restrictions que nous avons faites, c'est-à-dire si l'on considère cet état isolément) comporte encore un élément infinitésimal par rapport à l'espace à trois dimensions (en replaçant cette figuration dans l'espace, son plan horizontal étant alors regardé comme se déplaçant effectivement d'une quantité infinitésimale suivant la direction de l'axe vertical) ; et, puisqu'il s'agit d'éléments infinitésimaux, même, dans un symbolisme géométrique forcément restreint et limité, on voit que, en réalité, c'est bien là, pour ce qui est symbolisé respectivement par les deux termes que nous venons de comparer entre eux, une incommensurabilité absolue, ne dépendant d'aucune convention arbitraire[309]. Chaque intégration ajoute une

---

[307] 2e année, n° 3, p. 100. —Ceci complète l'explication du symbole de la Rose-Croix ; ici encore, comme pour la croix (voir 2eme année, n° 2, p. 55), nous devons constater combien est insuffisante l'interprétation donnée par Ragon au sujet de la rose (*Rituel du Grade de Rose-Croix*, pp. 28 et 29).

[308] Sur cette même question, voir, dans le numéro précédent, la note de notre collaborateur Abdul-Hâdi, intitulée : *L'Islam et les religions anthropomorphiques* (pp. 152 et 153).

[309] Un indéfini est pris ici pour symbole de l'Infini, dans la mesure où il est permis de dire

dimension à la représentation spatiale correspondante ; donc, s'il a fallu une première intégration pour passer de la ligne à la surface, qui est mesurée par la croix à deux dimensions décrivant le cercle indéfini qui ne se ferme pas, il faut une seconde intégration pour passer de la surface au volume, dans lequel la Croix à trois dimensions crée, par l'irradiation de son centre suivant toutes les directions de l'espace où il est situé, le sphéroïde indéfini dont un mouvement vibratoire nous donne l'image, le volume toujours ouvert en tous sens qui symbolise le vortex universel de la Voie.

Dans ce qui précède, nous n'avons pas établi une distinction nette entre les significations respectives des deux termes espace et étendue : si nous avons appelé espace ce qui n'est en réalité qu'une étendue particulière à trois dimensions, c'est parce que, même dans le plus haut degré de généralisation de notre symbole spatial, nous n'avons pas dépassé les limites de cette étendue, prise pour donner une figuration, nécessairement imparfaite, de l'être total. Cependant, si l'on voulait s'astreindre à un langage rigoureux, on devrait n'employer le mot espace que pour désigner l'ensemble de toutes les étendues particulières ; ainsi, la possibilité spatiale, dont la réalisation (au sens de passage de la puissance à l'acte) constitue une des conditions spéciales de certains états de manifestation (tels que notre état corporel, en particulier), contient dans son indéfinité toutes les étendues possibles. Mais ce n'est d'ailleurs, même dans toute cette généralité, qu'une possibilité déterminée, indéfinie sans doute, mais néanmoins finie[310], puisque, comme le montre la production des nombres (tant en série décroissante qu'en série croissante), l'indéfini procède du fini, ce qui n'est possible qu'à la condition que le fini contienne en puissance cet indéfini. S'il nous est impossible d'admettre le point de vue étroit du géocentrisme, nous n'approuvons pas davantage cette sorte de lyrisme scientifique, ou soi-disant tel, qui paraît surtout cher à certains astronomes, et où il est sans cesse question de l'"espace infini" et du

---

que l'Infini peut-être symbolisé ; mais ceci ne revient nullement à les confondre, et nous ferons d'ailleurs remarquer cette distinction plus explicitement dans la suite.

[310] S'il en était autrement, la coexistence d'une indéfinité d'autres possibilités, qui ne sont pas comprises dans celle-là, et dont chacune est également susceptible d'un développement indéfini, serait manifestement impossible ; et cette seule considération suffirait à démontrer l'absurdité de cet « espace infini » dont on a tant abusé.

"temps éternel", qui sont de pures absurdités ; là encore, il ne faut voir, comme nous le montrerons par ailleurs, qu'un autre aspect de la tendance à l'anthropomorphisme.

Une autre remarque importante dans cet ordre d'idées, c'est que les considérations que nous avons exposées ne nous conduisent nullement, comme certains pourraient le croire à tort si nous ne prenions la précaution d'y insister quelque peu, à envisager l'espace, ainsi que l'a fait Pascal, comme "une sphère dont le centre est partout et la circonférence nulle part". En effet, il est vrai que, dans la représentation géométrique (c'est-à-dire spatiale) de l'être total, chaque point est, en puissance, centre de l'être que représente cette étendue où il est situé ; mais il ne faut pas oublier que, comme nous l'avons déjà dit[311], entre le fait (ou l'objet, ce qui est la même chose) pris pour symbole et le principe métaphysique que l'on veut symboliser, l'analogie est toujours inversée. Ainsi, dans l'espace considéré dans sa réalité actuelle (c'est bien ainsi que Pascal l'entendait) et non plus comme symbole de l'être total, tous les points appartiennent au domaine de la manifestation, par le fait qu'ils appartiennent à l'espace, qui est une des possibilités dont la réalisation est comprise dans ce domaine, lequel constitue ce que nous pouvons appeler l'extériorité de l'Existence universelle. Parler ici d'intérieur et d'extérieur est encore, sans doute, un langage symbolique, et d'un symbolisme spatial ; mais l'impossibilité de se passer de tels symboles ne prouve pas autre chose que l'imperfection de nos moyens d'expression ; nous ne pouvons évidemment communiquer nos conceptions à autrui (dans le monde manifesté et formel, puisqu'il s'agit d'un état individuel restreint, hors duquel il ne pourrait d'ailleurs être question d'"autrui") qu'à travers des figurations (manifestant ces conceptions dans des formes), c'est-à-dire par des analogies. Nous pouvons alors et nous devons même pour conformer notre expression au rapport normal de ces analogies (que nous appellerions volontiers, en termes géométriques, un rapport d'homothétie inverse), renverser l'énoncé de la phrase de Pascal, et dire que, non seulement dans l'espace, mais dans tout ce qui est manifesté, c'est l'extérieur (ou la circonférence) qui est partout, tandis

---

[311] Voir 2e année, n° 3, p. 96, note.

que le centre n'est nulle part, car il est non-manifesté[312] ; mais ce point, qui n'est rien de manifesté, contient en puissance toutes les manifestations, il est le moteur immobile de toutes choses, le principe immuable de toute différenciation. Ce point produit tout l'espace (et les autres manifestations) en sortant de lui-même, en quelque sorte, par le déploiement de ses virtualités, et ainsi il remplit cet espace tout entier ; pourtant, en principe, il n'est point soumis à l'espace, puisque c'est lui qui le crée et il ne cesse point d'être identique à lui-même ; et, quand, il a réalisé sa possibilité totale, c'est pour revenir à cette Unité première qui contenait tout en puissance, Unité qui est lui-même (le Soi), et dont, par conséquent, envisagé en lui-même, il n'était point sorti. C'est par la conscience de cette Identité de l'Être, permanente à travers toutes les modifications multiples de l'Existence une, que se manifeste, au centre même de notre état d'être actuel, comme de tous les autres états d'être, cet élément supérieur de l'homme, incréé et non-incarné, que nous avons appelé le Rayon Céleste ; et c'est cette conscience supérieure à toute faculté créée, et impliquant l'assentiment de la loi d'harmonie qui relie et unit logiquement toutes choses dans l'Univers, c'est, disons-nous, cette conscience qui, pour notre être individuel, mais indépendamment de lui et de ses conditions, constitue la "sensation de l'éternité"[313].

T Palingénius.

---

[312] C'est « le lieu qui n'est pas » (Nya), dans lequel réside l'équilibre de la Balance, comme il est dit au commencement du *Siphra D'zénioutha* (voir *L'Archéomètre*, 2e année, n° 5, p. 146).

[313] Voir *Pages dédiées au Soleil*, 2e année, n° 2, p. 65.

LES ARBRES DU PARADIS[314]

Dans son remarquable article d'août-septembre 1925, M. Charbonneau-Lassay a montré que l'arbre, d'une façon générale, est, dans le Christianisme aussi bien que dans l'antiquité pré-chrétienne, un emblème de résurrection. De notre côté, nous avons indiqué (décembre 1925) que l'arbre est aussi une figure de l'« Axe du Monde » ; et ces deux significations, qui d'ailleurs ne sont pas sans avoir entre elles un rapport assez étroit et qui se complètent admirablement, sont propres l'une et l'autre à faire de l'arbre, ainsi que cela s'est produit effectivement, un symbole du Christ.

Nous avons, à ce propos, fait plus particulièrement allusion à l'« Arbre de Vie », qui était placé au centre du Paradis terrestre, et qui unit manifestement en lui les deux sens dont il s'agit. Nous pensons même, que beaucoup d'arbres emblématiques, d'espèces diverses suivant les pays, ou parfois n'appartenant à aucune espèce qui se trouve dans la nature, ont été pris tout d'abord pour représenter l'« Arbre de Vie » ou l'« Arbre du Monde », bien que cette signification première ait pu, dans quelques cas, être plus ou moins oubliée par la suite. N'est-ce pas par là que peut s'expliquer notamment le nom de l'arbre *Paradision* du moyen âge, non qui a été parfois déformé assez étrangement en *Peridexion*, comme si l'on avait cessé de le comprendre à un certain moment ?

Mais, dans le Paradis terrestre, il n'y avait pas que l'Arbre de Vie ; il en est un autre qui joue un rôle non moins important, et même plus généralement connu : c'est l'Arbre de la Science du bien et du mal. Les relations qui existent entre ces deux arbres sont très mystérieuses ; et, d'après le texte du récit biblique, ils étaient situés fort près l'un de l'autre. En effet, la Genèse, immédiatement après avoir désigné l'Arbre de Vie comme étant « au milieu du jardin », nomme l'Arbre de la Science du bien et du mal (II, 9) ;

---

[314] *Regnabit*, mars 1926.

plus loin, il est dit que ce dernier était également « au milieu du jardin » (III, 3) ; et enfin Adam, après avoir mangé le fruit de l'Arbre de la Science, n'aurait eu qu'à « avancer sa main » pour prendre aussi du fruit de l'Arbre de Vie (III, 22). Dans le second de ces trois passages, la défense faite par Dieu est même rapportée uniquement à « l'arbre qui est au milieu du jardin », et qui n'est pas autrement spécifié ; mais, en se reportant à l'autre passage où cette défense a été déjà énoncée (II, 17), on voit que c'est évidemment de l'Arbre de la Science du bien et du mal qu'il s'agit en ce cas. Est-ce en raison de cette proximité des deux arbres qu'ils sont étroitement unis dans le symbolisme à tel point que certains arbres emblématiques présentent des traits qui évoquent l'un et l'autre à la fois ? C'est sur ce point que nous voudrions maintenant appeler l'attention pour compléter ce que nous avons dit précédemment, sans avoir d'ailleurs aucunement la prétention d'épuiser une question qui nous apparaît comme extrêmement complexe.

La nature de l'Arbre de la Science du bien et du mal peut, comme son nom même l'indique, être caractérisée par la dualité ; il n'en saurait être de même pour l'Arbre de Vie, dont la fonction d'« Axe du Monde » implique essentiellement l'unité. Donc, quand nous trouvons dans un arbre emblématique une image de la dualité, il semble bien qu'il faille voir là une allusion à l'Arbre de la Science, alors même que, à d'autres égards, le symbole considéré serait incontestablement une figure de l'Arbre de Vie. Ainsi, l'« Arbre des Vifs et des Morts », par ses deux côtés dont les fruits représentent respectivement les œuvres bonnes et mauvaises, s'apparente nettement à l'Arbre de la Science du bien et du mal ; et en même temps son tronc, qui est le Christ lui-même, l'identifie à l'Arbre de Vie. Nous avons déjà rapproché ce symbole médiéval de l'arbre séphirothique de la Kabbale hébraïque, qui est expressément désigné comme l'Arbre de Vie, et où cependant la « colonne de droite » et la « colonne de gauche » figurent une dualité analogue ; mais entre les deux est la « colonne du milieu », où s'équilibrent les deux tendances opposées, et où se retrouve ainsi l'unité véritable de l'Arbre de Vie.

Ceci amène une remarque qui nous semble assez importante lorsque nous sommes en présence d'un arbre qui affecte une forme ternaire, comme celui de l'ex-libris hermétique dont M. Charbonneau-Lassay a donné la reproduction (août-septembre 1925, p. 179), il peut se faire que ce ternaire, outre son sens propre en tant que ternaire, en ait un autre qui résulte du fait qu'il est décomposable en l'unité et la dualité dont il vient d'être question. Dans l'exemple que nous rappelons, l'idée de la dualité est d'ailleurs exprimée clairement par les deux colonnes ou plutôt les deux prismes triangulaires surmontés du soleil et de la lune (la corrélation de ces deux astres correspondant aussi à un des aspects de cette dualité envisagée dans l'ordre cosmique). Un tel arbre pourrait donc fort bien synthétiser en lui, en quelque sorte, les natures de l'Arbre de Vie et de l'Arbre de la Science du bien et du mal, comme si ceux-ci se trouvaient réunis en un seul[315]. Au lieu d'un arbre unique, soit seul, soit accompagné de quelques emblèmes de la dualité, on pourrait avoir aussi, avec la même signification, trois arbres unis par leurs racines et disposés comme les trois colonnes de l'arbre séphirothique (ou comme les trois portails et les trois nefs d'une cathédrale, et c'est à cette disposition que nous faisions allusion à la fin oie notre dernier article) ; il serait intéressant de rechercher s'il existe effectivement, dans la symbolique chrétienne, des exemples iconographiques d'une semblable figuration.

La nature duelle de l'Arbre de la Science n'apparaît à Adam qu'au moment même de la chute, puisque c'est alors qu'il devient « connaissant le bien et le mal » (III, 22)[316]. C'est alors aussi qu'il est éloigné du centre qui est le lieu de l'unité première, à laquelle correspond l'Arbre de Vie ; et c'est précisément « pour garder le chemin de l'Arbre de Vie » que les Chérubins, armés de l'épée flamboyante, sont placés à l'entrée de l'Éden (III, 24). Ce centre est devenu inaccessible pour l'homme déchu, ayant, comme nous l'avons dit précédemment (août-septembre 1925), perdu le « sens de l'éternité », qui est

---

[315] Dans un passage de l'Astrée d'Honoré d'Urfé, dont nous n'avons malheureusement pas pu retrouver la référence exacte, il est question d'un arbre à trois jets, d'après une tradition qui paraît bien être d'origine druidique.

[316] Lorsque leurs yeux furent ouverts, Adam et Ève se couvrirent de feuilles de figuier (lit, 7) ; ceci est à rapprocher du fait que, dans la tradition hindoue, l'Arbre du Monde est représenté par le figuier ; et le rôle que joue ce même arbre dans l'Évangile mériterait aussi d'être étudié particulièrement.

aussi le « sens de l'unité ».

Ce que nous venons d'indiquer se retrouve d'autre part. dans le symbolisme de Janus : le troisième visage de celui-ci, qui est le véritable[317], est invisible, de même que l'Arbre de Vie est inaccessible dans l'état de déchéance de l'humanité ; voir ce troisième visage de Janus, ou atteindre l'Arbre de Vie, c'est recouvrer le « sens de l'éternité ». Les deux faces visibles, c'est la même dualité qui constitue la nature de l'Arbre de la Science ; et nous avons déjà expliqué que la condition temporelle, dans laquelle l'homme se trouve enfermé par la chute, répond précisément à l'un des aspects de Janus, celui où les deux visages sont considérés comme regardant respectivement le passé et l'avenir (voir notre article de décembre 1925). Ces observations achèvent de justifier le rapprochement que nous faisions alors entre des symboles qui, à première vue, peuvent sembler entièrement différents, mais entre lesquels existent pourtant des liens très étroits, qui deviennent manifestes dès qu'on s'applique quelque peu à en approfondir le sens.

Il y a encore autre chose qui est très digne d'être noté nous avons rappelé, ce que tout le monde sait d'ailleurs et ce qui se comprend de soi-même, que la croix du Sauveur est identifiée symboliquement à l'Arbre de Vie ; mais, d'autre part, d'après une « légende de la Croix » qui avait cours au moyen âge, la croix aurait été faite du bois de l'Arbre de la Science, de sorte que celui-ci, après avoir été l'instrument de la chute, serait ainsi devenu celui de la Rédemption. Il y a là comme une allusion au rétablissement de l'ordre primordial par la Rédemption ; et, à cet égard, un tel symbolisme est à rapprocher de ce que saint Paul dit des deux Adam (I Cor., XV) ; mais, dans ce nouveau rôle, qui est inverse du premier, l'Arbre de la Science s'assimile en quelque façon à l'Arbre de Vie, qui redevient alors accessible à l'humanité : l'Eucharistie n'est-elle pas réellement comparable au fruit de l'Arbre de Vie ?

Ceci nous fait penser, d'un autre côté, au serpent d'airain élevé par Moïse dans le désert (*Nombres*, XXI), et que l'on sait être une figure du Christ Rédempteur, de même que la perche sur laquelle il est placé est une image de la croix et rappelle aussi l'Arbre de Vie. Cependant, le serpent est plus

---

[317] Janus est triple comme Hécate, laquelle n'est autre que *Jana ou Diana*.

habituellement associé à l'Arbre de la Science ; mais c'est qu'il est alors envisagé sous son aspect maléfique, et nous avons déjà fait observer que, comme beaucoup d'autres symboles, il a deux significations opposées (août-septembre 1925, p. 191). Il ne faut pas confondre le serpent qui représente la vie et celui qui représente la mort, le serpent qui est un symbole du Christ et celui qui est un symbole de Satan (et cela même lorsqu'ils se trouvent aussi étroitement réunis que dans la curieuse figuration de l'« amphisbène » ou serpent à deux têtes) ; et ne pourrait-on dire que le rapport de ces deux aspects contraires n'est pas sans présenter quelque analogie avec celui des rôles que jouent respectivement l'Arbre de Vie et l'Arbre de la Science ?

Nous parlions plus haut d'une figuration possible de trois arbres dont celui du milieu représenterait l'Arbre de Vie, tandis que les deux autres évoqueraient la double nature de l'Arbre de la Science du bien et du mal. Voici précisément que, à propos de la croix, nous trouvons quelque chose de ce genre : n'est-ce pas là, en effet, l'idée qui doit nous venir à l'esprit en voyant la croix du Christ entre celles du bon et du mauvais larron ? Ceux-ci sont placés respectivement à la droite et à la gauche du Christ crucifié, comme les élus et les damnés le seront à la droite et à la gauche du Christ triomphant au jugement dernier ; et, en même temps qu'ils représentent évidemment le bien et le mal ; ils correspondent aussi, par rapport au Christ, à la Miséricorde et à la Rigueur, les attributs caractéristiques des deux colonnes latérales de l'arbre séphirothique. La croix du Christ occupe toujours la place centrale qui appartient proprement à l'Arbre de Vie ; et, lorsqu'elle est figurée entre le soleil et la lune, il en est encore de même : elle est alors véritablement l'« Axe du Monde ».

Ces dernières réflexions nous obligent à rappeler ceci, qu'on perd de vue trop souvent : les faits historiques, avons-nous dit, ont, outre leur réalité propre, une valeur symbolique, parce qu'ils expriment et traduisent dans leur ordre les principes dont ils dépendent, et de la même façon que la nature tout entière, dont ils font partie, est comme un symbole du surnaturel (décembre 1925, p. 28, et janvier 1926, pp. 113-114). S'il en est ainsi d'une manière générale, cela doit être vrai surtout, et au plus haut degré, pour les faits de l'histoire sacrée, dont les moindres détails doivent revêtir une signification supérieure ; et il est bien évident, du reste, que cette interprétation ne saurait rien leur enlever de leur authenticité. Ainsi, la crucifixion du Christ entre les deux larrons n'est pas seulement un symbole, comme pourraient le supposer ceux qui comprennent mal un semblable point de vue ; elle est aussi et tout d'abord un fait ; mais c'est précisément ce fait lui-même qui, comme tous ceux de la vie du Christ, est en même temps un symbole, et c'est là ce qui lui confère une valeur universelle. Il nous semble que, si l'on envisageait les choses de cette façon, l'accomplissement des prophéties apparaîtrait avec un sens beaucoup plus profond que celui auquel on se borne ordinairement ; et, en parlant ici de prophéties, nous y comprenons également toutes les « préfigurations », qui ont, elles aussi, un caractère vraiment prophétique.

À propos de cette question des « préfigurations », on nous a signalé un fait remarquable : la croix, sous sa forme habituelle, celle de la croix même du Christ, se rencontre dans les hiéroglyphes égyptiens avec le sens de « salut » (par exemple dans le nom de Ptolémée *Soter*). Ce signe est nettement distinct de la « croix ansée », qui, de son côté, exprime l'idée de « vie », et qui fut d'ailleurs employée fréquemment comme symbole par les Chrétiens des premiers siècles. On peut se demander, du reste, si le premier de ces deux hiéroglyphes n'aurait pas un certain rapport avec la figuration de l'Arbre de Vie, ce qui relierait l'une à l'autre ces deux formes différentes de la croix, puisque leur signification serait ainsi en partie identique ; et, en tout cas, il y a entre les idées de « vie » et de « salut » une connexion évidente.

Après ces considérations, nous devons ajouter que, si l'arbre est un des symboles principaux de l'« Axe du Monde », il n'est pas le seul ; la montagne en est un également, et qui est commun à beaucoup de traditions différentes ; l'arbre et la montagne sont aussi parfois associés l'un à l'autre. La pierre elle-même (qui peut d'ailleurs être prise pour une représentation réduite de la montagne, bien qu'elle ne soit pas uniquement cela) joue aussi le même rôle dans certains cas ; et ce symbole de la pierre, comme celui de l'arbre, est très souvent en relation avec le serpent. Nous aurons sans doute l'occasion de reparler de ces diverses figures dans d'autres études ; mais nous tenons à signaler dès maintenant que, par là même qu'elles se rapportent toutes au « Centre du Monde », elles ne sont pas sans avoir un lien plus ou moins direct avec le symbole du cœur, de sorte que, en tout ceci, nous ne nous écartons pas tant de l'objet propre de cette Revue que certains pourraient le croire ; et nous allons d'ailleurs y revenir, d'une façon plus immédiate, par une dernière observation.

Nous disions que, en un certain sens, l'Arbre de Vie est rendu accessible à l'homme par la Rédemption ; en d'autres termes, on pourrait dire aussi que le véritable Chrétien est celui qui, virtuellement tout au moins, est réintégré dans les droits et dans la dignité de l'humanité primordiale, et qui a, par conséquent, la possibilité de rentrer dans le Paradis, dans le « séjour d'immortalité ». Sans doute, cette réintégration ne s'effectuera pleinement, pour l'humanité collective, que lorsque « la Jérusalem nouvelle descendra du ciel en terre » (Apocalypse, XXI) ; puisque ce sera la consommation parfaite du Christianisme, coïncidant avec la restauration non moins parfaite de l'ordre antérieur à la chute. Il n'en est pas moins vrai qu'actuellement déjà la réintégration peut être envisagée individuellement, sinon d'une façon générale ; et c'est là, pensons-nous, la signification la plus complète de l'« habitat spirituel » dans le Cœur du Christ, dont parlait récemment M. Charbonneau-Lassay (janvier 1926), puisque, comme le Paradis terrestre, le Cœur du Christ est véritablement le « Centre du Monde » et le « séjour d'immortalité ».

L'*Omphalos*, symbole du Centre[318]

Nous avons, dans notre dernier article, indiqué divers symboles qui, dans les traditions antiques, représentent le Centre et les idées qui s'y rattachent ; mais il en est d'autres encore, et un des plus remarquables est peut-être celui de *l'Omphalos*, que l'on retrouve également chez presque tous les peuples, et cela dès les temps les plus reculés[319].

Le mot grec *omphalos* signifie proprement « ombilic », mais il désigne aussi, d'une façon générale, tout ce qui est centre, et plus spécialement le moyeu d'une roue. Il y a pareillement, dans d'autres langues, des mots qui réunissent ces différentes significations ; tels sont, dans les langues celtiques et germaniques, les dérivés de la racine *nab ou nav* : en allemand, *nabe*, moyeu, et *nabel*, ombilic ; de même, en anglais, *nave* et *navel*, ce dernier mot ayant aussi le sens général de centre ou de milieu ; et, en sanscrit, le mot *nâbhi*, dont la racine est la même, a à la fois les deux acceptions[320]. D'autre part, en gallois, le mot *nav ou naf*, qui est évidemment identique aux précédents, a le sens de « chef » et s'applique même à Dieu ; c'est donc l'idée

---

[318] *Regnabit*, juin 1926.

[319] W. - H. Roscher, dans un ouvrage intitulé *Omphalos*, paru en 1913, a rassemblé une quantité considérable de documents établissant ce fait pour les peuples les plus divers ; il prétend que ce symbole est lié à l'idée que se faisaient ces peuples de la forme de la terre mais c'est là une opinion mal fondée, qui implique une méconnaissance de la signification profonde du symbolisme : l'auteur s'imagine qu'il s'agit de la croyance à un centre de la surface terrestre, au sens le plus grossièrement littéral. - Nous utiliserons dans ce qui suit un certain nombre de renseignements contenus dans une étude de M. J. Loth sur *L'Omphalos chez les Celtes*, parue dans la *Revue des Études anciennes*, juillet-septembre 1915.

[320] Le mot *nave*, en même temps que le moyeu d'une roue, désigne la nef d'une église ; mais cette coïncidence parait n'être qu'accidentelle, car *nave*, dans ce dernier cas, doit être dérivé du latin *navis*.

du Principe central que nous retrouvons ici[321].

Il nous semble que, parmi les idées exprimées par ces mots, celle du moyeu a, à cet égard, une importance toute particulière : le Monde étant symbolisé par la roue comme nous l'avons expliqué précédemment, le moyeu représente naturellement le « Centre du Monde ». Ce moyeu, autour duquel tourne la roue, en est d'ailleurs la pièce essentielle ; et nous pouvons nous référer sur ce point à la tradition extrême-orientale : « Trente rais réunis, dit Lao-tseu, forment un assemblage de roue ; seuls, ils sont inutilisables ; c'est le vide qui les unit, qui fait d'eux une roue dont on peut se servir »[322]. On pourrait croire, à première vue, qu'il s'agit dans ce texte de l'espace qui demeure vide entre les rayons ; mais on ne peut dire que cet espace les unit, et, en réalité, c'est du vide central qu'il est question. En effet, le vide, dans les doctrines orientales, représente l'état principiel de « non-manifestation » ou de « non-agir » : l'« Activité du Ciel », dit-on, est une « activité non-agissante » (*weï wu-weï*), et pourtant elle est la suprême activité, principe de toutes les autres, et sans laquelle rien ne pourrait agir ; c'est donc bien l'équivalent du « moteur immobile » d'Aristote[323].

Revenons à *l'Omphalos* : *ce* symbole représentait essentiellement le « Centre du Monde », et cela même lorsqu'il était placé en un lieu qui était simplement le centre d'une région déterminée, centre spirituel, d'ailleurs, bien plutôt que centre géographique, quoique les deux aient pu coïncider en certains cas. Il faut, pour le comprendre, se rappeler que tout centre spirituel régulièrement constitué était considéré comme l'image d'un Centre suprême, où se conservait intact le dépôt de la Tradition primordiale ; nous avons fait allusion à ce fait dans notre étude sur la légende du Saint Graal (août-septembre 1925). Le centre d'une certaine région était donc véritablement,

---

[321] *Agni*, dans le *Rig-Véda*, est appelé « nombril de la Terre », ce qui se rattache encore à la même idée ; le *swastika* est souvent un symbole d'*Agni*.

[322] *Tao-te king, xi*.

[323] Dans le symbolisme hindou, l'être qui est libéré du changement est représenté comme sortant du « monde élémentaire » (la « sphère sublunaire » d'Aristote) par un passage comparé au moyeu de la roue d'un chariot, c'est-à-dire à un axe fixe autour duquel s'effectue la mutation à laquelle il va échapper désormais.

pour le peuple qui habitait cette région, l'image visible du « Centre du Monde », de même que la tradition propre à ce peuple n'était en principe qu'une adaptation, sous la forme qui convenait le mieux à sa mentalité et à ses conditions d'existence, de la Tradition primordiale, qui fut toujours, quoi que puissent en penser ceux qui s'arrêtent aux apparences extérieures, l'unique vraie Religion de l'humanité tout entière.

On connaît surtout, d'ordinaire, l'*Omphalos* du temple de Delphes ; ce temple était bien réellement le centre spirituel de la Grèce antique, et, sans insister sur toutes les raisons qui pourraient justifier cette assertion, nous ferons seulement remarquer que c'est là que s'assemblait, deux fois par an ; le conseil des Amphictyons, composé des représentants de tous les peuples helléniques, et qui formait d'ailleurs le seul lien effectif entre ces peuples, politiquement indépendants les uns des autres. La force de ce lien résidait précisément dans son caractère essentiellement religieux et traditionnel, seul principe d'unité possible pour une civilisation constituée sur des bases normales : que l'on songe par exemple à ce qu'était le Chrétienté au moyen âge, et, à moins d'être aveuglé par les préjugés modernes, on pourra comprendre que ce ne sont pas là de vains mots.

La représentation matérielle de l'*Omphalos* était généralement une pierre sacrée, ce qu'on appelle souvent un « bétyle » ; et ce dernier mot est encore des plus remarquables. Il semble, en effet, que ce ne soit pas autre choix que l'hébreu *Beith-El*, « maison de Dieu », le nom même que Jacob donna au lieu où je Seigneur s'était manifesté à lui dans un songe : « Et Jacob s'éveilla de son sommeil et dit : Sûrement le Seigneur est en ce lieu, et je ne le savais pas. Et il fut effrayé et dit : Que ce lieu est redoutable ! c'est la maison de Dieu et la porte du Ciel. Et Jacob se leva tôt le matin, et il prit la pierre sur laquelle il avait reposé sa tête, la dressa comme un pilier, et versa de l'huile sur son sommet (pour la consacrer). Et il donna à ce lieu le nom de *Beith-El* ; mais le premier nom de cette ville était *Luz* » (*Genèse*, XXVIII, 16-19). Ce nom de *Luz* a aussi une importance considérable dans la tradition hébraïque ; mais nous ne pouvons nous y arrêter actuellement, car cela nous entraînerait dans une trop longue digression. De même, nous ne pouvons que rappeler brièvement qu'il est dit que *Beith-El*, « *maison* de Dieu », devint par la suite

Beith-Lehem, « maison du pain », la ville où naquit le Christ ; la relation symbolique qui existe entre la pierre et le pain serait cependant digne d'attention, mais nous devons nous borner[324]. Ce qu'il faut remarquer encore, c'est que le nom de *Beith-El* ne s'applique pas seulement au lieu, mais aussi à la pierre elle-même : « Et cette pierre, que j'ai dressée comme un pilier, sera la maison de Dieu » (ibid., 22). C'est donc cette pierre qui doit être proprement l'« habitacle divin » (*mishkan*), suivant la désignation qui sera donnée plus tard au Tabernacle ; et, quand on parle du « culte des pierres », qui fut commun à tant de peuples anciens, il faut bien comprendre que ce culte ne s'adressait pas aux pierres, mais à la Divinité dont elles étaient la résidence[325].

La pierre représentant l'*Omphalos* pouvait avoir la forme d'un pilier, comme la pierre de Jacob ; il est très probable que, chez les peuples celtiques, certains *menhirs* n'étaient pas autre chose que des représentations de l'*Omphalos*. C'est notamment le cas de la pierre d'Ushnagh, en Irlande, dont nous reparlerons plus loin ; et les oracles étaient rendus auprès de ces pierres, comme à Delphes, ce qui s'explique aisément, dès lors qu'elles étaient considérées comme la demeure de la Divinité ; la « maison de Dieu », d'ailleurs, s'identifie tout naturellement au « Centre du Monde »[326]. L'*Omphalos* pouvait aussi être représenté par une pierre de forme conique,

---

[324] « Et le tentateur, s'approchant, dit à Jésus : Si tu es le Fils de Dieu, commande que ces pierres deviennent des pains... » (St *Matthieu* IV, 3 ; cf. *St Luc*, IV, 3). Ces paroles ont un sens mystérieux, en rapport avec ce que nous indiquons ici : le Christ devait bien accomplir une semblable transformation, mais spirituellement, et non matériellement comme le demandait le tentateur ; or l'ordre spirituel est analogue à l'ordre matériel, mais en sens inverse, et la marque du démon est de prendre toutes choses à rebours. C'est le Christ lui-même qui était « le pain vivant descendu du Ciel » ; et c'est ce pain qui devait, dans la Nouvelle Alliance, être substitué à la pierre comme « maison de Dieu » ; et, ajouterons-nous encore, c'est pourquoi les oracles ont cessé.

[325] Nous ne pouvons nous étendre ici, autant qu'il le faudrait, sur le symbolisme général des pierres sacrées ; peut-être aurons-nous l'occasion d'y revenir plus tard. : Nous signalerons, sur ce sujet, l'ouvrage trop peu connu de Gougenot des Mousseaux, *Dieu et les Dieux*, qui contient des renseignements d'un grand intérêt.

[326] Tout ceci se rattache à la question des « influences spirituelles » (en hébreu *berakoth*), question très complexe et qui ne paraît pas avoir jamais été traitée dans son ensemble.

comme la pierre noire de Cybèle, ou ovoïde. Le cône rappelait la montagne sacrée, symbole du « Pôle » ou de l'« Axe du Monde », ainsi que nous l'avons dit précédemment (mars et mai 1926) ; quant à la forme ovoïde, elle se rapporte directement à un autre symbole, celui de l'« Œuf du Monde », que nous aurons à envisager aussi dans la suite de ces études. Parfois, et en particulier sur certains *omphaloi* grecs, la pierre était entourée d'un serpent ; on voit aussi ce serpent enroulé à la base ou au sommet des bornes chaldéennes, qui doivent être considérées comme de véritables « bétyles »[327]. D'ailleurs, comme nous l'avons déjà fait remarquer, le symbole de la pierre est, d'une façon générale, en connexion assez étroite avec celui du serpent, et il en est de même de celui de l'œuf, notamment chez les Celtes et chez les Égyptiens.

Un exemple remarquable de figuration de l'*Omphalos* est le bétyle de Kermaria, près Pont-l'Abbé (Finistère), dont la forme générale est celle d'un cône irrégulier, arrondi au sommet[328]. À la partie inférieure est une ligne sinueuse, qui parait n'être autre chose qu'une forme stylisée du serpent dont nous venons de parler ; le sommet est entouré d'une grecque. Sur une des faces est un swastika (voir notre article de mai 1926) ; et la présence de ce signe (dont la grecque est d'ailleurs un dérivé) suffirait à confirmer, d'une façon aussi nette que possible, la signification de ce curieux monument. Sur une autre face est encore un symbole qui n'est pas moins intéressant : c'est une figure à huit rayons, circonscrite par un carré, au lieu de l'être par un cercle comme la roue ; cette figure est donc tout à fait comparable à ce qu'est, dans le type à six rayons, celle qui occupe l'angle supérieur du pavillon britannique (voir novembre 1925, p. 395), et qui doit être pareillement d'origine celtique. Ce qui est le plus étrange, c'est que ce signe du bétyle de Kermaria se trouve exactement reproduit, à plusieurs exemplaires, dans le graffite du donjon de Chinon, bien connu des lecteurs de *Regnabit* ; et, dans le même graffite, on voit encore la figure à huit rayons tracée sur le bouclier ovale qui tient un personnage agenouillé[329]. Ce signe doit avoir joué un assez

---

[327] On peut voir plusieurs spécimens de ces bornes au musée du Louvre.
[328] M. J. Loth, dans l'étude que nous avons citée plus haut, a donné des photographies de ce bétyle, ainsi que de quelques autres pierres du même genre.
[329] Ce bouclier rappelle nettement la roue à huit rayons, comme celui de la figure

grand rôle dans le symbolisme des Templiers[330], car « il se trouve aussi en d'anciennes commanderies du Temple ; il se voit également, comme signe héraldique, sur un grand écusson à la tête de la statue funéraire d'un Templier, du XIIIème siècle, de la commanderie de la Roche-en-Cloué (Vienne), et sur une pierre sculptée, en la commanderie de Mauléon, près Châtillon-sur-Sèvre (Deux-Sèvres) »[331]. Cette dernière figuration est d'ailleurs celle d'une roue proprement dite[332] ; et ce n'est là qu'un exemple, entre beaucoup d'autres, de la continuation des traditions celtiques à travers le moyen âge. Nous avons omis de signaler précédemment, à propos de ce symbole, qu'une des significations principales du nombre 8 est celle de « justice » et d'« équilibre », idées qui, comme nous l'avons montré, se rattachent directement à celle du Centre[333].

Pour ce qui est de l'*Omphalos*, il faut encore ajouter que, s'il était représenté le plus habituellement par une pierre, il a pu l'être aussi parfois par un tertre, une sorte de tumulus. Ainsi, en Chine, au centre de chaque royaume ou État féodal, on élevait autrefois un tertre en forme de pyramide quadrangulaire, formé de la terre des « cinq régions » : les quatre 'faces correspondaient aux quatre points cardinaux, et le sommet au centre lui-même[334]. Chose singulière, nous allons retrouver ces cinq régions en Irlande,

---

allégorique d'Albion, qui a la même forma rappelle la roue à six rayons, ainsi que nous l'avons déjà fait remarquer.

[330] La même figure a d'ailleurs été conservée jusque dans la Maçonnerie moderne ; mais on l'y considère seulement comme la « clef des chiffres », et on montre qu'il est en effet possible de la décomposer de manière à obtenir tous les chiffres arabes sous une forme plus ou moins schématisée. *Brehon Laves*, citées par. J. Loth.

[331] L. Charbonneau-Lassay, *Le Cœur rayonnant du donjon de Chinon*, p. 16. Le texte est accompagné de la reproduction des deux exemples dont il est ici fait mention.

[332] Une roue à peu près semblable est figurée sur un pavé de carrelage du musée des Antiquaires de l'Ouest, à Poitiers, datant vraisemblablement du XVe siècle, et dont l'empreinte nous a été communiquée par M. Charbonneau.

[333] On sait aussi quelle était l'importance de l'*Ogdoade* pour les Pythagoriciens. - D'autre part, nous avons déjà indiqué (novembre 1925, p. 396) les significations du nombre 6, qui est, avec le nombre 8, le plus fréquent pour les rayons des roues symboliques ; celle de la médiation n'a aussi un rapport très étroit, et d'ailleurs évident, avec l'idée du Milieu ou du Centre.

[334] Le nombre 5 a, dans la tradition chinoise, une importance symbolique toute

où la « pierre debout du chef » était, d'une façon semblable, élevée au centre de chaque domaine[335].

C'est l'Irlande, en effet, qui, parmi les pays celtiques, fournit le plus grand nombre de données relatives à l'*Omphalos* ; elle était autrefois divisée en cinq royaumes, dont l'un portait le nom de *Mide* (resté sous la forme anglicisée *Meath*), qui est l'ancien mot celtique *medien*, « milieu », identique au latin *medius*. Ce royaume de *Mide*, qui avait été formé de portions prélevées sur les territoires des quatre autres, était devenu l'apanage propre du roi suprême d'Irlande, auquel les autres rois étaient subordonnés. À Ushnagh, qui représente assez exactement le centre du pays, était dressée une pierre gigantesque appelée « nombril de la Terre », et désignée aussi sous le nom de « pierre des portions » (ail-na-meeran), parce qu'elle marquait l'endroit où convergeaient les lignes séparatives des cinq royaumes. Il s'y tenait annuellement, le premier mai, une assemblée générale tout à fait comparable à la réunion annuelle des Druides dans le « lieu consacré central » (medio-lapon ou medio-nemeton) de la Gaule, au pays des Carnutes.

Cette division de l'Irlande en quatre royaumes, plus la région centrale qui était la résidence du chef suprême, se rattache à des traditions extrêmement anciennes. En effet, l'Irlande fut, pour cette raison, appelée l'« île des quatre Maîtres »[336] ; mais cette dénomination, de même d'ailleurs que celle d'« île verte » (*Erin*), s'appliquait antérieurement à une autre terre beaucoup plus septentrionale, aujourd'hui inconnue, disparue peut-être (Thulé ou Ogygie), et qui fut un des principaux centres spirituels des temps préhistoriques. Le souvenir de cette « île des quatre Maîtres » se retrouve jusque dans la tradition chinoise, ce qui semble n'avoir jamais été remarqué ; voici un texte taoïste qui en fait foi : « L'empereur Yao se donna beaucoup de peine, et s'imagina avoir régné idéalement bien. Après qu'il eut visité les quatre Maîtres, dans la lointaine île de *Kou-chee* (habitée par des hommes transcendants, *tchennj-en*), *il* reconnut qu'il avait tout gâté. L'idéal, c'est

---

particulière. - Il va sans dire que le tertre est encore une image de la montagne sacrée.
[335] *Brehon Laves*, citées par. J. Loth.
[336] Le nom de saint Patrice, qu'on ne connaît d'ordinaire que sous sa forme latinisée, était originairement Cothraige, qui signifie « le serviteur des quatre ».

l'indifférence (le détachement) du sur-homme, qui laisse tourner la roue cosmique »[337].

La dernière phrase de ce passage nous ramène encore au symbole de la « roue du Monde » : l'« indifférence » dont il est question ne doit pas être entendue au sens ordinaire, mais elle est proprement le « non-agir » ; l'« homme transcendant », étant placé au Centre, ne participe plus au mouvement des choses, mais il dirige ce mouvement par sa seule présence, parce qu'en lui se reflète l'« Activité du Ciel »[338]. On pourrait, si l'on traduisait ceci en termes du langage occidental, le rapporter très exactement à l'« habitat spirituel » dans le Cœur du Christ[339], à la condition, bien entendu, d'envisager cet habitat dans sa pleine réalisation effective, et non pas comme une simple aspiration -plus ou moins sentimentale.

Peut-être certains ne verront-ils, dans quelques-uns des rapprochements que nous avons signalés ici, qu'une affaire de simple curiosité ; mais nous tenons à déclarer qu'ils ont pour nous une portée beaucoup plus grande, comme tout ce qui permet de retrouver et de réunir les vestiges épars de la Tradition primordiale.

P.-S. - Pour compléter notre article sur le Cœur rayonnant et le Cœur enflammé (avril 1926), nous reproduisons ces lignes empruntées à M. Charbonneau-Lassay[340] :

« Les rayons, dans l'héraldique et dans l'iconographie du moyen âge, étaient le signe spécial, le signe réservé de l'état glorieux ; les flammes symbolisaient l'amour ou l'ardeur (au sens humain et au sens mystique) qui consument comme le feu, mais non la gloire. Les rayons, éclat et lumière

---

[337] Tchoang-tseu, ch. Ier ; traduction du R. P. L. Wieger, S. J., p. 213. -L'empereur Yao régnait, dit-on, en l'an 2356 avant l'ère chrétienne.

[338] Il devrait être à peine utile de faire observer que ce « non-agir » n'a rien de commun avec un « quiétisme » quelconque.

[339] Voir l'article de M. Charbonneau-Lassay sur ce sujet (janvier 1926), et aussi la fin de notre article de mars 1926.

[340] *Le Cœur rayonnant du donjon de Chinon p. 21.*

fulgurante, disaient le triomphe, la glorification suprême et totale. Dans l'ancienne-héraldique française, si nettement expressive, les rayons étaient si bien l'emblème propre de la gloire ainsi entendue, et surtout. Dans une composition religieuse, de la gloire céleste, que les croix rayonnantes portent, dans le langage si parlait du blason, le nom de croix divines » (voir la figure ci-contre, tirée du traité d'héraldique de Vulson de la Colombière, 1669)[341].

Il y a là encore une raison, s'ajoutant à celles que nous avons déjà dites, de l'importance prépondérante de la figuration du Cœur rayonnant antérieurement aux temps modernes : on voit en effet qu'elle correspondait à un aspect plus élevé, plus exclusivement divin en quelque sorte, du symbolisme du Cœur.

Pour les flammes, la signification héraldique est exactement celle que nous avons indiquée en nous basant sur des considérations d'un autre ordre ; pour les rayons, comme la concordance, pourrait n'être pas saisie immédiatement, il faut une explication complémentaire, qui peut d'ailleurs tenir en quelques mots. En effet, la signification héraldique des rayons se rapporte essentiellement à la « lumière de gloire », dans et par laquelle s'opère la vision béatifique ; or celle-ci est bien de l'ordre intellectuel pur, elle est la connaissance la plus haute, la réalisation la plus complète de l'intelligence, puisqu'elle est la contemplation directe de la Vérité suprême.

R. G.

---

[341] Vulson de la Colombière, La *Science Héroïque*, ch, xm, p. 145, tig. xxxrv

Réflexions à propos du
« Pouvoir Occulte »[342]

On a pu lire ici, la semaine dernière, le remarquable article de M. Copin-Albancelli intitulé « *Les Yeux qui s'ouvrent* » ; on y a vu que notre confrère ne craint pas, à propos du socialisme, d'envisager nettement une action des *Supérieurs Inconnus* « dont la Franc-Maçonnerie n'est que l'instrument », ou même qu'un instrument entre bien d'autres, et « aux suggestions desquels obéissent les Francs-Maçons », inconsciemment pour la plupart. C'est là pour nous une nouvelle occasion de revenir sur certains points de cette question, si complexe et si controversée, du *Pouvoir Occulte*, sur laquelle le dernier mot n'a pas été dit et ne le sera peut-être pas de longtemps encore, ce qui n'est pas une raison pour désespérer de voir la lumière se faire peu à peu.

Tout d'abord, il est nécessaire de dire qu'il existe des « pouvoirs occultes » de différents ordres, exerçant leur action dans des domaines bien distincts, par des moyens appropriés à leurs buts respectifs, et dont chacun peut avoir ses *Supérieurs Inconnus*. Ainsi, un « pouvoir occulte » d'ordre politique ou financier ne saurait être confondu avec un « pouvoir occulte » d'ordre purement initiatique, et il est facile de comprendre que les chefs de ce dernier ne s'intéresseront point aux questions politiques et sociales en tant que telles ; ils pourront même n'avoir qu'une fort médiocre considération pour ceux qui se consacrent à ce genre de travaux. Pour citer un exemple, dans le monde musulman, la secte des *Senoussis*, actuellement tout au moins, ne poursuit guère qu'un but à peu près exclusivement politique ; elle est, en raison même de cela, généralement méprisée par les autres organisations secrètes, pour lesquelles le *panislamisme* ne saurait être qu'une affirmation purement doctrinale, et qui ne peuvent admettre qu'on accommode le *Djefr* aux visées

---

[342] Signé « Le Sphinx ». *LA FRANCE ANTIMAÇONNIQUE*, (11 et 18 juin 1914, 28ème année)

ambitieuses de l'Allemagne ou de quelque autre puissance européenne. Si l'on veut un autre exemple, en Chine, il est bien évident que les associations révolutionnaires qui soutinrent le F∴ Sun Yat Sen, de concert avec la Maçonnerie et le Protestantisme anglo-saxons[343], ne pouvaient avoir de relations d'aucune sorte avec les vraies sociétés initiatiques, dont le caractère, dans tout l'Orient, est essentiellement traditionaliste, et cela, chose étrange, d'autant plus qu'il est plus exempt de tout ritualisme extérieur.

Ici, nous pensons qu'il est bon d'ouvrir une parenthèse pour ce qui concerne ces sociétés initiatiques extrême-orientales : jamais elles ne se mettront en relations, non seulement avec des groupements politiques, mais avec aucune organisation d'origine occidentale. Cela coupe court, en particulier, à certaines prétentions occultistes, qu'on a eu grand tort de prendre au sérieux dans les milieux antimaçonniques ; voici, en effet, ce qu'une plume autorisée a écrit à ce propos : « Pas plus qu'autrefois – moins encore qu'autrefois - il n'y a de fraternité possible entre des collectivités jaunes et des collectivités blanches. Il ne peut y avoir que des affiliations individuelles de blancs à des collectivités jaunes.... Mais il n'y a pas de terrain d'entente pratique entre les sociétés collectives des deux races ; et si, par suite d'une organisation dont les moyens nous échappent, ce terrain d'entente pratique venait à exister, les collectivités jaunes refuseraient d'y descendre. C'est pourquoi il est impossible d'ajouter foi à une information déjà ancienne - et dont je n'aurais certes pas parlé, si sa répétition dans le volume *L'Invasion Jaune*, par M. le commandant Driant, n'avait appelé l'attention sur elle - information d'après laquelle une société secrète jaune et un groupe occultiste européen auraient uni fraternellement leurs buts et leurs symboles. « Nous sommes heureux d'apprendre, dit l'*Initiation* de mars 1897 (et le commandant Driant le répète dans *L'Invasion Jaune*, p. 486), au Suprême Conseil, la création à San-Francisco de la première Loge martiniste chinoise, sur laquelle nous fondons de grandes-espérances, pour l'entente de notre Ordre avec la *Société de Hung*. » Et le commandant Driant ajoute : « La *Société de Hung* est la société-mère des *Boxers* chinois. Ces relations de sectes

---

[343] Voir, dans la *France Antimaçonnique*, *Sun Yat Sen contre Yuan Shi Kaï* (27ème année, n° 37, pp. 440-441), et *Le Protestantisme et la Révolution* (28ème année, n° 1, pp. 11-12).

paraîtront invraisemblables à nombre de lecteurs, qui ne voient pas les progrès des sociétés occultes visant à l'internationalisme. Elles sont rigoureusement vraies. » ces affirmations sont *rigoureusement* une fable. Je ne sais pas si des Chinois, ni quel genre de Chinois se sont introduits dans la loge martiniste de San-Francisco, ni même s'il y a jamais eu une Loge martiniste à San-Francisco. Ce que je sais et affirme, c'est que jamais la *Société de Hung* - ni quelque autre société secrète chinoise que ce soit, n'a entretenu la moindre relation, même épistolaire, avec le Martinisme, ni avec quelque autre société occulte occidentale que ce soit. Pour se livrer ainsi, les Chinois connaissent trop bien le tempérament des blancs, et combien peu secrètes sont leurs sociétés occultes.[344] »

On pourrait dire à peu près autant pour le organisations initiatiques hindoues et musulmanes, qui, d'une façon générale, sont presque aussi fermées que celles de l'Extrême-Orient, et tout aussi inconnues des Occidentaux. Maintenant, il est bien entendu que tout cela ne préjuge rien contre l'existence, pour l'Occident, d'un « Pouvoir central » compatible avec les conditions d'une pluralité d'organismes distincts et hiérarchises (nous ne pouvons dire plus ici » superposés » comme dans les sphères inférieures). Si l'on admet cette existence, il faudra certainement assigner, dans la constitution de ce « pouvoir central », un rôle important à l'élément judaïque ; et, lorsqu'on sait quelle aversion éprouvent à l'égard des Juifs les Orientaux en général et les Musulmans en particulier, il est permis de se demander si la présence d'un tel élément ne contribue pas à rendre impossible les rapports directs entre les sociétés secrètes orientales et occidentales. Il y a donc là, au point de vue du « Pouvoir occulte », des barrières que l'influence juive ne saurait franchir ; en outre, même en Occident, il n'y a certainement pas que cette seule influence à considérer à l'exclusion de toute autre, encore qu'elle paraisse être des plus puissantes. Quant aux communications indirectes possibles, malgré tout, entre le « Pouvoir occulte central » de l'Occident et certains pouvoirs plus ou moins analogues qui existent en Orient, tout ce que l'on peut dire, c'est qu'elles ne pourraient résulter que

---

[344] Matgoi, *La Voie Rationnelle*, chapitre X, pp. 336-338.

« d'une organisation dont les moyens nous échappent ».

Pour en revenir à notre distinction entre différents ordres de « pouvoirs occultes », nous devons ajouter qu'elle ne supprime pas la possibilité d'une certaine *interpénétration* de ces différents ordres, car il ne faut jamais établir de catégories trop absolues ; nous disons *interpénétration*, parce que ce terme nous semble plus précis que celui d'*enchevêtrement*, et qu'il laisse mieux entrevoir la hiérarchisation nécessaire des organismes multiples. Pour savoir jusqu'où s'étend cette hiérarchisation, il faut se demander s'il existe encore, dans l'Occident contemporain, une puissance vraiment initiatique qui ait laissé autre chose que des vestiges à peu près incompris ; et, sans rien vouloir exagérer, on est bien obligé de convenir qu'il n'y a guère, apparemment, que la *Kabbalisme* qui puisse compter dans ce domaine, et aussi que les Juifs le réservent jalousement pour eux seuls, car le « néo-kabbalisme » occultisant n'est qu'une fantaisie sans grande importance. Tous les autres courants, car il y en a[345], semblent s'être perdus vers la fin du moyen âge, si l'on excepte quelques cas isolés ; par suite, si leur influence a pu, jusqu'à un certain point, se transmettre en-deçà de cette époque, ce n'est que d'une façon indirecte et qui, dans une large mesure, échappe forcément à notre investigation. D'autre part, si on envisage les tentatives qui ont été faites récemment dans le sens d'une « contre-kabbale » (et qui se basaient principalement sur le *Druidisme*), on ne peut pas dire qu'elles aient abouti à une réalisation quelconque, et leur échec est encore une preuve de la force incontestable que possède l'élément judaïque au sein du « pouvoir occulte » occidental.

Ceci posé, il est bien certain que le *Kabbalisme*, comme tout ce qui est d'ordre proprement initiatique et doctrinal, est, en lui-même, parfaitement indifférent à toute action politique ; sur le terrain social, ses principes ne peuvent exercer qu'une influence purement réflexe. Le socialisme, qui, certes, n'a rien d'initiatique, ne peut procéder que d'un « pouvoir occulte » simplement politique, ou politico-financier ; il est vraisemblable que ce pouvoir est juif, au moins partiellement, mais il serait abusif de le qualifier de « kabbaliste ». Il en est qui ne savent pas suffisamment se garder de toute

---

[345] Voir *L'Ésotérisme de Dante*, dans la *France Antimaçonnique*, 28ème année, n° 10, pp. 109-113.

exagération à cet égard, et c'est pourquoi nous avons cru bon de préciser dans quelles conditions il est possible de considérer Jaurès, par exemple, comme « le serviteur des *Supérieurs Inconnus* », ou plutôt de certains *Supérieurs Inconnus*.

Maintenant, que Jaurès « soit à peine Franc-Maçon », ce n'est pas là une objection sérieuse contre cette façon d'envisager son rôle, comme le fait très justement remarquer M. Colpin-Albancelli. Nous ignorons même, nous devons l'avouer, si Jaurès a jamais reçu l'initiation maçonnique ; en tout cas, il n'est certainement pas un Maçon actif, mais cela ne fait rien à la chose, et il peut même fort bien ne faire partie d'aucune « société secrète » au sens propre du mot ; il n'en est qu'un meilleur agent pour les *Supérieurs Inconnus* qui se servent de lui, parce que cette circonstance contribue à écarter les soupçons. Ce que nous disons de Jaurès, parce que notre confrère l'a pris pour exemple, nous pourrions tout aussi bien le dire d'autres hommes politiques, qui sont à peu près dans le même cas ; mais l'exemple est assez typique pour que nous nous en contentions.

Un autre point qui est à retenir, c'est que les *Supérieurs Inconnus*, de quelque ordre qu'ils soient, et quel que soit le domaine dans lequel ils veulent agir, ne cherchent jamais à créer des « mouvements », suivant une expression qui est fort à la mode aujourd'hui ; ils créent seulement des « états d'esprit », ce qui est beaucoup plus efficace, mais peut-être un peu moins à la portée de tout le monde. Il est incontestable, encore que certains se déclarent incapables de le comprendre, que la mentalité des individus et des collectivités peut être modifiée par un ensemble systématisé de suggestions appropriées ; au fond, l'éducation elle-même n'est guère autre chose que cela, et il n'y a là-dedans aucun « occultisme ». Du reste, on ne saurait douter que cette faculté de suggestion puisse être exercée, à tous les degrés et dans tous les domaines, par des hommes « en chair et en os », lorsqu'on voit, par exemple, une foule entière illusionnée par un simple *fakir*, qui n'est cependant qu'un initié de l'ordre le plus inférieur, et dont les pouvoirs sont assez comparables à ceux que pouvait posséder un Gugomos ou un Schroepfer[346]. Ce pouvoir de

---

[346] Voir *La Stricte Observance et les Supérieurs Inconnus*, dans la *France Antimaçonnique*, 27ème année, n° 47, pp. 560-564, et n° 49, pp. 585-588.

suggestion n'est dû, somme toute, qu'au développement de certaines facultés spéciales ; quand il s'applique seulement au domaine social et s'exerce sur l'« opinion », il est surtout affaire de psychologie : un « état d'esprit » déterminé requiert des conditions favorables pour s'établir, et il faut savoir, ou profiter de ces conditions si elles existent déjà, ou en provoquer soi-même la réalisation. Le socialisme répond à certaines conditions actuelles, et c'est là ce qui fait toutes ses chances de succès ; que les conditions viennent à changer pour une raison ou pour une autre, et le socialisme, qui ne pourra jamais être qu'un simple *moyen* d'action pour des *Supérieurs Inconnus*, aura vite fait de se transformer en autre chose dont nous ne pouvons même pas prévoir le caractère. C'est peut-être là qu'est le danger le plus grave, surtout si les *Supérieurs Inconnus* savent, comme il y a tout lieu de l'admettre, modifier cette mentalité collective qu'on appelle l'« opinion » ; c'est un travail de ce genre qui s'effectua au cours du XVIII° siècle et qui aboutit à la Révolution, et, quand celle-ci éclata, les *Supérieurs Inconnus* n'avaient plus besoin d'intervenir, l'action de leurs agents subalternes était pleinement suffisante. Il faut, avant qu'il ne soit trop tard, empêcher que des pareils événements se renouvellent, et c'est pourquoi, dirons-nous avec M. Copin-Albancelli, « il est fort important d'éclairer le peuple sur la question maçonnique et ce qui se cache derrière ».

La *Bastille* du 23 mai 1914 a reproduit une note des *Cahiers Romains* intitulée « *Les cours populaires d'antisectarisme* », note dans laquelle est formulé, comme le dit notre confrère, « le plan d'études d'ensemble sans lesquelles il n'y aurait pas de victoire définitive contre la Franc-Maçonnerie et ce qui se cache derrière elle ». Ce plan, d'ailleurs très vaste, n'est présenté que comme un simple « canevas » pour un « cours pratique antisectaire » ; c'est dire qu'il n'est pas définitif en toutes ses parties, mais, tel qu'il est, il n'en présente pas moins un intérêt capital.

Tout d'abord, les *Cahiers Romains* divisent la « science antisectaire » en trois parties, qu'ils définissent de la façon suivante :

« *Première partie.* - Notions techniques sur la secte et sur les sectes.

Leur organisation. Leur action. Leur but.

« *Deuxième parie.* - L'observation méthodique appliquée à l'information et à l'action antisectaires.

« *Troisième partie.* - Culture et action antisectaires. Essais historiques sur la Secte et sur les sectes. Examen pratique des faits sectaires et antisectaires du jour. »

Cette division a le mérite d'être très claire, et sa valeur pratique est évidente ; c'est là l'essentiel, étant donné le but qu'on se propose. Sans doute, il peut arriver que certaines questions ne rentrent pas entièrement et exclusivement dans l'une ou l'autre de ces trois parties, et qu'ainsi on soit obligé de revenir à plusieurs reprises sur ces mêmes questions pour les envisager à différents points de vue ; mais, quelle que soit la division adoptée, c'est là un inconvénient qu'il est impossible d'éviter, et il ne faudrait pas s'en exagérer la gravité.

La première partie se subdivise en deux :

« 1° La question fondamentale : les sectes forment la Secte. (Pouvoir sectaire central ; Israël et la Secte.)

« 2° Sectes principales : *a)* Franc-Maçonnerie ; *b)* Carbonarisme ; *c)* Martinisme ; *d)* Illuminisme ; *e)* Théosophie ; *f)* Occultisme varié ; *g)* Sectes locales ou de race. » Nous devons nous féliciter hautement de voir poser ici, en premier lieu, la vraie « question fondamentale », celle du « Pouvoir Occulte », en dépit de ceux qui prétendent la résoudre par une négation pure et simple. Pour préciser d'avantage ce qui n'est qu'indiqué dans ce programme, il y aurait lieu de s'occuper ici de la pluralité des « pouvoirs occultes », de leurs attributions respectives, de leur hiérarchisation et des conditions de leur coexistence, toutes choses dont nous avons quelque peu parlé précédemment. Quant aux rapports indéniables qui existent entre « Israël et la Secte », il faudrait voir s'ils n'entraînent pas, corrélativement d'ailleurs à d'autres circonstances ethniques, une limitation de l'influence de certains « pouvoirs occultes », comme nous l'avons dit également, et si ce fait ne doit pas conduire à donner à cette expression générale : « la Secte », une signification plus restreinte qu'on pouvait le supposer « à priori », mais aussi plus précise par là même. Ajoutons que cette restriction ne modifiera en rien, pratiquement, les conclusions auxquelles on sera conduit pour ce qui concerne l'Occident moderne ; seulement, ces conclusions ne seraient plus entièrement applicables, même pour l'Occident, si l'on remontait au-delà de la Renaissance, et elles le seraient encore moins s'il s'agissait de l'orient, même contemporain.

Ceci dit, pour ce qui est de l'étude des « sectes principales », nous nous permettrons de formuler quelques observations qui ont leur importance ; il est évident, en effet, que cette étude pourrait se subdiviser indéfiniment si l'on ne prenait soin de grouper toutes les sectes autour d'un certain nombre d'entre elles, dont le choix, tout en renfermant forcément une part d'arbitraire, doit être avant tout celui des types les plus « représentatifs ». On peut fort bien, à ce point de vue, commencer par l'étude de la Franc-Maçonnerie, surtout parce que, de toutes ces sectes, elle est la plus généralement connue et la plus facilement observable ; sur ce point, il n'y a aucune contestation possible. Il nous semble seulement que l'historique de la Maçonnerie moderne, pour être parfaitement compris, devrait logiquement être précédé d'un exposé, aussi succinct et aussi clair que possible, de ses origines, en remontant, d'une part, aux divers courants hermétiques et rosicruciens, et, d'autre part, à l'ancienne Maçonnerie opérative[347], et en expliquant ensuite la fusion de ces divers éléments. En outre, il est nécessaire de faire ressortir que la Maçonnerie moderne, issue de la Grande Loge d'Angleterre (1717), est essentiellement la « Maçonnerie symbolique », à laquelle, par la suite, sont venus se superposer les multiples systèmes de hauts grades ; parmi ceux-ci, chacun des plus importants pourrait être l'objet d'une étude spéciale, et c'est alors qu'il y aurait lieu de rechercher à quel ordre d'influences occultes se rattache sa formation. Cette recherche serait facilitée par une classification en systèmes hermétiques, kabbalistiques,

---

[347] Sur cette Maçonnerie opérative et ses rituels, il n'y a que très peu de documents qui aient été publiés ; nous avons donné, dans la *France antimaçonnique* (27ème année, n° 42, pp. 493-495), la traduction complète de l'ouverture de la Loge au premier degré.

philosophiques, etc. ; l'ordre rigoureusement chronologique ne peut être suivi que dans une première vue d'ensemble. Il serait bon de montrer tout particulièrement le rôle joué par le Kabbalisme dans la constitution d'un grand nombre de ces systèmes, sans négliger pour cela de tenir compte des autres influences, dont certaines ont même pu, dans leur principe et leur inspiration tout au moins, ne pas appartenir au monde occidental. C'est dire que les cadres d'une telle étude doivent être aussi larges que possible, si l'on ne veut pas s'exposer à laisser en dehors certaines catégories de faits, et précisément celles qui, d'ordinaire, paraissent les plus difficilement explicables.

Maintenant, parmi les organisations superposées à la Maçonnerie ordinaire, il n'y a pas que les systèmes de hauts grades ; il y a aussi des sectes qui ne font aucunement partie intégrante de la Maçonnerie, bien que se recrutant exclusivement parmi ses membres. Tels sont, par exemple, certains « Ordres de Chevalerie », qui existent encore de nos jours, notamment dans les pays anglo-saxons ; mais, là aussi, il y aurait lieu de distinguer entre les organisations dont il s'agit, suivant qu'elles présentent un caractère initiatique, ou politique, ou simplement « fraternel ». Les sectes à tendances politiques ou sociales méritent une étude particulière ; à ce point de vue, on peut prendre comme type, au XVIII° siècle, l'Illuminisme, et, au XIX°, le Carbonarisme.

Jusqu'ici, nous n'avons donc eu à envisager que la Maçonnerie et ce qui s'y rattache directement ; mais cette étude ne comprend que les sections *a*, *b* et *d* du programme des *Cahiers Romains*. Quant à la section *c*, c'est-à-dire au Martinisme, il faudrait s'entendre sur le sens de ce mot, et nous nous sommes déjà expliqué à ce sujet ; nous rappellerons donc seulement que les « Élus Coëns » ont leur place marquée parmi les systèmes maçonniques de hauts grades, et, quant à Saint-Martin, nous le retrouverons tout à l'heure. Il ne reste donc plus que le Martinisme contemporain, qui doit logiquement figurer au chapitre de l'Occultisme (section *f*), entre le « néo-kabbalisme » et le « néo-gnosticisme ». Par contre, nous réserverions volontiers une section à part au Spiritisme avec ses nombreuses variétés, et aussi avec toutes les sectes plus au moins religieuses auxquelles il a donné naissance, comme l'Antoinisme, le Fraternisme, le Sincérisme, etc.

Pour la Théosophie (section *e*), on devait distinguer soigneusement les deux acceptations de ce terme, dont la première s'applique, d'une façon générale, à un ésotérisme plutôt mystique, comptant parmi ses principaux représentants des hommes de conception d'ailleurs très diverses, tels que Jacob Boehme, Swedenborg, Saint-Martin, Eckartshausen, etc. L'autre acception, toute spéciale et beaucoup plus récente, est celle qui désigne ce que nous appellerions plus volontiers le « Théosophisme », c'est-à-dire les doctrines propres à la « Société Théosophique » ; à l'étude de cette dernière se joint naturellement celles des schismes qui en sont issus, comme l'« Anthroposophie » de Rudolf Steiner.

Il ne reste plus que la section *g*, qui contient des éléments assez divers, et pour laquelle nous proposerons une subdivision, en mettant à part, en premier lieu, les sectes qui doivent leur existence à l'influence du Protestantisme : dans ce groupe se trouveront l'Orangisme et l'Apaïsme, cités par les *Cahiers Romains*, ainsi qu'un bon nombre des sociétés secrètes américaines que nous étudions, depuis longtemps déjà, dans la *France Antimaçonnique*, et enfin certains « mouvements » religieux comme le Salutisme, l'Adventisme, la « Christian Science », etc. Dans le second groupe figureraient les associations qui présentent un caractère plus proprement national ou « de race », comme les Fenians, les Hiberniens, etc. ; on pourrait y joindre le Druidisme, bien que son caractère artificiel lui assigne une place un peu à part. Un troisième chapitre serait réservé aux sectes à tendances essentiellement révolutionnaires : il faudrait y montrer les influences respectives du socialisme et de l'anarchisme dans l'Internationalisme, dans le Nihilisme, et dans quelques organisations secrètes ouvrières d'Europe et d'Amérique. Cela fait, il resterait encore une certaine quantité de sectes diverses, ne rentrant dans aucune de ces catégories, et échappant peut-être même à toute classification.

Dans tout ceci, nous avons complètement laissé de côté la dernière partie de la section *g*, c'est-à-dire les « sectes secrètes orientales », parce que celles-là ne peuvent pas se ramener au même cadre que les autres, et parce qu'il serait vraiment difficile de les étudier d'une façon satisfaisante dans un « cours populaire », qui doit forcément rester quelque peu élémentaire, au moins quand il s'agit de questions particulièrement ardues, à peu près incompréhensibles sans une préparation spéciale. Le plus qu'on puisse faire, dans ces conditions, c'est de consacrer à ces organisations orientales quelques indications très sommaires, et cela dans une section tout à fait à part, en y établissant d'ailleurs trois grandes divisions très distinctes, suivant que l'on considère le monde musulman, ou le monde hindou, ou le monde extrême-oriental[348]. Il est certain que toutes ces organisations, sans pouvoir rentrer dans la définition précise de « la secte » au sens où nous l'avons indiquée, présentent cependant avec certains éléments de celle-ci une sorte de parallélisme et des analogies assez remarquables, procédant surtout des grands principes généraux communs à toute initiation ; mais leur étude, à ce point de vue, trouvera mieux sa place dans la deuxième partie de la « science antisectaire ».

Cette deuxième partie est subdivisée en deux comme la première ; ici, nous citerons intégralement les *Cahiers Romains* :

« 1° L'« observation » est faite d'intuition, d'attention, d'expérience. Elle suppose un esprit intelligent et attentif, une bonne mémoire, une culture compétente sur la matière à observer. On naît bon observateur, mais une formation rationnelle rend excellent l'observateur né, et assez apte celui qui n'est pas né observateur.

« 2° Applications générales et particulières de ces constatations à notre matière. Attention spéciale aux « mystères » de la Secte et des sectes, en commençant par leur symbolisme (phonique, mimique, graphique : jargon, gestes, figures). »

Ce qu'il importe de faire ressortir, c'est d'abord que l'« observation », telle qu'elle est ici comprise et définie, est loin de se borner à la recherche des « documents », dans laquelle prétendent se confiner certains antimaçons à

---

[348] Il ne s'agit ici, bien entendu, que des organisations véritablement orientales, et non celle qui, en Orient, sont d'importation européenne ou américaine.

courte vue ; c'est ensuite que les « mystères » méritent une « attention spéciale », et, par « mystères », on doit entendre évidemment tout ce qui a une portée proprement initiatique, et dont l'expression normale est le symbolisme sous toutes ses formes. Cette étude peut, suivant les circonstances, être limitée à des notions plus au moins étendues, ou au contraire être poussée très loin ; et c'est ici le lieu de faire intervenir ce que nous pourrions appeler le « symbolisme comparé », c'est-à-dire l'examen des analogies que nous signalions un peu plus haut. Dans cet ordre d'idées, il est deux états d'esprit dont il importe de se méfier tout particulièrement : c'est d'une part, le dédain que professent, par ignorance, la plupart des Maçons actuels à l'égard de leurs propres symboles, vestiges d'une initiation qui est pour eux lettre morte, et, d'autre part, l'assurance pleine de mauvaise foi avec laquelle les occultistes, non moins ignorants, donnent de toutes choses les explications les plus fantaisistes, et parfois les plus absurdes ; d'où la nécessité d'une extrême prudence lorsqu'on veut consulter les travaux courants sur le symbolisme et les questions connexes. Là plus encore qu'en toute autre matière, il faut se faire des convictions qui soient le fruit d'un travail personnel, ce qui est sans doute beaucoup plus difficile, mais aussi beaucoup plus sûr, que d'accepter des opinions toutes faites ; la compréhension et l'assimilation de ces choses ne s'acquièrent pas en un jour, et elles demandent avant tout « de l'intuition, de l'attention, et de l'expérience ».

Quant à la troisième partie de la « science antisectaire », elle est, elle aussi, susceptible de recevoir autant de développements qu'on le voudra ; mais nous nous bornerons à en reproduire les subdivisions générales. Si nous mettons à part, pour les raisons que nous avons dites, les études qui concernent l'antiquité et le moyen âge (et que l'on pourrait résumer brièvement en une sorte d'introduction à cette troisième partie), ces subdivisions, au nombre de trois, seront les suivantes :

« 1° Essais historiques sur la secte et sur les sectes, depuis la Renaissance jusqu'à notre temps, avant et après la Révolution, jusqu'en 1870.

« 2° Essais pratiques sur les faits sectaires et antisectaires contemporains (depuis 1870).

« 3° Bibliographie antisectaire. »

Si un tel programme était rempli dans toutes ses parties, nous sommes persuadé qu'on arriverait à en dégager un ensemble de notions fort exactes sur le « Pouvoir Occulte » et les conditions de son fonctionnement, et cela sans qu'il soit nécessaire de s'enfermer dans une systématisation trop étroite. En attendant une semblable réalisation, nous souhaitons que les quelques réflexions qui précèdent contribuent, pour leur modeste part, à apporter dans ces questions si complexes un peu d'ordre et de clarté.

LA RELIGION ET LES RELIGIONS[349]

« Honorez la Religion, défiez-vous des religions » : telle est une des maximes principales que le Taoïsme a inscrites sur la porte de tous ses temples ; et cette thèse (qui est d'ailleurs développée dans cette Revue même par notre Maître et collaborateur Matgioi) n'est point spéciale à la métaphysique extrême-orientale, mais se dégage immédiatement des enseignements de la Gnose pure, exclusive de tout esprit de secte ou de système, donc de toute tendance à l'individualisation de la Doctrine.

Si la Religion est nécessairement une comme la Vérité, les religions ne peuvent être que des déviations de la Doctrine primordiale ; et il ne faut point prendre pour l'Arbre même de la Tradition les végétations parasitaires, anciennes ou récentes, qui s'enlacent à son tronc, et qui, tout en vivant de sa propre substance, s'efforcent de l'étouffer : vains efforts, car des modifications temporaires ne peuvent affecter en rien la Vérité immuable et éternelle.

De ceci, il résulte évidemment qu'aucune autorité ne peut être accordée à tout système religieux qui se réclame d'un ou de plusieurs individus, puisque, devant la Doctrine vraie et impersonnelle, les individus n'existent pas ; et, par là, on comprend aussi toute l'inanité de cette question, pourtant si souvent posée : « les circonstances de la vie des fondateurs de religions, telles qu'elles nous sont rapportées, doivent-elles être regardées comme des faits historiques réels, ou comme de simples légendes n'ayant qu'un caractère purement symbolique ? ».

Que l'on ait introduit dans le récit de la vie du fondateur, vrai où supposé, de telle ou telle religion, des circonstances qui n'étaient primitivement que de purs symboles, et qui ont ensuite été prises pour des faits historiques par ceux qui en ignoraient la signification, cela est fort vraisemblable, probable même dans bien des cas. Il est également possible, il est vrai, que de semblables

---

[349] *La Gnose*, sept.-oct. 1910.

circonstances se soient parfois réalisées, dans l'existence de certains êtres d'une nature toute spéciale, tels que doivent l'être les Messies ou les Sauveurs ; mais peu nous importe, car cela ne leur enlève rien de leur valeur symbolique, qui procède de tout autre chose que des faits matériels.

Nous irons plus loin : l'existence même de tels êtres, considérés sous l'apparence individuelle, doit être aussi regardée comme symbolique. « Le Verbe s'est fait chair », dit l'Évangile de Jean ; et dire que le Verbe, en se manifestant, s'est fait chair, c'est dire qu'il s'est matérialisé, ou, pour parler d'une façon plus générale et en même temps plus exacte, qu'il s'est en quelque sorte cristallisé dans la forme ; et la cristallisation du Verbe, c'est le Symbole. Ainsi, la manifestation du Verbe, à quelque degré et sous quelque aspect que ce soit, envisagée par rapport à nous, c'est-à-dire au point de vue individuel, est un pur symbole ; les individualités qui représentent le Verbe pour nous, qu'elles soient ou non des personnages historiques, sont toutes symboliques en tant qu'elles manifestent un principe, et c'est le principe seul qui importe.

Nous n'avons donc nullement à nous préoccuper de l'histoire des religions, ce qui ne veut pas dire d'ailleurs que cette science n'ait pas autant d'intérêt relatif que n'importe quelle autre ; il nous est même permis, mais à un point de vue qui n'a rien de gnostique, de souhaiter qu'elle réalise un jour des progrès plus vrais que ceux qui ont fait la réputation, insuffisamment justifiée peut-être, de certains de ses représentants, et qu'elle se débarrasse promptement de toutes les hypothèses par trop fantaisistes, pour ne pas dire fantastiques, dont l'ont encombrée des exégètes mal avisés. Mais ce n'est point ici le lieu d'insister sur ce sujet, qui, nous ne saurions trop le répéter, est tout à fait en dehors de la Doctrine et ne saurait la toucher en quoi que ce soit, car c'est là une simple question de faits, et, devant la Doctrine, il n'existe rien d'autre que l'idée pure.

*
* *

Si les religions, indépendamment de la question de leur origine, apparaissent comme des déviations de la Religion, il faut se demander ce qu'est celle-ci dans son essence.

Étymologiquement, le mot *Religion*, dérivant de *religare*, relier, implique une idée de lien, et, par suite, d'union. Donc, nous plaçant dans le domaine exclusivement métaphysique, le seul qui nous importe, nous pouvons dire que la Religion consiste essentiellement dans l'union de l'individu avec les états supérieurs de son être, et, par là, avec l'Esprit Universel, union par laquelle l'individualité disparaît, comme toute distinction illusoire ; et elle comprend aussi, par conséquent, les moyens de réaliser cette union, moyens qui nous sont enseignés par les Sages qui nous ont précédés dans la Voie.

Cette signification est précisément celle qu'a en sanscrit le mot *Yoga*, quoi que prétendent ceux qui veulent que ce mot désigne, soit « une philosophie », soit « une méthode de développement des pouvoirs latents de l'organisme humain ».

La Religion, remarquons-le bien, est l'union avec le Soi intérieur, qui est lui-même un avec l'Esprit universel, et elle ne prétend point nous rattacher à quelque être extérieur à nous, et forcément illusoire dans la mesure où il serait considéré comme extérieur. A fortiori n'est-elle pas un lien entre des individus humains, ce qui n'aurait de raison d'être que dans le domaine social ; ce dernier cas est, par contre, celui de la plupart des religions, qui ont pour principale préoccupation de prêcher une morale, c'est-à-dire une loi que les hommes doivent observer pour vivre en société. En effet, si l'on écarte toute considération mystique ou simplement sentimentale, c'est à cela que se réduit la morale, qui n'aurait aucun sens en dehors de la vie sociale, et qui doit se modifier avec les conditions de celle-ci. Si donc les religions peuvent avoir, et ont certainement en fait, leur utilité à ce point de vue, elles auraient dû se borner à ce rôle social, sans afficher aucune prétention doctrinale ; mais, malheureusement, les choses ont été tout autrement, du moins en Occident.

Nous disons en Occident, car, en Orient, il ne pouvait se produire aucune confusion entre les deux domaines métaphysique et social (ou moral), qui sont profondément séparés, de telle sorte qu'aucune réaction de l'un sur l'autre n'est possible ; et, en effet, on ne peut y trouver rien qui corresponde, même approximativement, à ce que les Occidentaux appellent une religion. Par contre, la Religion, telle que nous l'avons définie, y est honorée et pratiquée constamment, tandis que, dans l'Occident moderne, la très grande majorité l'ignore parfaitement, et n'en soupçonne pas même l'existence, pas même peut-être la possibilité.

On nous objectera sans doute que le Bouddhisme est pourtant quelque chose d'analogue aux religions occidentales, et il est vrai que c'est ce qui s'en rapproche le plus (c'est peut-être pour cela que certains savants veulent voir, en Orient, du Bouddhisme un peu partout, même parfois dans ce qui n'en présente pas la moindre trace) ; mais il en est encore bien éloigné, et les philosophes ou les historiens qui l'ont montré sous cet aspect l'ont singulièrement défiguré. Il n'est pas plus déiste qu'athée, pas plus panthéiste que néantiste, au sens que ces dénominations ont pris dans la philosophie moderne, et qui est aussi celui où les ont employées des gens qui ont prétendu interpréter et discuter des théories qu'ils ignoraient. Ceci n'est point dit, d'ailleurs, pour réhabiliter outre mesure le Bouddhisme, qui est (surtout sous sa forme originelle, qu'il n'a conservée que dans l'Inde, car les races jaunes l'ont tellement transformé qu'on le reconnaît à peine) une hérésie manifeste, puisqu'il rejette l'autorité de la Tradition orthodoxe, en même temps qu'il permet l'introduction de certaines considérations sentimentales dans la Doctrine. Mais il faut avouer qu'au moins il ne va point jusqu'à poser un Être Suprême extérieur à nous, erreur (au sens d'illusion) qui a donné naissance à la conception anthropomorphique, ne tardant pas même à devenir toute matérialiste, et de laquelle procèdent toutes les religions occidentales.

D'autre part, il ne faut pas se tromper sur le caractère, nullement religieux malgré les apparences, de certains rites extérieurs, qui se rattachent étroitement aux institutions sociales ; nous disons rites extérieurs, pour les distinguer des rites initiatiques, qui sont tout autre chose. Ces rites extérieurs, par là même qu'ils sont sociaux, ne peuvent pas être religieux, quel que soit le sens qu'on donne à ce mot (à moins qu'on ne veuille dire par là qu'ils constituent un lien entre des individus), et ils n'appartiennent à aucune secte à l'exclusion des autres ; mais ils sont inhérents à l'organisation de la société, et tous les membres de celle-ci y participent, à quelque communion ésotérique qu'ils puissent appartenir, aussi bien que s'ils n'appartiennent à aucune. Comme exemple de ces rites au caractère social (comme les religions, mais totalement différents de celles-ci, comme on peut en juger en comparant les résultats des uns et des autres dans les organisations sociales correspondantes), nous pouvons citer, en Chine, ceux dont l'ensemble constitue ce qu'on appelle le Confucianisme, qui n'a rien d'une religion.

Ajoutons que l'on pourrait retrouver les traces de quelque chose de ce genre dans l'antiquité gréco-romaine elle-même, où chaque peuple, chaque tribu, et même chaque cité, avait ses rites particuliers, en rapport avec ses institutions : ce qui n'empêchait point qu'un homme pût pratiquer successivement des rites fort divers, suivant les coutumes des lieux où il se trouvait, et cela sans que personne songeât seulement à s'en étonner. Il n'en eût pas été ainsi, si de tels rites avaient constitué une sorte de religion d'État, dont la seule idée aurait sans doute été un non-sens pour un homme de cette époque, comme elle le serait encore aujourd'hui pour un Oriental, et surtout pour un Extrême-Oriental.

Il est facile de voir par là combien les Occidentaux modernes déforment les choses qui leur sont étrangères, lorsqu'ils les envisagent à travers la mentalité qui leur est propre ; il faut cependant reconnaître, et ceci les excuse jusqu'à un certain point, qu'il est fort difficile à des individus de se débarrasser de préjugés dont leur race est pénétrée depuis de longs siècles. Aussi n'est-ce point aux individus qu'il faut reprocher l'état actuel des choses, mais bien aux facteurs qui ont contribué à créer la mentalité de la race ; et, parmi ces facteurs, il semble bien qu'il faille assigner le premier rang aux religions : leur utilité sociale, assurément incontestable, suffit-elle à compenser cet inconvénient intellectuel ?

T Palingénius.

LE SOUFISME[350]

Sous le titre *Islamic Sufism*, Sirdar Ikbal Ali Shah a fait paraître récemment un volume[351] qui n'est pas, comme on pourrait le croire, un traité plus ou moins complet et méthodique sur le sujet, mais plutôt un recueil d'études dont certaines se rapportent à des questions d'ordre général, tandis que d'autres traitent de points beaucoup plus particuliers, notamment en ce qui concerne les *turuq* les plus répandues actuellement dans l'Inde, comme les *Naqshabendiyah* et les *Chishtiyah*. Bien que ces dernières études ne soient pas ce qu'il y a de moins intéressant dans cet ouvrage, il n'est pas dans notre intention d'y insister ici, et nous pensons préférable d'examiner plutôt ce qui touche plus directement aux principes, ce qui nous sera en même temps une occasion de rappeler et de préciser des indications que nous avons déjà données en diverses autres circonstances[352].

Tout d'abord, le titre même appelle une observation : pourquoi *Islamic Sufism*, et n'y a-t-il pas là une sorte de pléonasme ? Assurément, en arabe, on doit dire *Taçawwuf islâmi*, car le terme *Taçawwuf* désigne généralement toute doctrine d'ordre ésotérique ou initiatique, à quelque forme traditionnelle qu'elle se rattache ; mais le mot « Soufisme », dans les langues occidentales, n'est pas véritablement une traduction de *Taçawwuf*, il est simplement une sorte de terme conventionnel forgé pour désigner spécialement l'ésotérisme islamique. Il est vrai que l'auteur explique son intention : il a voulu, en ajoutant l'adjectif « islamique », éviter toute confusion avec d'autres choses qui sont parfois qualifiées aussi de « Soufisme » par ignorance ; mais doit-on tenir compte à ce point de l'abus qui est fait des mots, particulièrement à une

---

[350] *LE VOILE D'ISIS*, Août-septembre 1934, N° 176-177.

[351] Rider and Co. éditeurs, Londres.

[352] Nous ferons tout de suite, pour n'avoir pas y revenir, une critique de détail, mais qui a cependant son importance : la transcription des mots arabes dans ce livre, est très défectueuse, et surtout, dans les citations, ils sont presque toujours séparés d'une façon fautive qui les rend bien difficilement intelligible ; il est à souhaiter que ce défaut soit soigneusement corrigé dans une édition ultérieure.

époque désordonnée comme celle où nous vivons ? Il est certes nécessaire de mettre en garde contre les théories et contre les organisations qui se parent indûment de titres qui ne leur appartiennent point ; mais cette précaution prise, rien n'empêche d'employer les mots en leur gardant leur sens normal et légitime ; et d'ailleurs, s'il en était autrement, il en est sans doute bien peu dont on pourrait encore se servir.

D'autre part, quand l'auteur déclare qu'« il n'y a pas de forme de Soufisme autre qu'islamique », il nous semble qu'il y a là une équivoque : s'il entend parler proprement de « Soufisme », la chose va de soi ; mais, s'il veut dire *Taçawwuf*, au sens arabe du mot, il faut y comprendre les formes initiatiques qui existent dans toutes les doctrines traditionnelles, et non pas seulement dans la doctrine islamique. Pourtant, cette affirmation, même avec une telle généralité, est vraie en un sens : toute forme initiatique régulière, en effet, implique essentiellement, en premier lieu, la conscience de l'Unité principielle, et, en second lieu, la reconnaissance de l'identité foncière de toutes les traditions, dérivées d'une source unique, et, par conséquent, de l'inspiration de tous les Livres sacrés ; or c'est là, au fond, le strict équivalent des deux articles de la *shahâdah*. On peut donc dire que tout *mutaçawwuf*, à quelque forme qu'il se rattache, est réellement *moslem*, au moins de façon implicite ; il suffit pour cela d'entendre le mot *Islâm* dans toute l'universalité qu'il comporte ; et nul ne peut dire que ce soit là une extension illégitime de sa signification, car alors il deviendrait incompréhensible que le *Qorân* même applique ce mot aux formes traditionnelles antérieures à celle qu'on appelle plus spécialement islamique : en somme, c'est, dans son sens premier, un des noms de la Tradition orthodoxe sous toutes ses formes, celles-ci procédant toutes pareillement de l'inspiration prophétique, et les différences n'étant dues qu'à l'adaptaion nécessaire aux circonstances de temps et de lieu. Cette adaptation, d'ailleurs, n'affecte réellement que le côté extérieur, ce que nous pouvons appeler la *shariyah* (ou ce qui en constitue l'équivalent) ; mais le côté intérieur, ou la *haqîqah*, est indépendant des contingences historiques et ne peut être soumis à de tels changements ; aussi est-ce par là que, sous la multiplicité des formes, l'unité essentielle subsiste effectivement. Malheureusement, dans l'ouvrage dont il s'agit, nous ne trouvons nulle part une notion suffisamment nette des rapports de la *shariyah* et de la *haqîqah*, ou, si l'on veut, de l'exotisme et de l'ésotérisme ; et, quand nous voyons, dans certains chapitres, des points de doctrine et de pratique appartenant à l'Islamisme le plus exotérique présentés comme s'ils relevaient proprement du « Soufisme », nous ne pouvons nous empêcher de craindre qu'il n'y ait, dans la pensée de l'auteur, quelque confusion entre deux domaines qui doivent toujours demeurer parfaitement distincts, ainsi que nous l'avons souvent expliqué, l'exotérisme d'une certaine forme traditionnelle est bien, pour les adhérents de celle-ci, le support indispensable de l'ésotérisme, et la négation d'un tel lien entre l'un et l'autre n'est que le fait de quelques écoles plus ou moins hétérodoxes ; mais l'existence de ce rapport n'empêche point les deux domaines d'être radicalement différents : religion et législation d'une part, initiation de l'autre, ne procèdent pas par les mêmes moyens et ne visent pas au même but.

Quant à l'origine du « Soufisme », au sens habituel de ce mot, nous sommes entièrement d'accord avec l'auteur pour penser qu'elle est proprement islamique et procède directement de l'enseignement même du Prophète, à qui remonte en définitive toute *silsilah* authentique. C'est dire que quiconque adhère réellement à la tradition ne saurait accepter les vues des historiens profanes qui prétendent rapporter cette origine à une influence étrangère, soit néo-platonicienne, soit persane et indienne ; c'est là encore un point que nous avons suffisamment traité à diverses reprises pour n'avoir pas à y insister d'avantage maintenant[353]. Même si certaines *turuq* ont réellement « emprunté », et mieux vaudrait dire « adapté » quelques détails de leurs méthodes particulières (quoique les similitudes puissent tout aussi bien s'expliquer par la possession des mêmes connaissances, notamment en ce qui concerne la « science du rythme » dans ses différentes branches), cela n'a qu'une importance bien secondaire ; le Soufisme même est arabe avant tout, et sa forme d'expression, dans tout ce qu'elle a de vraiment essentiel, est étroitement liée à la constitution de la langue arabe, comme celle de la *Qabbalah* juive l'est à la constitution de la langue hébraïque ; il est arabe comme le *Qoran* lui-même dans lequel il a ses principes directs, comme la

---

[353] L'auteur fait remarquer justement, à ce propos, que quelques-uns des Soufis les plus éminents, comme Mohyiddin ibn Arabi, Omar ibn El-Fârid, et sans doute aussi Dhûn-Nûn El Miçri, n'eurent jamais le moindre contact avec la Perse ni avec l'Inde.

Qabbalah a les siens dans la *Thorah* ; mais encore faut-il, pour les y trouver, que le *Qoran* soit compris et interprété suivant les *haqâïq*, et non pas simplement par les procédés linguistiques, logiques et théologiques des *ulamâ ez-zâher* (littéralement « savants de l'extérieur », ou docteurs de la *shariyah*, dont la compétence ne s'étend qu'au domaine exotérique).

Peu importe d'ailleurs, à cet égard, que le mot *Sufi* lui-même et ses dérivés (*taçawwuf, mutaçawwuf*) aient existé dans la langue dès le début, où qu'ils n'aient apparu qu'à une époque plus ou moins tardive, ce qui est encore un grand sujet de discussion parmi les historiens ; la chose peut fort bien avoir existé avant le mot, soit sous une autre désignation, soit même sans qu'on ait éprouvé alors le besoin de lui en donner une[354]. Pour ce qui est de la provenance de ce mot, la question est peut-être insoluble, du moins au point de vue où l'on se place le plus habituellement : nous dirions volontiers qu'il a trop d'étymologies supposées, et ni plus ni moins plausibles les unes que les autres, pour en avoir véritablement une ; l'auteur en énumère un certain nombre, et il y en a encore d'autres plus ou moins connues. Pour notre part, nous y voyons plutôt une dénomination purement symbolique, une sorte de « chiffre », si l'on veut, qui, comme tel, n'a pas besoin d'avoir une dérivation linguistique à proprement parler ; on trouverait d'ailleurs dans d'autres traditions, des cas comparables (dans la mesure, bien entendu, où le permet la constitution des langues dont elles se servent), et, sans chercher plus loin, le terne de « Rose-Croix » en est un exemple assez caractéristique ; c'est là ce que certaines initiations appellent des « mots couverts ». Quant aux soi-disant étymologies, ce ne sont en réalité que des similitudes linguistiques, qui correspondent du reste à des relations entre certaines idées venant ainsi se grouper plus au moins accessoirement autour du mot dont il s'agit ; ceux qui ont connaissance de ce que nous avons dit ailleurs de l'existence très générale d'un certain symbolisme phonétique ne sauraient s'en étonner. Mais ici, étant donné le caractère de la langue arabe (caractère qui lui est d'ailleurs commun avec la langue hébraïque), le sens premier et fondamental doit être basé sur les nombres ; et, en fait, ce qu'il y a de particulièrement remarquable, c'est

---

[354] En tout cas, qui que certains en aient dit, il ne saurait y avoir équivalence entre *zuhd* ou « ascétisme » et *taçawwuf*, le premier ne pouvant jamais être rien de plus qu'un simple moyen, et qui d'ailleurs n'est pas toujours employé pour des fins d'ordre initiatique.

que le mot *Sufi* a le même nombre que *El-Hekmah el-ilahiyah*, c'est-à-dire
« la Sagesse divine »[355]. Le *Sufi* véritable est donc celui qui possède cette
Sagesse, ou, en d'autres termes, il est *el ârif bi'Llah*, c'est-à-dire « celui qui
connaît par Dieu », car Il ne peut être connu que par Lui-même ; et
quiconque n'a pas atteint ce degré suprême ne peut pas être dit
mutaçawwuf[356].

Ses dernières considérations donnent la meilleure traduction possible
d'*et-taçawwuf*, pour autant qu'il soit permis de parler ici de définition (car il
ne peut y en avoir proprement que pour ce qui est limité par sa nature même,
ce qui n'est pas le cas) ; pour la compléter, il faudrait répéter tout ce que nous
avons dit précédemment sur l'initiation et ses conditions, et nous ne pouvons
mieux faire que d'y renvoyer nos lecteurs. Les formules que l'on trouve dans
les traités les plus connus, et dont quelques-unes sont citées dans l'ouvrage
auquel nous nous référons, ne peuvent être vraiment regardées comme des
définitions, même avec la réserve que nous venons d'exprimer, car elles
n'atteignent pas directement l'essentiel ; elles sont seulement des
« approximations », si l'on peut dire, destinées avant tout à fournir un point
de départ à la réflexion et à la méditation, soit en indiquant les moyens et en
ne laissant entrevoir le but que d'une façon plus ou moins voilée, soit en
décrivant les signes extérieurs des états intérieurs atteints à tel ou tel degré de
la réalisation initiatique. On rencontre en outre un grand nombre
d'énumérations ou de classifications de ces degrés et de ces états, mais qui
toutes doivent être comme n'ayant en somme qu'une valeur relative, car, en
fait, il peut y en avoir une multitude indéfinie ; on ne considère forcement
que les stades principaux, « typiques » en quelque sorte, et qui peuvent
d'ailleurs différer suivant les ponts de vue où l'on se place. Au surplus, il ne
faut pas oublier qu'il y a, pour les phases initiales surtout, une diversité qui
résulte de celle même des natures individuelles, si bien qu'il ne saurait y avoir

---

[355] Le nombre total donné par l'addition des valeurs numériques des lettres est, pour l'un et pour l'autre, 198.

[356] L'extension abusive donnée couramment au mot *Sufi* est tout à fait comparable au terme *Yogi*, qui, lui-aussi, ne désigne proprement que celui qui est parvenu à l'« Union », mais qu'on a coutume d'appliquer également à ceux qui n'en sont encore qu'à un stade préliminaire quelque.

deux cas qui soient rigoureusement semblables[357] ; et c'est pourquoi il est dit que « les voies vers Dieu sont aussi nombreuses que les âmes des hommes » (*et-turuqu ila 'Llahi ka-nufûsi beni Adam*)[358]. Ces différences s'effacent seulement avec l'« Individualité » (*el-inniyah*, de *ana*, « moi »), c'est-à-dire quand sont atteints les états supérieurs, et quand les attributs *çifât*) d'*el abd* ou de la créature (qui ne sont proprement que des limitations) disparaissent (*el-fanâ* ou l'« extinction » pour ne laisser subsister que ceux d'*Allah* (*el-baqâ* ou la « permanence », l'être étant identifié à ceux-ci dans sa « personnalité » ou son « essence » (*edh-dhât*). Pour développer ceci plus complètement, il conviendrait d'insister tout particulièrement sur la distinction fondamentale de l'« âme » (*en-nefs*) et de l'« esprit » (*er-rûh*), que, chose étrange, l'auteur du livre en question semble ignorer à peu près entièrement, ce qui apporte beaucoup de vague à certains de ses exposés ; sans cette distinction, il est impossible de comprendre réellement la constitution de l'être humain, et, par suite, les différents ordres de possibilités qu'il porte en lui.

Sous ce dernier rapport, nous devons noter aussi que l'auteur semble s'illusionner sur ce qu'on peut attendre de la « psychologie » ; il est vrai qu'il envisage celle-ci autrement que ne le font les psychologues occidentaux actuels, et comme susceptible de s'étendre beaucoup plus loin qu'ils ne sauraient le supposer, en qui il a pleinement raison ; mais, malgré cela, la psychologie, suivant l'étymologie de son nom, ne sera jamais que *ilm en-nefs*, et, par définition même, tout ce qui est du domaine *d'er-rûh* lui échappera toujours. Cette illusion, au fond, procède d'une tendance trop répandue, et dont nous retrouvons malheureusement dans ce livre d'autres marques encore : la tendance, contre laquelle nous nous sommes élevé bien souvent, à vouloir établir une sorte de rattachement ou de concordance entre les doctrines traditionnelles et les conceptions modernes. Nous ne voyons pas à quoi sert de citer des philosophes qui, alors même qu'ils emploient quelques

---

[357] Dans l'Islamisme exotérique lui-même, l'impossibilité de l'existence de deux êtres ou de deux choses semblables sous tous les rapports est fréquemment invoquée comme une preuve de la toute-puissance divine ; celle-ci, effectivement, est l'expression en termes théologiques de l'infinité de la Possibilité universelle.

[358] Ces voies particulières se totalisent dans l'universalité « adamique », de même que les âmes humaines étaient, en virtualité, toutes présentes en Adam dès l'origine de ce monde.

expressions apparemment similaires, ne parlent pas des mêmes choses en réalité ; le témoignage des « profanes » ne saurait valoir dans le domaine initiatique, et la vraie « Connaissance » n'a rien à gagner à ces assimilations erronées ou superficielles[359]. Il n'en reste pas moins que, en tenant compte des quelques observations que nous avons formulées, on aura certainement intérêt et profit à lire ce livre, et surtout les chapitres consacrés aux questions plus spéciales dont nous ne pouvons songer à donner même le moindre aperçu. Il doit être bien entendu, d'ailleurs, qu'on ne doit pas demander aux livres, quels qu'ils soient, plus qu'ils ne peuvent donner ; même ceux des plus grands Maîtres ne feront jamais, par eux-mêmes, que quelqu'un qui n'est pas *mutaçawwuf* le devienne ; ils ne sauraient suppléer ni aux « qualifications » naturelles ni au rattachement à une *silsilah* régulière ; et, s'ils peuvent assurément provoquer un développement de certaines possibilités chez celui qui y est préparé, ce n'est pour ainsi dire qu'à titre d'« occasion », car la vraie cause est toujours ailleurs, dans le « monde de l'esprit » ; et il ne faut pas oublier que, en définitive, tout dépend entièrement du Principe, devant lequel toutes choses sont comme si elles n'étaient pas : *Lâ ilaha ill'Allahu wahdahu, lâ sharîka lahu, lahu el-mulku wa lahu el-hamdu, wa huwa ala kulli shayin qadîr* !

---

[359] Ce qui est assez curieux, c'est que l'auteur semble mettre la « psychologie » au-dessus de la « métaphysique » ; il ne paraît pas se douter que tout ce que les philosophes désignent par ce dernier nom n'a rien de commun avec la vraie métaphysique, au sens étymologique du mot, et que celle-ci n'est pas autre chose qu'*et-taçawwuf* même.

UNE CONTREFAÇON DU CATHOLICISME[360]

Nous faisions allusion, dans notre dernier article, aux sectes pseudo-religieuses qui, de nos jours, se multiplient d'une étrange façon, et dont la plupart ont pris naissance dans le monde anglo-saxon ; nous avons, il y a quelques années, consacré un ouvrage à l'étude historique de l'une des plus répandues d'entre elles, le théosophisme[361]. Nous croyons utile de revenir aujourd'hui sur ce sujet, car les singulières machinations que nous signalions alors ont continué à se développer dans le sens que nous prévoyions, et la dernière entreprise théosophiste présente ce caractère particulier d'être une véritable contrefaçon du Catholicisme, combinée assez habilement pour induire en erreur des esprits sincères, mais mal informés.

Nous n'avons pas l'intention de refaire ici l'histoire, fort compliquée d'ailleurs, de l'organisation qui porte le nom de « Société Théosophique » ; nous dirons seulement que, dans sa première phase, elle présentait, sous une étiquette orientale, un mélange confus d'idées très modernes et très occidentales avec des fragments empruntés à des doctrines des provenances les plus diverses ; et cet ensemble hétéroclite était, disait-on, la doctrine originelle dont toutes les religions étaient issues. Le théosophisme était alors assez violemment antichrétien ; mais, à un certain moment, il se produisit un changement d'orientation, au, moins apparent, et le résultat en fut l'élaboration d'un « Christianisme ésotérique » de la plus extraordinaire fantaisie. On ne devait pas s'en tenir là : bientôt, on annonça la venue imminente d'un nouveau Messie, d'une autre incarnation du Christ ou, comme disent les théosophistes, de l'« Instructeur du Monde » ; mais, pour

---

[360] *Regnabit*, avril 1927
[361] *Le Théosophisme, histoire d'une pseudo-religion* (Nouvelle Librairie Nationale, Paris, 1921). Disponible sur www.omnia-veritas.com

faire comprendre la façon dont on prépare cette venue, il est nécessaire de donner quelques explications sur la conception très particulière qu'on se fait du Christ dans le milieu dont il s'agit.

Nous devons donc résumer le singulier récit que Mme Besant, présidente de la Société Théosophique, a fait dans son ouvrage intitulé *Esoteric Christianity*, d'après des informations soi-disant obtenues par « clairvoyance », car les chefs du théosophisme ont la prétention de posséder une faculté leur permettant de faire des recherches directes dans ce qu'ils appellent les « archives occultes de la terre ». Voici l'essentiel de ce récit : l'enfant juif dont le nom fut traduit par celui de Jésus naquit en Palestine l'an 105 avant notre ère ; ses parents l'instruisirent dans les lettres hébraïques ; à douze ans, il visita Jérusalem, puis fut confié à une communauté essénienne de la Judée méridionale. À dix-neuf ans, Jésus entra au monastère du mont Serbal, où se trouvait une bibliothèque occultiste considérable, dont beaucoup de livres « provenaient de l'Inde transhimâlayenne » ; il parcourut ensuite l'Égypte, où il devint « un initié de la Loge ésotérique de laquelle toutes les grandes religions reçoivent leur fondateur ». Parvenu à l'âge de vingt-neuf ans, il devint « apte à servir de tabernacle et d'organe à un puissant Fils de Dieu, Seigneur de compassion et de sagesse » ; celui-ci, que les Orientaux appellent le Bodhisattwa Maitreya et que les Occidentaux nomment le Christ, descendit donc en Jésus, et, pendant les trois années de sa vie publique, « c'est lui qui vivait et se mouvait dans la forme de l'homme Jésus, prêchant, guérissant les maladies, et groupant autour de lui quelques âmes plus avancées ». Au bout de trois ans, « le corps humain de Jésus porta la peine d'avoir abrité la présence glorieuse d'un Maître plus qu'humain » ; mais les disciples qu'il avait formés restèrent sous son influence, et, pendant plus de cinquante ans, il continua à les visiter au moyen de son « corps spirituel » et à les initier aux mystères ésotériques. Par la suite, autour des récits de la vie historique de Jésus, se cristallisèrent les « mythes » qui caractérisent un « dieu solaire », et qui, après qu'on eut cessé de comprendre leur signification symbolique, donnèrent naissance aux dogmes du Christianisme.

Ce qu'il y a surtout à retenir de tout cela, c'est la façon dont se produit, d'après les théosophistes, la manifestation d'un « Grand Instructeur », ou même parfois celle d'un « Maître » de moindre importance : pour épargner à un être aussi « évolué » la peine de se préparer lui-même un « véhicule » en passant par toutes les phases du développement physique ordinaire, il faut qu'un « initié » ou un « disciple » lui prête son corps, lorsque, après y avoir été spécialement préparé par certaines épreuves, il s'est rendu digne de cet honneur. Ce sera donc, à partir de ce moment, le « Maître » qui, se servant de ce corps comme s'il était le sien propre, parlera par sa bouche pour enseigner la « religion de la sagesse ». Il résulte de là une séparation complète entre la personne du Christ, qui est l'« Instructeur du Monde », et celle de Jésus, qui était seulement le « disciple » qui lui céda son corps, et qui, assure-t-on, est parvenu lui-même au rang des « Maîtres » à une époque plus récente ; il n'est pas nécessaire d'insister sur tout ce qu'il y a de manifestement hérétique dans une semblable conception.

Dans ces conditions, le retour prochain du « Grand Instructeur » étant annoncé, le rôle que devait s'attribuer la Société Théosophique était de trouver et de préparer, comme l'auraient fait jadis les Esséniens, le « disciple » de choix en qui s'incarnera, quand le moment sera arrivé, « Celui qui doit venir ». L'accomplissement de cette mission n'alla pas sans quelques tâtonnements : après diverses tentatives qui échouèrent, les dirigeants théosophistes jetèrent leur dévolu sur un jeune Hindou, Krishnamurti, qu'ils éduquèrent spécialement en vue de la fonction qu'ils lui destinaient. Nous ne redirons pas en détail tout ce qui s'ensuivit : procès scandaleux, démissions retentissantes, schismes à l'intérieur de la Société Théosophique ; ces incidents fâcheux ne firent d'ailleurs que retarder quelque peu la réalisation des projets de Mme Besant et de ses collaborateurs. Enfin, en décembre 1925 eut lieu la proclamation solennelle du nouveau Messie ; mais, bien que plusieurs de ses « Apôtres » soient déjà désignés, on laissa subsister une telle ambiguïté qu'il est encore impossible de savoir si Krishnamurti, qu'on appelle maintenant Krishnaji, doit être lui-même le « véhicule » du Christ, ou s'il ne sera qu'un simple « précurseur ». Les mésaventures passées incitent à quelque prudence, et on se réfugie dans le vague, à tel point que, d'après certaines publications récentes, il se pourrait que le Christ choisisse, dans chaque pays, une individualité qu'il guiderait et inspirerait d'une manière spéciale », de façon à pouvoir, « sans avoir l'obligation de parcourir corporellement le monde, parler quand il le voudrait, dans tel pays de son choix convenant le mieux à son action »[362]. Nous devons donc nous attendre à voir de prétendus Messies ou prophètes apparaître un peu partout, d'autant plus qu'il semble, et c'est peut-être là ce qu'il y a de plus inquiétant, que la Société Théosophique ne soit pas la seule organisation qui travaille actuellement à susciter des mouvements de ce genre. Bien entendu, en disant cela, nous n'entendons pas parler des organisations qui, sous des apparences plus ou moins indépendantes, ne sont en réalité que des filiales ou des auxiliaires de la Société Théosophique, et dont certaines, comme l'« Ordre de l'Étoile d'Orient », ont été fondées spécialement pour préparer la venue du futur Messie ; mais, parmi celles-ci, il en est une sur laquelle nous tenons à attirer l'attention, car c'est là que se trouve cette contrefaçon du Catholicisme à laquelle nous faisions allusion au début.

Il existait en Angleterre, depuis quelques années, une Église vieille-catholique fondée par un prêtre excommunié, A. H. Mathew, qui s'était fait consacrer évêque par le Dr Gérard Gul, chef de l'Église vieille-catholique de Hollande, formée elle-même des débris du jansénisme unis à quelques dissidents qui, en 1870, avaient refusé d'accepter le dogme de l'infaillibilité pontificale. En 1913, le clergé de cette Église s'augmenta de plusieurs membres, tous anciens ministres anglicans et théosophistes plus ou moins en vue ; mais, deux ans plus tard, l'évêque Mathew, qui ignorait tout du théosophisme, fut épouvanté en s'apercevant que ses nouveaux adhérents attendaient la venue d'un futur Messie, et il se retira purement et simplement, leur abandonnant son Église. Les théosophistes comptaient bien en effet s'emparer entièrement de celle-ci, mais ce résultat avait été obtenu trop vite, et cela ne faisait pas leur affaire, car, pour pouvoir se présenter comme « catholiques », ils voulaient tout d'abord s'assurer le bénéfice de la « succession apostolique » en obtenant la consécration épiscopale pour quelques-uns des leurs. Le secrétaire général de la section anglaise de la Société Théosophique, J. I. Wedgwood, ayant échoué auprès de Mathew,

---

[362] *Le Christianisme primitif dans l'Évangile des Douze Saints*, par E. F. Udny, prêtre de l'Église Catholique Libérale ; traduction française, p. 59.

parvint, après diverses péripéties, à se faire consacrer par F. S. Willoughby, évêque expulsé précédemment de l'Église vieille-catholique ; il se mit à la tête de celle-ci, dont le titre fut changé, en 1918, en celui d'« Église Catholique Libérale » ; il consacra à son tour d'autres évêques et fonda des branches « régionales » en divers pays : il en existe notamment une à Paris.

Le but des théosophistes, en prenant la direction d'une Église « catholique » de dénomination et de rite, sinon effectivement, est assez clair : il s'agit d'attirer ceux qui, sans avoir peut-être de principes religieux bien définis, tiennent cependant à se dire chrétiens et à en conserver au moins toutes les apparences extérieures. Dans le *Theosophist* d'octobre 1916, Mme Besant, parlant de certains mouvements qui sont destinés, suivant elle, à acquérir une importance mondiale, mentionnait parmi eux « le mouvement peu connu appelé vieux-catholique : c'est une Église chrétienne vivante, qui croîtra et multiplera avec les années, et qui a un grand avenir devant elle ; elle est vraisemblablement appelée à devenir la future Église de la Chrétienté quand Il viendra ». C'était la première fois qu'il était officiellement question de l'Église vieille catholique dans un organe théosophiste, et les espoirs que l'on fonde sur cette organisation se trouvaient ainsi nettement définis.

Naturellement, il n'est nullement nécessaire d'adhérer à la Société Théosophique pour faire partie de l'Église Catholique Libérale ; dans celle-ci, on n'enseigne pas ouvertement les doctrines théosophistes, mais on prépare les esprits à les accepter. La liturgie elle-même a été assez adroitement modifiée dans ce sens : on y a glissé une foule d'allusions peu compréhensibles pour le grand public, mais très claires pour ceux qui connaissent les théories en question. Chose qui mérite particulièrement d'être signalée ici, le culte du Sacré-Cœur est utilisé de la même façon, comme étant en étroite relation avec la venue du nouveau Messie : on prétend que « le Règne du Sacré-Cœur sera celui de l'Esprit du Seigneur Maitreya, et, en l'annonçant, on ne fait pas autre chose que dire sous une forme voilée que son avènement parmi les hommes est proche ». Ce renseignement, qui nous est venu d'Espagne, nous montre une déviation qui est à rapprocher des contrefaçons du Sacré-Cœur dont il a déjà été question précédemment ; les amis de *Regnabit* ne se doutaient certainement pas qu'ils travaillaient directement, quoique d'une façon dissimulée, à préparer l'avènement du Messie théosophiste !

Il y a mieux encore : ce n'est plus seulement la liturgie, c'est maintenant l'Évangile lui-même qui est altéré, et cela sous prétexte de retour au « Christianisme primitif ». On met en circulation, à cet effet, un prétendu *Évangile des Douze Saints* ; ce titre nous avait fait supposer tout d'abord qu'il s'agissait de quelque Évangile apocryphe, comme il en existe un assez grand nombre ; mais nous n'avons pas été longtemps à nous rendre compte que ce n'était qu'une simple mystification. Ce prétendu Évangile, écrit en araméen, aurait été conservé dans un monastère bouddhique du Thibet, et la traduction anglaise en aurait été transmise « mentalement » à un prêtre anglican, M. Ouseley, qui la publia ensuite. On nous dit d'ailleurs que le pauvre homme était alors « âgé, sourd, physiquement affaibli ; sa vue était des pires et sa mentalité fort ralentie ; il était plus ou moins cassé par l'âge »[363] ; n'est-ce pas avouer que son état le disposait à jouer dans cette affaire un rôle de dupe ? Nous passons sur l'histoire fantastique qui est racontée pour expliquer l'origine de cette traduction, qui serait l'œuvre d'un « Maître » qui fut autrefois le célèbre philosophe François Bacon, puis fut connu au XVIIIe siècle comme l'énigmatique comte de Saint-Germain. Ce qui est plus intéressant, c'est de savoir quels sont les enseignements spéciaux contenus dans l'Évangile en question, et qu'on dit être « une partie essentielle du Christianisme originel, dont l'absence a tristement appauvri et appauvrit encore cette religion »[364]. Or ces enseignements se ramènent à deux : la doctrine théosophiste de la réincarnation, et la prescription du régime végétarien et antialcoolique cher à certain « moralisme » anglo-saxon ; voilà ce qu'on veut introduire dans le Christianisme, tout en prétendant que ces mêmes enseignements se trouvaient aussi jadis dans les Évangiles canoniques, qu'ils en ont été supprimés vers le IVe siècle, et que *l'Évangile des Douze Saints* a seul « échappé à la corruption générale ». À vrai dire, la supercherie est assez grossière, mais il en est malheureusement encore trop qui s'y laisseront prendre ; il faudrait bien mal connaître la mentalité de notre

---

[363] *Le Christianisme primitif dans l'Évangile des Douze Saints*, traduction française, p. 26.
[364] *Ibid.*, p. 4.

époque pour se persuader qu'une chose de ce genre n'aura aucun succès.

On nous fait d'ailleurs prévoir une entreprise de plus grande envergure : « L'auteur, est-il dit dans le petit livre destiné à présenter l'Évangile soi-disant « retrouvé », a lieu de croire qu'une Bible nouvelle et meilleure sera, sous peu, mise à notre disposition, et que l'Église Catholique Libérale l'adoptera probablement ; mais il est seul responsable de cette opinion, n'ayant pas été autorisé par l'Église à l'affirmer. Pour que la question puisse se poser, il faut naturellement que la Bible meilleure ait paru »[365]. Ce n'est encore là qu'une simple suggestion, mais il est facile de comprendre ce que cela veut dire : la falsification va être étendue à l'ensemble des Livres saints ; nous voilà donc prévenus, et, chaque fois qu'on annoncera la découverte de quelque manuscrit contenant des textes bibliques ou évangéliques jusqu'ici inconnus, nous saurons qu'il convient de se méfier plus que jamais.

Il semble que nous entrions dans une période où il deviendra particulièrement difficile de « distinguer l'ivraie du bon grain » ; comment parviendra-t-on à faire ce discernement, si ce n'est en examinant toutes choses à la lumière du Sacré-Cœur, « en qui sont tous les trésors de la sagesse et de la science » ? Dans le livre que nous avons rappelé, nous évoquions, à propos des entreprises messianiques des théosophistes, cette parole de l'Évangile : « Il s'élèvera de faux Christs et de faux prophètes, qui feront de grands prodiges et des choses étonnantes, jusqu'à séduire, s'il était possible, les élus eux-mêmes »[366]. Nous n'en sommes pas encore là, mais ce que nous avons vu jusqu'ici n'est sans doute qu'un commencement et comme un acheminement vers des événements plus graves ; sans vouloir risquer aucune prédiction, on peut bien dire que, d'après toutes sortes d'indices, ce qui se prépare présentement est fort peu rassurant, et cela dans tous les domaines. Dans le désordre actuel, les théosophistes ne font sans doute que jouer leur rôle, comme beaucoup d'autres, d'une façon plus ou moins inconsciente ; mais, derrière tous ces mouvements qui jettent le trouble dans les esprits, il peut y avoir quelque chose d'autrement redoutable, que leurs chefs mêmes ne connaissent pas, et dont ils ne sont pourtant en réalité que de simples

---

[365] *Ibid.*, p. 41.
[366] St Mathieu, XXIX, 24.

instruments, comme d'autres à leur tour le sont entre leurs mains. En tout cas, il y a là, même pour le présent, un danger très réel et qu'on aurait tort de se refuser à voir ; nous avons cru bon de le dénoncer une fois de plus, et ce ne sera peut-être pas la dernière, car il est à prévoir que la propagande insinuante et multiforme à laquelle nous avons affaire aura encore d'autres manifestations.

Y A-T-IL ENCORE DES POSSIBILITÉS INITIATIQUES DANS LES FORMES TRADITIONNELLES OCCIDENTALES ?[367]

Ce texte fut écrit en 1935 pour la revue roumaine Memra, *mais il est resté jusqu'à ici complètement inédit, car il ne put être publié ni en sa traduction roumaine, du fait de la cessation de la dite revue (laquelle n'avait eu d'ailleurs que deux livraisons, les n° 1 de décembre 1934 et les n° 2-5 de janvier-avril 1935), ni en son original français. En le publiant maintenant, après 38 ans, nous mettons en bas de page, entre crochets, quelques précisions devenues utiles surtout aux lecteurs français.*

M. Vâlsan

On peut dire que chaque forme traditionnelle particulière est une adaptation de la Tradition primordiale, dont toutes sont dérivées plus ou moins directement, à certaines circonstances spéciales de temps et de lieu ; aussi ce qui change de l'une à l'autre n'est-il point l'essence même de la doctrine, qui est au-delà de ces contingences, mais seulement les aspects extérieurs dont elle se revêt et à travers lesquels elle s'exprime. Il résulte de là, d'une part, que toutes ces formes sont nécessairement équivalentes en principe, et, d'autre part, qu'il y a généralement avantage, pour les êtres humains, à se rattacher, autant que possible, à celle qui est propre au milieu dans lequel ils vivent, puisque c'est celle-là qui doit normalement convenir le mieux à leur nature individuelle. C'est là ce que faisait remarquer à juste raison notre collaborateur J.H. Probst-Biraben à la fin de son article sur le *Dhikr*[368] ; mais l'application qu'il tirait de

---

[367] *Études Traditionnelles*, janv.-févr. 1973.

[368] [L'article en question avait été publié dans les n° 2-5 de janvier-avril 1935 de *Memrah*].

ces vérités incontestables nous paraît demander quelques précisions supplémentaires, afin d'éviter toute confusion entre différents domaines qui, tout en relevant également de l'ordre traditionnel, n'en sont pas moins profondément distincts[369].

Il est facile de comprendre qu'il s'agit ici de la distinction fondamentale, sur laquelle nous avons déjà bien souvent insisté ailleurs, entre les deux domaines que l'on peut, si l'on veut, désigner respectivement comme « exotérique » et « ésotérique », en donnant à ces termes leur acception la plus large. Nous pouvons aussi identifier l'un au domaine religieux et l'autre au domaine initiatique ; pour le second, cette assimilation est rigoureusement exacte dans tous les cas ; et, quant au premier, s'il ne prend l'aspect proprement religieux que dans certaines formes traditionnelles, celles-ci sont les seules dont nous ayons à nous occuper présentement, de sorte que cette restriction ne saurait présenter aucun inconvénient pour ce que nous nous proposons.

Cela dit, voici la question qu'il y a lieu d'envisager : lorsqu'une forme traditionnelle est complète, sous le double rapport exotérique et ésotérique, il est évidemment possible à tous d'y adhérer pareillement, soit qu'ils entendent se limiter au seul point de vue religieux, soit qu'ils veuillent suivre en outre la voie initiatique, puisque les deux domaines leur seront ainsi ouverts l'un et l'autre. Il doit d'ailleurs être bien entendu que, en pareil cas, l'ordre initiatique prend toujours son appui et son support dans l'ordre religieux, auquel il se superpose sans s'y opposer en aucune façon ; et, par conséquent, il n'est jamais possible de laisser de côté les règles relevant de l'ordre religieux, et plus spécialement en ce qui concerne les rites, car ce sont ceux-ci qui ont la plus grande importance à ce point de vue, et qui peuvent

---

[369] [Prost-Biraben avait effectivement écrit (nous traduisons du roumain) : « J'ai connu aussi bien des Chrétiens que des Juifs d'origine, passés par conviction à L'Islam, vivant une vie strictement traditionnelle, et pratiquant - avec des résultats - la discipline des ordres musulmans. Ce sont des exceptions préparées presque toujours par un puissant atavisme oriental. En général cependant il est plus recommandable de diriger les Juifs vers les *Hassidim* ou les *Qabbalistes*, les Catholiques vers les exercices de *St-Ignace de Loyola*, et les Orthodoxes de l'Orient vers les méthodes *athonites* ».]

établir effectivement le lien entre les deux ordres. Donc, quand il en est ainsi, il n'y a aucune difficulté à ce que chacun suive la tradition qui est celle de son milieu ; il n'y a de réserve à faire que pour les exceptions, toujours possibles, auxquelles faisait allusion notre collaborateur, c'est-à-dire pour le cas d'un être qui se trouve accidentellement dans un milieu auquel il est véritablement étranger par sa nature, et qui, par suite, pourra trouver ailleurs une forme mieux adaptée à celle-ci. Nous ajouterons que de telles exceptions doivent, à une époque comme la nôtre, où la confusion est extrême en toutes choses, se rencontrer plus fréquemment qu'à d'autres époques où les conditions sont plus normales ; mais nous n'en dirons rien de plus, puisque ce cas, en somme, peut toujours être résolu par un retour de l'être à son milieu réel, c'est-à-dire à celui auquel répondent en fait ses affinités naturelles.

Maintenant, si nous revenons au cas habituel, une difficulté se présente lorsqu'on a affaire, dans un milieu donné, à une forme traditionnelle où il n'existe plus effectivement que le seul aspect religieux. Il va de soi qu'il s'agit là d'une sorte de dégénérescence partielle, car cette forme a dû, aussi bien que les autres, être complète à son origine ; mais, par suite de circonstances qu'il n'importe pas ici de préciser, il est arrivé que, à partir d'un certain moment, sa partie initiatique a disparu, et parfois même à tel point qu'il n'en reste plus aucun souvenir conscient chez ses adhérents, en dépit des traces qu'on peut en retrouver dans les écrits ou les monuments anciens. On se trouve alors, pour ce qui est du point de vue initiatique, dans un cas exactement semblable à celui d'une tradition éteinte : même en supposant qu'on puisse arriver à une reconstitution complète, celle-ci n'aurait qu'un intérêt en quelque sorte « archéologique », puisque la transmission régulière ferait toujours défaut, et que cette transmission est, comme nous l'avons exposé en d'autres occasions, la condition absolument indispensable de toute initiation. Naturellement ceux qui bornent leurs vues au domaine religieux, et qui seront toujours les plus nombreux, n'ont aucunement à se préoccuper de cette difficulté, qui n'existe pas pour eux ; mais ceux qui se proposent un but d'ordre initiatique ne sauraient, à cet égard, attendre aucun résultat de leur rattachement à la forme traditionnelle en question.

La question ainsi posée est malheureusement bien loin de n'avoir qu'un intérêt purement théorique, car, en fait, il y a lieu de l'envisager précisément en ce qui concerne les formes traditionnelles qui existent dans le monde occidental : dans l'état présent des choses, s'y trouve-t-il encore des organisations assurant une transmission initiatique, ou, au contraire, tout n'y est-il pas irrémédiablement limité au seul domaine religieux ? Disons tout d'abord qu'il faudrait bien se garder de se laisser illusionner par la présence de choses telles que le « mysticisme », à propos duquel se produisent trop souvent et actuellement plus que jamais, les plus étranges confusions. Nous ne pouvons songer à répéter ici tout ce que nous avons eu déjà l'occasion de dire ailleurs à ce sujet ; nous rappellerons seulement que le mysticisme n'a absolument rien d'initiatique, qu'il appartient tout entier a l'ordre religieux, dont il ne dépasse en aucune façon les limitations spéciales, et que même beaucoup de ses caractères sont exactement opposés à ceux de l'initiation. L'erreur serait plus excusable, du moins chez ceux qui n'ont pas une notion nette de la distinction des deux domaines, s'ils considéraient, dans la religion, ce qui présente un caractère non point mystique, mais « ascétique », parce que, là du moins, il y a une méthode de réalisation active comme dans l'initiation, tandis que le mysticisme implique toujours la passivité et, par suite, l'absence de méthode, aussi bien d'ailleurs que d'une transmission quelconque. On pourrait même parler à la fois d'une « ascèse » religieuse et d'une « ascèse » initiatique, si ce rapprochement ne devait suggérer rien de plus que cette idée d'une méthode qui constitue en effet une similitude réelle ; mais, bien entendu, l'intention et le but ne sont nullement les mêmes dans les deux cas.

Si maintenant nous posons la question d'une façon précise pour les formes traditionnelles de l'Occident, nous serons amené à envisager les cas que mentionnait notre collaborateur dans les dernières lignes de son article, c'est-à-dire celui du Judaïsme et celui du Christianisme ; mais c'est ici que nous serons obligé de formuler quelques réserves au sujet du résultat qu'on peut obtenir de certaines pratiques. Pour le Judaïsme, les choses, en tout cas, se présentent plus simplement que pour le Christianisme : il possède en effet une doctrine ésotérique et initiatique, qui est la Qabbale, et celle-ci se transmet toujours de façon régulière, quoique sans doute plus rarement et plus difficilement qu'autrefois, ce qui, d'ailleurs, ne représente certes pas un fait unique en ce genre, et ce qui se justifie assez par les caractères particuliers de notre époque. Seulement, pour ce qui est du « Hassidisme », s'il semble bien que des influences qabbalistiques se soient exercées réellement à ses origines, il n'en est pas moins vrai qu'il ne constitue proprement qu'un groupement religieux, et même à tendances mystiques ; c'est du reste probablement le seul exemple de mysticisme qu'on puisse trouver dans le Judaïsme ; et, à part cette exception, le mysticisme est surtout quelque chose de spécifiquement chrétien.

Quant au Christianisme, un ésotérisme comme celui qui existait très certainement au moyen âge, avec les organisations nécessaires à sa transmission, y est-il encore vivant de nos jours ? Pour l'Eglise orthodoxe, nous ne pouvons nous prononcer d'une façon certaine, faute d'avoir des indications suffisamment nettes, et nous serions même heureux si cette question pouvait provoquer quelques éclaircissements à cet égard[370] ; mais, même s'il y subsiste réellement une initiation quelconque, ce ne peut être en tout cas qu'à l'intérieur des monastères exclusivement, de sorte que, en dehors de ceux-ci, il n'y a aucune possibilité d'y accéder[371]. D'autre part, pour le Catholicisme, tout semble indiquer qu'il ne s'y trouve plus rien de cet ordre ; et d'ailleurs, ces représentants les plus autorisés le nient expressément, nous devons les en croire, tout au moins tant que nous n'avons pas de preuves du contraire, il est inutile de parler du Protestantisme, puisqu'il n'est qu'une déviation produite par l'esprit antitraditionnel des temps modernes, ce qui

---

[370] [On sait que depuis l'époque de cet article Guénon a fait mention de l'hésychasme comme voie initiatique du christianisme orthodoxe, et montrait à l'occasion encore l'intérêt d'avoir de ce côté-là des éclaircissements. - Voir à ce sujet l'article *Christianisme et Initiation*, E.T. de sept, d'oct.-nov.et de déc. 1949, repris dans le recueil posthume *Aperçus sur l'Esotérisme chrétien*, chap. II. - Effectivement quelques données intéressantes à ce sujet venant du monde orthodoxe furent présentées ultérieurement dans les articles de M. Vâlsan, *L'initiation chrétienne*, des *E.T.* de mai-juin et juillet-août 1965, et *Mise au point* ainsi qu'*Études et documents d'Hésychasme* de mars-avril, mai-juin et juillet-août 1968].

[371] [Telle était de fait, semble-t-il, la situation avant la dernière guerre dans le monde orthodoxe. En tout cas, actuellement, à la suite des troubles et des changements de tout ordre survenus dans les pays respectifs, et affectant plus particulièrement les conditions de vie monastique, on atteste qu'il y a aussi des rattachements de laïcs].

exclut qu'il ait jamais pu renfermer le moindre ésotérisme et servir de base à quelque initiation que ce soit.

Quoi qu'il en soit, même en réservant la possibilité de la survivance de quelque organisation initiatique très cachée[372], ce que nous pouvons dire en toute certitude, c'est que les pratiques religieuses du Christianisme, pas plus que celles d'autre formes traditionnelles d'ailleurs, ne peuvent être substituées à des pratiques initiatiques et produire des effets du même ordre lorsqu'il y a, entre les unes et les autres, quelque similitude extérieure : ainsi, le rosaire chrétien rappelle manifestement le *wird* des *turuq* islamiques, et il se peut même qu'il y ait là quelque parenté historique ; mais, en fait, il n'est utilisé que pour des fins uniquement religieuses, et il serait vain d'en attendre un bénéfice d'un autre ordre, puisqu'aucune influence spirituelle agissant dans le domaine initiatique n'y est attachée, contrairement à ce qui a lieu pour le *wird*. Quant aux « exercices spirituels » de saint Ignace de Loyola, nous devons avouer que nous avons été quelque peu étonné de les voir cités à ce propos : ils constituent bien une « ascèse » au sens que nous indiquions plus haut, mais leur caractère exclusivement religieux est tout à fait évident ; de plus, nous devons ajouter que leur pratique est loin d'être sans danger, car nous avons connu plusieurs cas de déséquilibre mental provoqué par elle ; et nous pensons que ce danger doit toujours exister quand ils sont ainsi pratiqués en dehors de l'organisation religieuse pour laquelle ils ont été formulés et dont ils constituent en somme la méthode spéciale ; on ne peut donc que les déconseiller formellement à quiconque n'est pas rattaché à cette organisation.

Nous devons encore insister spécialement sur ceci, que les pratiques initiatiques elles-mêmes, pour avoir une efficacité, présupposent nécessairement le rattachement à une organisation du même ordre ; on pourra répéter indéfiniment des formules telles que celles du *dhikr* ou du

---

[372] [En revenant sur ce point dans l'article *Christianisme et Initiation*, rappelé par nous dans la note 3, Guénon précisait qu'il avait des raisons de penser que certaines formes d'initiation chrétienne subsistait encore, mais dans des milieux tellement restreints que, en fait, on peut les considérer comme pratiquement inaccessibles, ou bien.... dans des branches du christianisme autre que l'Église latine].

wird, ou les *mantras* de la tradition hindoue, sans en obtenir le moindre résultat, tant qu'on ne les aura pas reçues par une transmission régulière, parce qu'elles ne sont alors « vivifiées » par aucune influence spirituelle. Dès lors, la question de savoir quelles formules il convient de choisir n'a jamais à se poser d'une façon indépendante, car ce n'est pas là quelque chose qui relève de la fantaisie individuelle ; cette question est subordonnée à celle de l'adhésion effective à une organisation initiatique, adhésion à la suite de laquelle il n'y a naturellement plus qu'à suivre les méthodes qui sont celles de cette organisation à quelque forme traditionnelle que celle-ci appartienne.

Enfin, nous ajouterons que les seules organisations initiatiques qui aient encore une existence certaine en Occident sont, dans leur état actuel, complètement séparées des formes traditionnelles religieuses, ce qui, à vrai dire, est quelque chose d'anormal ; et, en outre, elles sont tellement amoindries, sinon même déviées, qu'on ne peut guère, dans la plupart des cas, en espérer plus qu'une initiation virtuelle[373]. Les Occidentaux doivent cependant forcément prendre leur parti de ces imperfections, ou bien s'adresser à d'autres formes traditionnelles qui ont l'inconvénient de n'être pas faites pour eux ; mais il resterait à savoir si ceux qui ont la volonté bien arrêtée de se décider pour cette dernière solution ne prouvent pas par là même qu'ils sont du nombre de ces exceptions dont nous avons parlé.

---

[373] [Cette mention vise certainement la Franc-Maçonnerie et le Compagnonnage].

Déjà parus

Omnia Veritas Ltd présente :

RENÉ GUÉNON
Aperçus sur l'ésotérisme chrétien

« Ce changement qui fit du Christianisme une religion au sens propre du mot et une forme traditionnelle... »

Les vérités d'ordre ésotérique, étaient hors de la portée du plus grand nombre...

Omnia Veritas Ltd présente :

RENÉ GUÉNON
Aperçus sur l'ésotérisme islamique et le Taoïsme

« Dans l'Islamisme, la tradition est d'essence double, religieuse et métaphysique »

On les compare souvent à l'« écorce » et au « noyau » (el-qishr wa el-lobb)

Omnia Veritas Ltd présente :

RENÉ GUÉNON
APERÇUS SUR L'INITIATION

« Nous nous étendons souvent sur les erreurs et les confusions qui sont commises au sujet de l'initiation... »

On se rend compte du degré de dégénérescence auquel en est arrivé l'Occident moderne...

OMNIA VERITAS

Omnia Veritas Ltd présente :

RENÉ GUÉNON
AUTORITÉ SPIRITUELLE ET POUVOIR TEMPOREL

« la distinction des castes constitue, dans l'espèce humaine, une véritable classification naturelle à laquelle doit correspondre la répartition des fonctions sociales »

L'égalité n'existe nulle part en réalité

OMNIA VERITAS

OMNIA VERITAS LTD PRÉSENTE :

RENÉ GUÉNON
ÉTUDES SUR L'HINDOUISME

« En considérant la contemplation et l'action comme complémentaires, on se place à un point de vue déjà plus profond et plus vrai »

... la double activité, intérieure et extérieure, d'un seul et même être

OMNIA VERITAS

Omnia Veritas Ltd présente :

RENÉ GUÉNON
INITIATION ET RÉALISATION SPIRITUELLE

« Sottise et ignorance peuvent en somme être réunies sous le nom commun d'incompréhension »

Le peuple est comme un « réservoir » d'où tout peut être tiré, le meilleur comme le pire

OMNIA VERITAS LTD PRÉSENTE :

RENÉ GUÉNON

INTRODUCTION GÉNÉRALE À L'ÉTUDE DES DOCTRINES HINDOUES

« Bien des difficultés s'opposent, en Occident, à une étude sérieuse et approfondie des doctrines hindoues »

... ce dernier élément qu'aucune érudition ne permettra jamais de pénétrer

OMNIA VERITAS LTD PRÉSENTE :

RENÉ GUÉNON

LE RÈGNE DE LA QUANTITÉ ET LES SIGNES DES TEMPS

« Car tout ce qui existe en quelque façon que ce soit, même l'erreur, a nécessairement sa raison d'être »

... et le désordre lui-même doit finalement trouver sa place parmi les éléments de l'ordre universel

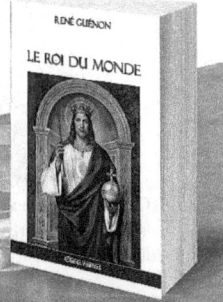

OMNIA VERITAS LTD PRÉSENTE :

RENÉ GUÉNON

LE ROI DU MONDE

« Un principe, l'Intelligence cosmique qui réfléchit la Lumière spirituelle pure et formule la Loi »

Le Législateur primordial et universel

« Il y a, à notre époque, bien des « contrevérités », qu'il est bon de combattre... »

Parmi toutes les doctrines « néo-spiritualistes », le spiritisme est certainement la plus répandue

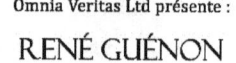
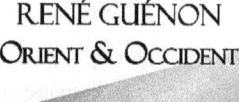

« La civilisation occidentale moderne apparaît dans l'histoire comme une véritable anomalie...»

... cette civilisation est la seule qui se soit développée dans un sens purement matériel

« Ce développement matériel a été accompagné d'une régression intellectuelle qu'il est fort incapable de compenser »

Qu'importe la vérité dans un monde dont les aspirations sont uniquement matérielles et sentimentales

Omnia Veritas Ltd présente :

RENÉ GUÉNON

ÉTUDES SUR LA FRANC-MAÇONNERIE ET LE COMPAGNONNAGE

« Parmi les symboles usités au moyen âge, outre ceux dont les Maçons modernes ont conservé le souvenir tout en n'en comprenant plus guère la signification, il y en a bien d'autres dont ils n'ont pas la moindre idée. »

la distinction entre « Maçonnerie opérative » et « Maçonnerie spéculative »

Omnia Veritas Ltd présente :

RENÉ GUÉNON

FORMES TRADITIONNELLES & CYCLES COSMIQUES

« Les articles réunis dans le présent recueil représentent l'aspect le plus original de l'œuvre de René Guénon »

Fragments d'une histoire inconnue

Omnia Veritas Ltd présente :

RENÉ GUÉNON

COMPTES-RENDUS DE REVUES & NOTICES NÉCROLOGIQUES

« On tient d'autant plus à ne voir que de l'« humain » dans les doctrines hindoues que cela faciliterait grandement les entreprises « annexionnistes » dont nous avons déjà parlé »

Il s'agit en fait de deux traditions, qui comme telles sont d'essence également surnaturelle

« ... il nous a paru utile d'entreprendre la présente étude pour préciser et expliquer plus complètement certaines notions du symbolisme mathématique... »

un exemple frappant de cette absence de principes qui caractérise les sciences profanes...

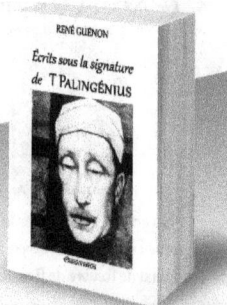

« ... Il est un certain nombre de problèmes qui ont constamment préoccupé les hommes, mais il n'en est peut-être pas qui ait semblé généralement plus difficile à résoudre que celui de l'origine du Mal... »

Comment donc Dieu, s'il est parfait, a-t-il pu créer des êtres imparfaits ?

« ... Cette coupe se substitue donc au Cœur du Christ comme réceptacle de son sang, et n'est-il pas encore plus remarquable, que le vase ait été déjà anciennement un emblème du cœur ? »

Le Saint Graal est la coupe qui contint le précieux sang du Christ...

OMNIA VERITAS LTD PRÉSENTE :

RENÉ GUÉNON

COMPTES-RENDUS

DE LIVRES

« ... ce terme de « réincarnation » ne s'est introduit dans les traductions de textes orientaux que depuis qu'il a été répandu par le spiritisme et le théosophisme... »

... la « réincarnation » a été imaginée par les Occidentaux modernes...

OMNIA VERITAS LTD PRÉSENTE :

RENÉ GUÉNON

CORRESPONDANCE I

« ... l'état suprême n'est pas quelque chose à obtenir par une « effectuation » quelconque ; il s'agit uniquement de prendre conscience de ce qui est. »

... l'éloignement du Principe, nécessairement inhérent à tout processus de manifestation

OMNIA VERITAS LTD PRÉSENTE :

RENÉ GUÉNON

CORRESPONDANCE II

« ... Vous me demandez s'il y a quelque chose de changé depuis la publication de mes ouvrages ; certaines portes, du côté occidental, se sont fermées d'une façon définitive »

Quant à l'Islam politique, mieux vaut n'en pas parler, car ce n'est plus qu'un souvenir historique

www.ingramcontent.com/pod-product-compliance
Lightning Source LLC
Chambersburg PA
CBHW050130170426
43197CB00011B/1783